U0505498

教育部人文社会科学研究项目 (19YJA630069)
湖南省自然科学基金项目 (2018JJ2157)
湖南省哲学社会科学基金项目 (18YBA217)

田小勇　黎振强　刘健挺
金　一　吴微伟　／　著

长江中游地区港口经济发展与航运中心建设研究

CHANGJIANG ZHONGYOU DIQU
GANGKOU JINGJI FAZHAN YU HANGYUN ZHONGXIN
JIANSHE YANJIU

中国财经出版传媒集团
经济科学出版社
Economic Science Press

图书在版编目（CIP）数据

长江中游地区港口经济发展与航运中心建设研究／
田小勇等著. —北京：经济科学出版社，2021.12
ISBN 978 - 7 - 5218 - 3320 - 1

Ⅰ.①长… Ⅱ.①田… Ⅲ.①长江 - 中游 - 港口经济
- 经济发展 - 研究②长江 - 中游 - 航运中心 - 研究 Ⅳ.
①F552.75

中国版本图书馆 CIP 数据核字（2021）第 264588 号

责任编辑：凌 健 杜 鹏
责任校对：王京宁
责任印制：邱 天

长江中游地区港口经济发展与航运中心建设研究
田小勇 黎振强 刘健挺 金 一 吴微伟 著
经济科学出版社出版、发行 新华书店经销
社址：北京市海淀区阜成路甲 28 号 邮编：100142
总编部电话：010 - 88191217 发行部电话：010 - 88191522
网址：www. esp. com. cn
电子邮箱：esp@ esp. com. cn
天猫网店：经济科学出版社旗舰店
网址：http：//jjkxcbs. tmall. com
固安华明印业有限公司印装
710×1000 16 开 14 印张 220000 字
2021 年 12 月第 1 版 2021 年 12 月第 1 次印刷
ISBN 978 - 7 - 5218 - 3320 - 1 定价：69.00 元
（图书出现印装问题，本社负责调换。电话：010 - 88191510）
（版权所有 侵权必究 打击盗版 举报热线：010 - 88191661
QQ：2242791300 营销中心电话：010 - 88191537
电子邮箱：dbts@ esp. com. cn）

前　言

随着国家"一带一路"倡议和长江经济带高质量发展战略的深入实施，港口与航运中心作为一个城市特殊的资源禀赋，在拉动经济增长、促进地区产业调整升级上起到了重要的推动作用。港口经济是以港口为中心、港口城市为载体、港口相关产业为支撑、综合运输体系为动脉、港口腹地为依托，并实现彼此间相关联系、有机结合、密切协调、共同发展，进而推动区域发展的开放型经济。2018 年 4 月 26 日，在召开深入推动长江经济带发展座谈会上习近平总书记明确指出，要直面发展中的问题，加大力度推动长江经济带高质量发展。我国长江中游地区资源丰富、产业基础良好、市场潜力巨大，推动中游发展能够起到对整个长江经济带的辐射和支撑作用，有利于更好地促进"以港兴城、以港带产、以城促港"的融合发展。

自从国家提出建设上海国际航运中心以来，"航运中心建设"频频出现在国家以及地方政府颁布的政策文件中，2011 年国务院在印发的《关于加快长江等内河水运发展的意见》中明确要求"加快上海国际航运中心建设，推进武汉长江中游航运中心和重庆长江上游航运中心建设"；2016 年 5 月，国家发展和改革委员会启动编制武汉、重庆航运中心总体规划；2018 年 3 月，九江市政府第 19 次常务会议研究通过《九江长江经济带区域航运中心建设规划》，作出了把九江打造成辐射长江经济带的区域航运中心的规划。建设区域性航运中心是融入长江经济带的必然要求，同时也是打造区域率先发展战略高地的现实选择。2020 年 9 月 21 日中国（湖南）自由贸易试验区正式获批，湖南迎来了改革开放的新时期，岳阳作为湖南对外开放的桥头堡和主阵地，将依托腹地产业和长江黄金水道优势，充分发挥当地港口功能，整合港口资源，建好岳阳现代化港口作业群，致力于打造长江中游综合性航运物流中心。本书立足于新时代背景下港口经济与航运中心建设的发展现状及前景，借鉴国内外港航物流发展的先进经验和理论成果，运用理论与实证的综合性研究，就新时代港口经济发展理论、港口经济与航运中心建设互动关系、长江经济带主要航运中心建设、长江中游主要港口发展等方面对长江中游地区航运中心建设作出系列阐述，最后以长江中游地区的岳阳为案例对象，针对其发展综合性航运物流中心的任务目标及存在的不足，提供了实质性的政策建议，对岳阳市、湖南省乃至整个长江中游城市群有效建设长江中游区域性航运中心以及推动港口高质量发展，都具有一定的启发和借鉴意义。

在专著即将出版之际，我们借此机会向为本专著提供资助的教育部人文社会科学研究项目"长江中游城市群港口协同发展研究"（19YJA630069）、湖南省自然科学基金面上项目"长江经济带建设背景下湖南区域性航运中心自创生涌现研究"（2018JJ2157）、湖南省哲学社会科学基金项目"长江经济带建设背景下湖南港口体系协同发展研究"（18YBA217）、湖南省自然科学基金面上项目"长江经济带港口经济与城市经济耦合协调发展的理论与实证研究"（2021JJ30304）、湖南省教育厅科学研究重点项目"经济制度安排影响长江经济带港口产业集群发展的机制理论与实证研究"（19A210）表示感谢！向为课题调研提供帮助的朋友们表示感谢！向为本书提供指导的专家们表示感谢！同时，在专著撰写过程中，吴微伟、甄鸿业、王爽、田蓉、肖雨轩负责了部分章节的写作，姚精玲、沈海驰、王瑞、屈玉婷、肖玉洁、杨敏哲等同学参加了相关资料的收集、整理、校对等，在此一并表示感谢！本书虽然经过多次修改，但终因作者水平和学识有限加之工作量巨大，难免存在疏漏之处，衷心期待广大专家、读者批评指正。

目　　录

第1章　推动长江中游地区港航发展的战略背景与研究前沿 ………… （ 1 ）

　1.1　长江中游地区港口经济与航运发展的国家战略背景 ………… （ 1 ）

　1.2　国家战略对长江中游地区港口经济与航运发展的要求 ……… （ 4 ）

　1.3　长江经济带港口问题的研究前沿热点及演化趋势分析 ……… （ 6 ）

　1.4　本章小结 ……………………………………………………… （ 14 ）

第2章　新时代港口经济发展的理论思考与实践 ……………………… （ 16 ）

　2.1　新时代港口经济发展理念 …………………………………… （ 16 ）

　2.2　港口竞争与政府决策 ………………………………………… （ 26 ）

　2.3　临港产业绿色发展 …………………………………………… （ 37 ）

　2.4　本章小结 ……………………………………………………… （ 59 ）

第3章　港口经济发展与航运中心建设互动关系 ……………………… （ 60 ）

　3.1　港口经济发展的相关理论基础 ……………………………… （ 60 ）

　3.2　航运中心建设的基本理论 …………………………………… （ 70 ）

　3.3　港口经济与航运中心互动机制分析 ………………………… （ 76 ）

　3.4　本章小结 ……………………………………………………… （ 83 ）

第4章　长江流域航运中心发展及其创新举措 ………………………… （ 84 ）

　4.1　长江流域主要航运中心发展情况 …………………………… （ 84 ）

4.2 国外典型航运中心的发展经验借鉴 ………………………… （93 ）

4.3 长江流域主要航运中心建设的创新举措 ………………… （103 ）

4.4 本章小结 ……………………………………………………… （114 ）

第 5 章 长江中游主要港口发展情况 ………………………… （115 ）

5.1 湖北省主要港口发展状况及其背景分析 ………………… （115 ）

5.2 江西省主要港口发展状况及其背景分析 ………………… （121 ）

5.3 湖南省主要港口的发展状况及其背景分析 ……………… （124 ）

5.4 本章小结 ……………………………………………………… （128 ）

第 6 章 长江中游地区——湖南省内河港口航运发展的现实考察 …… （129 ）

6.1 湖南省航运发展现状 ……………………………………… （129 ）

6.2 湖南省港口航运建设的环境分析 ………………………… （137 ）

6.3 湖南省港口资源整合分析 ………………………………… （140 ）

6.4 湖南城陵矶港航服务体系建设 …………………………… （145 ）

6.5 本章小结 ……………………………………………………… （155 ）

第 7 章 长江中游地区——岳阳综合性航运物流中心的建设实践 …… （156 ）

7.1 岳阳港口与航运发展现状 ………………………………… （156 ）

7.2 加速打造长江中游区域性综合航运物流中心的任务目标 …… （171 ）

7.3 打造岳阳港航运中心政策建议 …………………………… （182 ）

7.4 本章小结 ……………………………………………………… （184 ）

第 8 章 结论与展望 …………………………………………… （186 ）

8.1 研究结论与观点 …………………………………………… （186 ）

8.2 创新点 ……………………………………………………… （187 ）

8.3 研究展望 …………………………………………………… （188 ）

参考文献 ……………………………………………………………（190）

附件1：2017年2月～2021年6月上海市主要航运政策汇总 …………（197）

附件2：2017年2月～2020年2月重庆市主要航运政策汇总 …………（207）

附件3：2017年3月～2020年4月武汉市主要航运政策汇总 …………（208）

附件4：2017年5月～2019年4月九江市主要航运政策汇总 …………（210）

附件5：2017年8月～2019年7月南京市主要航运政策汇总 …………（213）

第1章　推动长江中游地区港航发展的战略背景与研究前沿

1.1　长江中游地区港口经济与航运发展的国家战略背景

当前，港口经济发展正面临着"双循环"新发展格局、"一带一路"倡议、全面推动长江经济带高质量发展、新时代推动中部地区高质量发展等多重国家战略叠加的重大机遇，以湖北省、江西省和湖南省三省为中心的长江中游地区成为实施系列战略的重要依托。在此国家发展战略背景下，港口经济和航运向更深层次、更高质量发展，打通航运通道，是贯通中、东、西部发展的必然要求。

1.1.1　"双循环"新发展格局

党的十九届五中全会通过了《中共中央关于制定国民经济和社会发展第十四个五年规划和二〇三五年远景目标的建议》（以下简称《建议》）。《建议》提出，要加快形成以国内大循环为主体、国内国际双循环相互促进的新发展格局，推进国家治理体系和治理能力现代化改革[1]，为全面建设社会主义现代化国家开好局、起好步。实现经济循环发展，加快产业流通是构建开放新发展格局的关键。提高供给体系的关联性和创新能力，处理并解决好"卡脖子"及各类型的瓶颈问题，贯通国内国外双循环经济发展是构建新格局的根本要求。

习近平总书记指出，要推进畅通国内大循环，构筑高水平对外开放新高地，就需要在全国发展总方针中找到自身发展的精准定位，积极在全球开放的市场中探索出适合国内流通的有效途径。要把需求驱动和供应链有机结合起来，促进长江上、中、下游协同发展；要提升整体的开放水平，以实现高质量引进来和高水平走出去携手共进，推动贸易创新发展；要加速长江经济发展理念和共建"一带一路"倡议的有效融合，明确在长江经济带领域上"一带一路"建设的支点，扩大资源对接，深化投资合作，促进我国实现更高水平的对外开放。

1.1.2 "一带一路"倡议

"一带一路"是指"丝绸之路"和"21 世纪海上丝绸之路"，我国希望通过积极与周边国家实现经济合作来促进共同发展；"一带一路"建设是为解决人类发展难题，打造人类命运共同体而提出的中国方案。"一带一路"倡议的主要任务是探索经济增长与全球化之间的平衡，同时也将坚守合作开放、和谐包容、市场运作，实现互利互赢。"一带一路"建设促进了沿线国家共同发展[2]，加强了沿线国家之间的交流、理解和信任纽带，有助于促进全面合作，实现共同繁荣，是平衡经济利益与资源环境关系，创新资源集约、生态文明、国际化发展的绿色模式。

在"一带一路"建设中，设施联通是优先领域，是提高贸易投资便利化水平，建立高标准自由贸易区网络的重要支撑和依托，其进展事关"一带一路"建设全局的先行领域。交通基础设施联通是设施联通的核心部分，更是实现"一带一路"愿景的基础支撑。交通基础设施建设能够加速实现运输便利化，提升国际国内道路通达度，减少运输成本和货物过境时间，从而促进区域间的贸易往来，推动各区域的经济发展。自 2013 年提出以来，"一带一路"倡议已逐步由理念转化为行动，"一带一路"建设进展顺利，受到世界瞩目。国家发展和改革委员会和国家海洋局在 2017 年 6 月联合发布了《"一带一路"建设海上合作设想》，特别提出完善沿线国之间的航运服务网络，共建国际和区域性航运中心，我国的经济发展与世界经济有了越来越高的关联度，进一步加快我国的开放进程，实现全球资源再平衡，发展国际化智力港口，向世界一流海洋强港目标进发[3]。2017 年 10 月召开的党的第十九次全国代表大会上指出，要把"一带一路"作为建设的重点，形成更加开放的新格局，这意味着"一带一路"将继续在中国对外开放事业中发挥引领作用。

1.1.3　全面推动长江经济带高质量发展

2013 年，国家提出要加强长江流域生态文明建设携手共同发展，充分利用长江水域的交通优势，把长江打造成黄金水道。2014 年，我国首次就长江流域经济规划和建设作出明确表态，是长江经济带建设的重要时刻。2014 年 9 月，国务院明确长江经济带建设的战略地位，并具体提出了相应的发展规划，尤其是鼓励和支持发展交通建设问题。2016 年 3 月，作为长江流域顶层设计的《长江经济带规划纲要》（以下简称《规划纲要》）发布，明确了推动长江经济带发展的战略导向是"共抓大保护，不搞大开发"，探寻绿色发展道路，进而推动长江经济带高质量发展。2019 年，港口高质量发展智库研讨会在北京召开，会议指出，在国家发展新形势下，港口要坚持以高质量发展为主题的五大发展理念，把供给侧结构性改革作为港口物流发展的主线，着力实现经济的质量、效率和动力三大变革，不断提高经济发展的质量和效益，更好地服务于国家重大战略，为推动我国经济高质量发展取得新进展提供战略支撑，更好地建设社会主义现代化强国。曾经我国港口处于规模速度模式，当前正在步入向质量效益转型的重要节点，高质量发展已经成为当前形势下港口发展的主旋律。

1.1.4　新时代推动中部地区高质量发展

2021 年 7 月 22 日，根据新时代的要求，国务院发布了《中共中央国务院关于新时代促进中部地区高质量发展的意见》（以下简称《意见》），绘制了促进中部地区高质量发展的远景。《意见》指出，要充分理解习近平新时代中国特色社会主义思想，全面领会并执行党的十九届五中全会精神，以稳中求进作为工作总基调，立足新发展阶段，以推动高质量发展为主题，以改革创新为根本动力，以供给侧结构性改革为主线深化改革[4]。充分发挥东西贯通、南北贯通的区域地理优势，资源要素丰富、市场潜力巨大的物质基础，中部地区文化底蕴深厚等优势，推进先进制造业、城乡协同发展。着力打造俊美中部地区绿色发展，推进对内、外部高水平开放，努力提供高水平的基本公共服务，为加快兴起和全面建设社会主义现代化国家的新征程贡献力量。

1.2 国家战略对长江中游地区港口经济与航运发展的要求

由湖北省、湖南省和江西省汇集而成的长江中游地区，形成了属于中部三省的长江水运航道、铁路运输、高速公路运输、管道运输等综合交通体系，依靠现有资源能够建成现代化、高质量、综合的立体交通运输网络和服务于全球的交通运输网络[5]，不断完善内河港口集疏运体系，提高内陆开放水平，做到优化运输结构，承接好东西南北地区。

1.2.1 "双循环"新发展格局对长江中游地区港航发展的要求

在"国内大循环、国内国际双循环"新发展格局下，规模化的供需市场对流通提出了新要求。建设现代优质综合立体交通网络，必须以高效为导向，推进国家综合立体交通网络主体框架建设，打通综合运输大通道"堵点"，促进区域口岸合理分工、协调发展，完善全国高等级内河航道网建设；港口作为连接国内与国际的交通枢纽，具备放大汇聚物流、资金、贸易、数据的价值，港口业务与以港口为核心的港口供应链成为连接国内国际两个市场的重要手段。所以，向港口借势，建设长江中游区域性航运中心是实现"双循环"的重要方面，而港口整合是港口建设的重要手段，充分挖掘港口多式联运的潜力，会促使国内循环更加顺畅，同时，促使全球资源要素的快速流通，从而助推形成新的合作优势，更深层次参与国际循环，持续优化物流通道、完善内陆港布局。

1.2.2　"一带一路"倡议对长江中游地区港航发展的要求

长江经济带是连接"陆上丝绸之路"和"海上丝绸之路"的天然通道，既与"一带一路"倡议形成互补，又是"一带一路"倡议实行的基础和助推器。与此同时，港口释放出的红利，也将惠及"一带一路"沿线的更多国家。在"一带一路"倡议背景之下，中国的港口要进一步向信息化、多元化和个性化方向发展，打造成为"海、陆、空、铁"多式联运枢纽门户，通达"一带一路"沿线国家。长江中游地区贯彻落实"一带一路"倡议，并按照"一带一路"规划，提出要重点推进口岸基础设施、陆水联运、推进港口间的合作，增加海上航线和班次以及加强海上物流信息化合作等内容。这对于激活、发展外向型经济具有重大意义，同时，也将激励中国内陆地区的各个港口加紧建设，争取成为新的内陆航运中心、新的区域性航运中转中心。

1.2.3　全面推动长江经济带高质量发展对长江中游地区港航发展的要求

目前，我国经济正由高速增长阶段向高质量发展阶段过渡。新形势下，着力推动长江经济带高质量发展，关键是抓住港口建设与发展的这一关键节点，在这一基础上，全面贯彻落实"创新、协调、绿色、开放、共享"的新发展理念，引领外向型经济的快速发展。利用港口的各方面优势，重点解决长江中游的港航发展问题，加快促进长江经济带沿线城市经济的协同发展。完善港口基础设施建设，畅通海上互联互通网络，优化港口资源配置和空间布局，大力挖掘港口发展的新动能，加快推进港口转型升级，为全方位推动高质量发展超越提供强有力支撑。建立国际和区域间经贸和港口合作机制，加强政策技术交流，促进物流信息共享和标准互通，从而带动港口高质量发展水平，努力建设自由开放、安全高效、多元综合、智慧绿色、创新驱动、区港城一体化协同发展的世界一流港口。这是我国对持续深化改革开放、推动"一带一路"建设、构建全面开放新格局所提出的更高层次要求。

1.2.4 新时代推动中部地区高质量发展对长江中游地区港航发展的要求

完善内陆港口集散体系,提高内陆开放水平。深度解读国家和地方公路、铁路网规划,加强长江主要港口的集疏运系统专项规划政策,结合地方特色把综合交通规划纳入统一实施;提高各重点港口疏通道路的技术投入和监测标准,实现大型集装箱港区各交通运输渠道的衔接,实现铁路、水路联合高效运输港区散货,集装箱港口区域的"港站直达",确保港区铁路线路和编组站的规模和标准。

优化交通结构,承接东、西、北、南地区。利用地理位置优势,加速"宜铁则铁、宜公则公、宜水则水、宜空则空"运输格局的形成[6],多式联运,构建基础设施立体互联的运营模式,发展绿色交通,推动大宗货物和中长途货物"公铁""公水"运输,在优化运输结构方面取得更大进展。积极探索多式联运示范工程的实施,推广多式联运和"一单制"联运交叉使用[7];发展铁路和内河集装箱运输,形成适合与长江中游地区相适应的产业布局;完善长江中游地区港站枢纽集疏运体系;促进多式联运信息共享,加强完善多式联运标准规范模式,发展成全过程、一体化、网络布局规范的多式联运服务与承运人。

1.3 长江经济带港口问题的研究前沿热点及演化趋势分析

1.3.1 长江经济带港口研究前沿热点的背景

港口是国家综合运输的组成部分,同时也是 21 世纪经济发展的一个新的增长点。在构建新发展格局中,长江经济带具有得天独厚的优势条件,同时也是我国畅通国内国际双循环主动脉、引领经济高质量发展主力军。

长江经济带覆盖沿江 11 省市，横跨我国东中西三大板块，2013 年 9 月，国家发展和改革委员会同交通运输部启动《依托长江建设中国经济新支撑指导意见》，其表明长江经济带开放开发战略地位的全面提升。

国内学者从 1992 年开始着手长江经济带以及港口方面的研究，港口经济相关研究文献数量在那时增长迅速。港口经济在全球经济中的地位也日益显著。因此，从港口经济的全局视角出发，总结中国港口产业研究的总体特征和重点领域，对过去 30 年中国长江经济带以及港口问题的发展进程进行全面的整理，从而推动港口领域相关研究的进一步深入。

这种方法作为目前科研量化的重要方法，广泛应用于科研活动的定量评价中，越来越受到科学界的重视。单就从论文的发表数量上看，长江港口领域等相关研究逐步成为当今的研究热点。同时，关于港口领域的研究团队正在不断扩充，研究深度和广度也在日益延伸。长江经济带以及港口问题的主要研究领域包括长江航运、长江干线、长江三角洲、内河航运、协同发展、集装箱运输等方面。注重长江经济带领域的研究，将港口问题作为研究重点。

1.3.2　长江经济带热点前沿词汇的实证分析

1. 数据来源

本书数据来源于中国知网（CNKI）数据库，检索主题词为"港口"，时间跨度为 1992～2020 年，同时将文献来源类别设定为 CSSCI，搜索结果显示，剔除报告、会议、出版物介绍、声明等，经过对比筛选后得到精确文献 449 篇。中国知网是全球信息量最大、最具价值的中文学术期刊网站，CSSCI 来源期刊是我国较为权威的学术期刊，因此，CSSCI 来源文献水平较高、影响较大，可以作为学术研究、科学决策的依据，能够科学、准确地反映某一领域研究的趋势与热点。

2. 研究方法

本书采用的知识图谱工具是由美国德雷塞尔大学陈超美应用 Java 语言

开发的信息可视化软件 CiteSpace。该软件是一个用于探测科学文献发展趋势及模式的可视化分析工具，它的基本原理就是分析单位（文献、关键词、作者等）的相似性分析及测度[8]。它既能展示某个领域研究的整体情况，也能突出显示该领域发展历程中的重要文献。通过分析在科学文献中识别研究前沿、寻找和标注关键的研究点，展示出某一学科、研究的历史动态、突发趋势和未来走向，并以直观的方式呈现。该软件适用于具有多元素、分时和动态特性的复杂网络分析，是近年来科学计量中最具特色和影响力的可视化软件，其功能主要包括作者合作分析、关键词共现分析、机构合作分析等。它可以分析研究领域不同阶段的研究前沿，以及研究前沿与知识库之间的关系。为了更准确地了解国内港口领域研究动态，选择中国学术期刊出版总库中国知网数据来源期刊作为样本，以更好地反映长江经济带关于港口问题的进展，选择时间截至 2020 年 9 月 30 日，分别以"港口"和"长江经济带"为主题、关键词、篇名，对文献进行精准匹配检索。在研究方法上，借助 CiteSpace 可视化软件进行分析，对作者发文信息、机构发文量等相关数据利用可视化图谱呈现出直观变化，以揭示文献数量变化特征和时间变化特征。

1.3.3　港口经济的研究热点以及文献特征分析

1. 发文量的时间分析

从图 1-1 可以看出，长江经济带港口研究的发文数量经历了迅猛增加和持续增长两个阶段，长江经济带港口研究不断受到学者们的关注和重视。随着改革开放的实施、社会主义市场经济的逐步建立以及国际贸易的初步发展，为我国水运交通业发展提供了巨大的发展机遇，港口开发建设的速度大大加快。1992 年，党的十四大作出决定，"以上海浦东开发开放为龙头，进一步开放长江沿岸城市，尽快把上海建成国际经济、金融、贸易中心之一，带动长江三角洲和长江流域地区经济的新飞跃"，自此，国内学者对长江经济带港口问题的研究日益颇丰。1992～2000 年为发文数量迅猛增加阶段，在这一时期，随着浦东的开放，长江沿岸地区意识逐渐觉醒，各地区开始把发展战略的重点转向了长江沿岸地区，长三角地区开始与国家政策接轨，利用优惠政策与得天独厚的地理位置取得了突破性进展。港口问题作为航运经济的重要组成部分，已经引起了诸多学者的关注，越来越多的高等院校、科研机构、咨询机构投入对港口经济的研究，港口问题的研究深度和研究广度得到了很大的拓展。并在 1994 年发文量达到峰值，研究文献达到 33 篇。2001～2020 年为持续增长阶段，2001 年国家发出《关于深化中央直属和双重领导港口管理体制改革意见的通知》，决定由中央和地方政府双重领导的港口全部下放到地方管理，并实施政企分开。2008 年，受金融危机的影响，我国经济发展持续走低，给经济发展笼罩起一层薄雾。但总体来讲，改革开放 40 多年，我国港口行业发展取得了不少新的经验，也遇到了一些新问题，亟须从理论的高度进行分析、总结和概括。自 20 世纪 90 年代以后，我国关于港口建设和发展的理论研究逐步活跃。

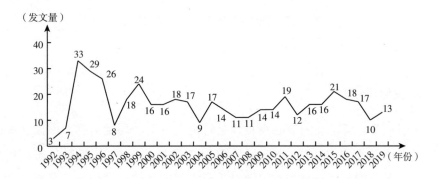

图 1-1　1992～2019 年长江经济带港口研究领域发文数量

资料来源：笔者据知网数据汇总。

2. 发文期刊分析

按期刊分别统计各期刊的载文量，图 1-2 给出了 1992～2020 年载文量排名前十的期刊。其中《中国水运》排名第一，有 61 篇，占比 13.6%；其次是《水运工程》有 58 篇，占比 12.9%；还有《长江流域资源与环境》《经济地理》《水运管理》，分别占比 4.5%、4.2%、4%。发文量前十的期刊占总发文量的 52.8%。在 449 篇期刊文献中，《长江流域资源与环境》《经济地理》的复合影响因子均在 1.0 以上，且均为双核心期刊，此类期刊上的文章一定程度上代表了港口经济研究领域的重点。其中，《中国水运》是水路运输方面的核心期刊；《经济地理》则是人文经济地理方面的核心期刊；《长江流域资源与环境》是环境科学方面的核心期刊，综合影响因子高达 2.044。可以看出，港口经济是一个多领域交叉性学科，它包含了经济地理、资源生态环境等诸多学科的特点。

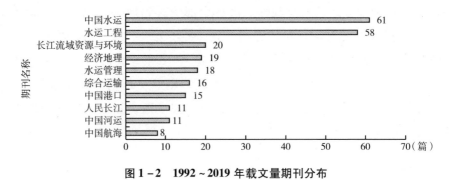

图 1-2　1992~2019 年载文量期刊分布

资料来源：笔者据知网数据汇总。

3. 关键词分析

关键词是一篇论文的核心观点，是对论文主题的高度概括，因此，对某一领域相关文献关键词的分析可以反映该领域研究的动态和走向。利用 CiteSpace 软件对长江经济带有关港口的研究相关文献关键词进行分析，设置时间跨度为 1992~2020 年，单个时间分区为 2 年，聚类词来源为标题、摘要、作者关键词和增补关键词，节点类型设为关键词，提取每个时区中被引频次最高的 50 个关键词。

以 1992~2020 年为一个时间段，最大的关键节点是"上海港"，结合表 1-1 被引频次的数据可以确定港口经济研究领域的热点。另外"长江航运""长江三角洲""长江经济带""长江干线"等都是图谱中重要的次大节点。重要节点所对应的文献反映了学术界就长江经济带在关于港口领域所给予的重点关注。

表 1–1　　　　　1992～2020 年港口经济研究文献高频关键词

序号	被引频次	关键词	序号	被引频次	关键词
1	31	上海港	7	12	上海国际航运中心
2	27	长江航运	8	11	水路运输
3	26	长江三角洲	9	11	长江港口
4	20	长江经济带	10	10	内河航运
5	19	长江干线	11	9	南京港
6	15	集装箱运输	12	8	江海联运

资料来源：笔者据知网数据整理。

4. 研究人员与机构

第一，主要研究团队及其分布。

将文献数据导入 CiteSpace 中，对发文作者进行共现分析时，时间段为 1992～2020 年，节点类型为作者，单个时间分割为 1 年，选取每一年发文量最多的前 50 名作者形成关系网络图，图谱显示共有作者节点 664 个，552 连线，网络密度为 0.0025，网络裁剪方式为路径裁剪，最终得到长江经济带港口研究领域的主要作者合作网络图谱。通过表 1–2 可以发现，经过 30 年的研究，港口经济研究领域形成了一些实力强大的研究团队，其中论文发表数量最多的是以曹有挥、梁双波以及吴威为核心的研究团队。其他主要研究队伍包括以王成金为核心的研究团队，以王列辉为核心的研究团队等。这些团队都是最早从事港口领域研究的群体，且大多位于港口经济相对发达的南京、上海等地区，依托高等院校或科研机构的平台，优势明显，是我国长江港口研究领域的领导者。近年来随着经济的蓬勃发展，其他一些地区的研究团队也在逐步形成。

表 1–2　　　　　1992 年以来我国港口经济研究作者发文量

排名	作者	发文量	所在机构
1	曹有挥	21	中国科学院南京地理与湖泊研究所
2	梁双波	11	中国科学院南京地理与湖泊研究所
3	吴威	9	中国科学院南京地理与湖泊研究所

排名	作者	发文量	所在机构
4	王成金	6	中国科学院地理科学与资源研究所
5	杨桂山	5	中国科学院南京地理与湖泊研究所
6	朱红云	5	中国科学院南京地理与湖泊研究所
7	张仁颐	4	上海交通大学
8	王列辉	4	华东师范大学
9	段学军	4	中国科学院南京地理与湖泊研究所
10	刘涛	4	长江航运发展研究中心

资料来源：笔者据知网数据整理。

第二，主要研究机构及其分布。

对所研究对象的发文机构进行分析，从 CiteSpace 中得到共有 275 个节点，103 个连接，网络密度为 0.0027，说明中国港口经济研究的机构间的联系较小，学术交流有待进一步加强。由表 1－2 可见，中国科学院南京地理与湖泊研究所出现的次数最多，中国科学院南京地理与湖泊研究所承担了"八五"国家科技攻关专题"长江产业带建设的综合研究"，对长江产业带的投资环境、总体战略、重点产业发展与布局、基础设施建设、地区差异与区域协调发展，以及长江口综合整治与长江干流航运建设等重大问题开展研究[9]。其次是华东师范大学、上海海事大学、南京大学等。从区域角度看，港口经济研究机构发文次数在长江经济带地区分布并不均匀，其中南京、上海、重庆、武汉、大连发文次数较高，而其他地区港口经济科研能力相对较弱。这在一定程度上说明了港口经济科研能力与港口经济发展水平之间的正相关性。

按照出现次数排序分析，出现 5 次以上的发文机构共有 18 个。其中中国科学院南京地理与湖泊研究所出现频率最高，达 30 次，是港口经济领域发文最多的机构。其次是华东师范大学、上海海事大学以及南京大学，分别出现 19 次、16 次、14 次，其中发文数量排名前五的机构，发文数量占所有机构发文数量的17.44%，发文数量在 10 次以上的机构发文次数则占所有机构发文数量的23.44%，可见，中国港口科研机构间港口经济科研能力差异显著。中国科学院南京地理与湖泊研究所前身是 1940 年成立的中国地理研究所，是全国唯一的以湖泊—流域系统为主要研究对象的中国地理研究所，重点发展流域水文与资源环境、区域经济地理等多个学科方向，长期以来组织并进行了大量的港口经济的相关研究，对港口经济的发展作出了突出的贡献[10]。华东师范大学于 2011 年 10 月正式成立国际航运物流研究院，致力于上海国际航运中心建设中最迫切需要解决的课题研究，该研究院的成立为上海国际航运中心建设提供关键技术和人才培养基地。上海海事大学水运经济科学研究所下设港口及物流经济、国际航运、管理现代化三个研究室，研究所在港航领域已具有一定的知名度，为国内港航企业单位甚至其他机构解决了许多发展战略等问题，该研究所与国内港口、航运、海事等相关机构有着密切的联系。两所港口经济相关科研活动成果累累，为港航事业的发展起到了强大的推动作用。

5. 突现词分析

突现词表示待考察的关键词在短时间内跃迁的现象，强调突变性。通过对关键词突变性的考察，可得知特定时间内的研究热点。在港口经济领域的研究中内河航运以及发展战略问题时港口经济研究的两大热点，其突变性都持续了 10 年以上；研究方向多种多样，主要研究热点还包括长江干线、长江经济带、水路运输、集装箱运输、国际集装箱运输等。

不同阶段，学者对长江经济带关于港口领域的相关研究随时间而变化。在起步阶段，1992～2000 年，突现词数量较多，集中在"长江三角洲地区""万吨级""国际集装箱枢纽港""南京港""政企分开"等，通过对具体文献的梳理，发现这一阶段的研究内容较多涉及在平稳发展阶段 2000～2019 年，突现词数量增加，集中在"长江港口""空间结构""内河航运""协同发展""发展战略""长江经济带"等，这一阶段的研究较上一时期来说认识在不断趋于完善，对长江经济带以及港口的研究成为当前的研究热点[6]。

6. 时区图分析

通过利用 CiteSpace 软件来对我国港口经济发展问题研究的关键词和主题词进行时区可视化[7]，如图 1 - 3 所示。可以观察不同阶段的关键词变化，进而发现关于我国港口经济问题研究的发展趋势。图1-3中，左上角代表的研究前沿的关键词，有"配载计划""深水港""横沙东滩""SWORT分析""中转运输""长三角""发展战略""国际航运中心"等，随着时间的不断推移，关键词也在不断改变，但始终围绕着港口经济的发展来进行。1992年，党的十四大报告明确提出以上海港的发展带动长江经济带的协同发展，从而确定了关键词"上海港"的重要地位，由此我国拉开了长江经济带的发展序幕，沿线各省纷纷借助政策支持，发展各自经济。

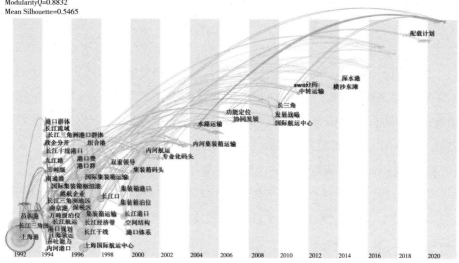

图1-3　时区图图谱

1.4　本章小结

当今世界正经历百年未有之大变局，如何在危机中育新机、于变局中开新局，成为当前亟待解决的重大战略问题。长江中游地区作为我国重要经济区，面临着重大的挑战与机遇。国家高度重视港口经济和航运发展建设，港口是水路运输与路陆运输转换的枢纽，航道是水运的载体，港口与航道是综合交通运输密不可分的重要环节，是发展国民经济的重要支柱。国家出台了《"一带一路"建设海上合作设想》《长江经济带规划纲要》《"十三五"长江经济带港口多式联运建设实施方案》等多部相关政策积极推动港口经济与航运发展。长江中游地区的主要港口需要积极主动找先机、寻出路，推动长江中游区域性航运物流中心高质量发展。学者高度参与到港口问题的探究当中来，每年聚集到港口的关键词不断增多，就港口发展前景提出的政策也被广泛采纳。

第2章 新时代港口经济发展的理论思考与实践

进入新时代，港口经济发展迎来新的机遇。港口协同发展是经济发展的重要目标，现阶段不可避免地存在港口竞争，政府、各参与企业如何协调好港口间的关系值得深思。在港口经济快速发展的大环境中，绿色发展已经提上日程，为坚持可持续发展理念，临港产业的绿色发展也要紧跟时代步伐。

2.1 新时代港口经济发展理念

港口经济对我国构建"国内大循环、国内国际双循环"新发展格局起着重要作用，也是实现"一带一路"的重要支点和重要枢纽。港口作为港口经济的基础性、枢纽性设施，是供应链、产业链上的重要环节，也是对外交流的纽带。就一个国家而言，港口在海洋经济振兴和城市经济发展上起着重要的促进作用。发展港口经济是推动中国社会经济发展的引擎，是中国走出国门、走向世界的门户和窗口。

在积极发展海洋经济、合理规划交通运输、促进城市经济发展的实践中，1985 年在福建省厦门市担任市委常委、副市长的习近平，基于国内外港口经济发展形势提出把三都澳建设成为通往主要沿海港口、面向太平洋的国际港口，这体现了他强烈的"港口意识"。在后来的治国理政的实践中，习近平一直注重对港口发展的谋篇布局。本书写作是在深入分析新时代港口经济发展理念形成的理论背景的基础上，概括阐述了其理念的主要内容，系统研究新时代港口经济发展理念对中国港口经济发展具有重要的理论和实践价值。

2.1.1　新时代港口经济发展理念形成的背景

新中国成立之初，中国港口的发展几乎处于停滞状态，且当时资源短缺问题日益严重。1951 年 8 月 24 日，中央人民政府政务院成立塘沽新港建设委员会，并在苏联专家的帮助下开始了 1949 年以后的第一个大型港口建设项目。1968 年，中国援助越南抗击侵略时，毛泽东亲自批文建设防城港，充分利用港口避风、隐蔽和水深等优良自然条件，开辟"海上胡志明小道"，支援前线，保家卫国。1949～1972 年，国家对港口建设投资总计 60 亿元，新增港口吞吐能力约 6000 万吨，新建成深水泊位 40 个。但是，港口发展还是相对落后。1973 年初，周总理认为加快港口扩建和改造十分重要，有助于解决港口压船问题，提出了"用三年时间改变港口面貌"的方案，掀起了港口建设的热潮。这一时期，港口吞吐量逐年增加，经济效益不断提高，为港口后续发展奠定了基础。1976～1980 年的第五个"五年计划"期间，国家进一步加大了港口建设，港口投资和新增吞吐量超过 1949 年前后 20 多年的总和，以及三年港口大建设时期的总和。1981～1985 年，我国经济迅速发展，港口经济被列入第六个"五年计划"，成为国民经济建设的重点，促进了港口的可持续发展。

随着中国经济体制改革的不断深入，第七届全国人大四次会议通过了《中国十年发展规划纲要》和《"八五"规划纲要》，明确交通运输是基础产业，中国开始重视深水泊位及其专业化建设，港口发展进入高潮。港口吞吐量从 1980 年的 3.17 亿吨增加到 1997 年的 9.68 亿吨。1984 年改革开放之初，邓小平提出开放 14 个沿海港口城市，大连、上海等港口快速发展，带动城市经济和周边经济发展，为中小港口开放发展起到了很好的示范作用。

20 世纪末至 21 世纪初，随着经济全球化，国际贸易日益频繁，现代港口在国际航运中发挥着重要作用，是国际物流链中的重要环节。1993 年，江泽民同志视察湛江港，题词"建设南方大港，发展湛江港经济"；2003 年，胡锦涛总书记视察该港，鼓励湛江港"要抓住优势、抓住发展机遇，理清发展思路"。全球化进程不断加快，为在激烈的竞争中取胜，全国各大港口都在积极研究经济发展战略。到 2003 年底，我国沿海有 4000 多个港口，总吞吐量达 20 亿吨，达到近年来最高点。在这一港口建设的高潮中，港口信息系统的开发建设力度加大，投入大量资金建设大型深水专业泊位。历代领导人结合当时的国情和国际形势，及时作出战略调整，推动港口经济发展，为新时代中国港口经济的发展奠定了基础。

西方港口的快速发展对新时代中国港口经济发展具有重要借鉴意义。西方国家大多数发源于海滨文明，以航海为主业，在生产力不发达的时代，一些靠海且拥有优良港口的国家往往有抢占殖民扩张的先机，发展成为相较于同时期其他国家的经济大国，如被称为"日不落帝国"的大英帝国等北大西洋两边的发达国家。这些国家之所以能在当时崛起，很大一部分原因在于它们率先进行远洋航海，在各大洋开拓了大量的贸易路线，通过繁荣的海上贸易迅速积累资本。2019 年，习近平主席参观希腊比雷埃夫斯港时指出，中国倡导的"一带一路"不是口号和传说，而是成功的实践和辉煌的现实。比雷埃夫斯港项目是中西合作共赢的典范，新时代的中国港口发展比早前西方对古老港口的殖民掠夺更加友好互利。因此，港口可以成为中国与世界其他地区的双向运输纽带，促使沿线经济快速发展。

西方发达国家非常重视绿色港口的建设，特别是美国等国家在这方面取得了很大的成就。2012 年 2 月 17 日，习近平访问美国中海运洛杉矶港，听取了港口绿色环保节能等情况介绍。洛杉矶港是全球首个使用清洁燃料的绿色环保码头，并且利用岸上送电的方式来减少碳排放和污染。习近平表示，利用新能源、新技术，为绿色环保作出贡献是一项很好的举措，并希望在未来逐步实施和普及。同样在美国，加州长滩港倡导发展绿色港口并启动"绿旗"计划，降低能源消耗，营造健康环境，保护生物和谐共处，控制有害气体排放，打造绿色资源可持续发展港口，使港口空气质量达到近十年最佳水平。澳大利亚悉尼港还实施了"绿色港口指南"（*Green Port Guidelines*）等举措，大大改善了港口环境质量，使港口更加绿色，让西方国家建设绿色港口走在前列[11]，这将是指导我国未来绿色港口发展的基本战略。

在港口工业化研究中，霍依尔和平德（Hoyle & Pinder）编著的《港口工业化与区域发展》对港区工业化进行了专题讨论。他们得出的结论是，虽然通过某些技术吸引基础产业并不难，但要吸引相关活动并实现显著的区域扩散效应并不容易。港口在大力发展科技促进工业化的同时，还要注重规划经济的发展，促进港口的区域扩散效应，大力发展港口经济。对于港口管理，1987 年，美国学者弗兰克尔在其著作《港口规划与发展》中强调政府部门在港口发展中的重要作用。西方发达国家中经济实力较为雄厚的德国，在国民经济发展中重视港口作为基础设施对社会经济发展的促进作用，因此，德国政府直接管理港口，承担港口基础设施建设费用，推进港口经济快速、稳定、健康发展。这同样对我国发展港口经济具有重要借鉴意义。

2.1.2 新时代港口经济发展理念的主要内容

1. 创新引领：科技攻关，智慧港口

习近平总书记在十八届中央政治局第九次集体学习时的讲话中强调，要努力促进科技创新与经济社会发展的密切结合①。随着科技的发展，社会环境不断变化，过去传统的港口发展模式已经不能适应现行生产关系和生产力的发展。面对港口创新不足、发展模式单一等问题，习近平总书记在天津港考察时提出："要志在万里，努力打造世界一流的智慧港口。"我国各大港口积极响应发展智慧港口，用科技创新港口发展新模式。厦门港发挥技术优势，利用 5G 技术建设全流程自动化和智能化的"5G + 智慧港口"，为 5G 数字化港口转型升级提供了可视化解决方案②。港口码头管理的全自动化、货物装卸过程全智能化大大促进了港口的作业效率，加快了物流信息共享与交互，形成了更加有效简便的港口运输体系和运营环境，大力推进了港口经济的发展[12]。

科技创新是促进港口经济发展的重要手段。党的十九大报告指出，创新

---

① 褚斌. 全力打造世界一流智慧港口 持续开创蓬勃兴盛天津港新局面［J］. 中国水运，2020
（4）：6 - 8.

② 回顾十八大以来习近平关于科技创新的精彩话语，人民网 - 中国共产党新闻网，http：//
cpc. people. com. cn/xuexi/n1/2016/0531/c385476 - 28398570. html.

是引领发展的第一动力,是建设现代化经济体系的战略支撑。习近平总书记基于我国港口的具体情况和新时代新要求,高度重视科技对于港口经济发展的引领作用,提出港口经济发展的新起点就是通过先进的科学技术,利用创新力量带动港口经济发展,在新形势下,提高港口竞争力、提高港口发展质量成为港口经济发展方向的重要依据[13],也是现在与将来港口经济发展的重要内容,对我国港口经济的高质量发展具有重要意义。

2. 生态和谐:环境保护,绿色港口

近年来,我国港口经济的快速发展带来了能源消耗过度、环境污染等诸多问题。例如,港口附近水质和空气质量下降,固体废物和噪声污染增加,港口建设对淡水、煤炭、石油等资源的过度消耗,给生态环境带来了巨大压力。因此,坚持绿色发展理念就成为新时代港口经济发展的主题。2013 年 7月,习近平总书记强调:"走向生态文明新时代,建设美丽中国,是实现中华民族伟大复兴的中国梦的重要内容"①,这已成为新时代港口经济发展思想的重要组成部分,为港口经济绿色发展提供指导。2016 年,习近平总书记提出了"绿水青山就是金山银山"的论断,深刻说明了生态建设与经济建设的辩证关系。2019 年,习近平总书记在天津港视察时提出要建设绿色港口,探索出一条绿色港口发展之路。

"绿色港口"就是要处理好环境与经济发展问题,让港口与自然和谐共生。港口发展与自然环境保护必须做到统筹兼顾、和谐共生。在习近平生态优先、发展绿色港口的理念下,各大港口制定了详细的绿色港口环境规划,科学有效地整顿港口出现的问题,有效改善了港口环境面貌,展现出加速打造世界顶尖的绿色智慧枢纽港口的磅礴之势,为交通强国、海洋强国、贸易强国和"一带一路"建设积极贡献力量。习近平总书记强调要加强港口生态建设,积极发展绿色港口经济,对于港口的可持续发展具有重要意义②。

---

① 习近平主席在致生态文明贵阳国际论坛 2013 年年会的贺信,2013 年 7 月 18 日,http://www.xinhuanet.com/2021 - 06/03/c_1127523733.htm。

② 努力打造世界一流的智慧港口、绿色港口(现场评论·为"十四五"开好局起好步),人民网,http://ha.people.com.cn/n2/2021/0615/c351638 - 34776865.html,2021 年 6 月 15 日。

3. 内外开放：循环互促，平台港口

2020 年，习近平总书记对经济工作作出了重要部署，要求"加快构建以国内大循环为主体、国内国际双循环相互促进的新格局"①。注重内部需求，加大开放力度就成为促进港口经济发展的指导思想。港口作为国内外双循环的交汇点，更应该发挥其贸易、服务和技术的平台作用。着眼于新发展格局，习近平总书记对海南作出重要指示②：海南要高质量高标准建设自由贸易港，积极对标国际先进经贸规则和各自贸试验区，推进各片区整合优势联动发展，立足海南自贸港建设的特殊政策，要发挥攻坚克难的精神稳固自由贸易港创建基础，将海南自贸港打造为一个让全世界的生产商、供应商、投资商、消费者和高技术人才等汇聚一堂的平台港口，让世界人民与中国人民往来更加密切，深入研究国内外消费者的需求和探索服务消费者的新路径，促进港口经济的发展。同时，海南各大市区抓住海南自贸港发展的重要机遇，把高端旅游消费品等制造业作为产业发展的重要方向，带动形成更多的新型产业链，加快产业结构转型，促进区域经济的发展。海南自贸港向世界展示中国与世界共同分享经济发展机会的初心，也提升了世界人民心中中国的大国形象和品牌。

在党的十九大报告中提出："坚定不移贯彻新发展理念""探索建设自由贸易港，形成面向全球的贸易、投融资、生产、服务网络，加快培育国际经济合作和竞争新优势"。在新的发展形势下，党中央着眼于国内国际经济发展形势，通过推动开放的新格局促进港口经济发展作出了重大战略决策，提出搭建有利于国内消费和国际贸易的平台，把国际国内市场联系起来，提升对内对外开放。借鉴世界产业发展的潮流和趋势建设新型港口经济体系，将单一性的港口发展成为多方面功能港口，不断集聚世界顶尖人才推动港口经济发展，形成走在社会经济前沿的全方位、宽领域、多层次、高水平的港口经济开放平台。

---

① 习近平.《加快构建新发展格局》［N/OL］. 光明网，https：//m. gmw. cn/baijia/2021－05/12/ 34837855. html。

② 习近平对海南自由贸易港建设作出重要指示，中国政府网，http：//www. gov. cn/xinwen/2020－06/01/content_5516550. htm，2020 年 6 月 1 日。

4. 系统统筹：全局规划，一流港口

时任福建省委书记的习近平在福建提出开发三都澳，使三都澳成为通往沿海主要港口和面向太平洋的国际港口；在浙江任职后，习近平推出宁波舟山港一体化建设、舟山连岛项目建设、浙江港口资源整合等一系列举措；再到上海，习近平提出以港口为支点建设上海国际航运中心，推动上海走向国际舞台。目前，习近平总书记大力推动港口由分散竞争向区域合作发展，加强港口建设，为"一带一路"建设服务。经过一段时间的系统布局规划，港口发展迅速。目前，中国港口已与200多个国家和世界600多个主要港口建立了航运联系。我国90%以上的外贸货物通过港口进出境，真正实现港口向一流水平发展。

习近平总书记明确提出，以一流的设施、一流的技术、一流的管理、一流的服务，全面系统地做好港口建设①。除了通过统筹规划港口经济发展的管理模式、改造基础设施等方式来加强一流港口建设，习近平总书记针对港口进行全面规划，以统筹发展的眼光加以引导。这是在全球经济增长、贸易投资增长的速度与格局都发生了重大变化的情况下，我国采取的重要应对手段。港口作为中国向外发展的重要地理区域，既承接中国面向世界开展国际贸易，达成国际交流合作，还连接了中国内陆港口和港口之间的经济大动脉。目前，中国呈现全国经济的纵横发展、由表及里的脉络发展之势，港口经济成为中国经济发展的增长极点，由点及面逐个贯通，再统筹发展实现成网联系全局。

5. 区域协调：合作竞争，枢纽港口

经济全球化已成为世界发展趋势，国家间的经济合作与竞争成为重要方式。习近平总书记对港口发展非常重视，用"重要枢纽""重要支点"来形容港口在"一带一路"建设中的重要性。2014年，习近平主席与斯里兰卡、印度加强了港口等基础设施建设的合作，通过互联互通、互利合作，产生了积极的区域影响。近几年，中国内陆港口与腹地之间存在的不协同

---

① 习近平. 努力打造世界一流的智慧港口、绿色港口 ［N］. 人民日报，2021 – 06 – 15 (05).

发展，导致港口资源无法有效地利用，同时港口也难以形成发展定位，将不利于运输体系和航运服务的完善。随着时代发展，在资源稀缺背景下为获取更高的经济效益，港口之间的竞争关系也日益激烈。构建区域内以枢纽港口为核心的港口体系能够使无法充分利用的港口资源得到有效率利用，为区域经济注入新的动力。枢纽港口的形成，为区域内各港口分工协作奠定了基础，有利于构建完善的国际运输体系和航运服务，使港口在发展中提高竞争力。

党的十八届五中全会提出，要坚持协调发展，着力形成平衡发展结构，在协调发展中拓宽发展空间，这为港口区域协调发展提供了思想指导，为促进港口区域经济协调发展注入了动力。港口通过与腹地经济协同，结合国际经济发展形势以及腹地经济发展特点，引导域内企业进行产业互补和产业结构调整，加强产业链的联系，通力实现港口经济高质量发展。发挥腹地与港口、港口与港口之间的相辅相成、相互促进作用，是港口的经济发展需要重点着力的方向。

6. 集约优化：港城融合，特色港口

我国虽然港口资源丰富，但是存在港口发展不充分、特色不鲜明等问题，习近平审时度势，提出特色兴港思想①。特色兴港，就是在港口发展过程中，走符合中国国情、中国港情的特色发展道路，以特色发展贯穿港口发展始终。2005 年，习近平考察舟山时，提出要把舟山潜在的特色资源特转化为现实的经济竞争优势。舟山是一个海岛地区，要发挥海岛地区资源丰富、海洋经济基础强的特色，建设世界一流的海洋港口。2007 年，浙江政府引导支持温州、台州等港口建设和资源整合，加快推进舟山连岛工程建设，大力发展航运业、努力构建现代港口物流体系，推进海岛开发，大力发展港口经济。习近平在宁波考察调研时强调，宁波要发挥充分自身特色，利用港口优势和区位优势，努力建设现代化国际港口。为实现这个目标，宁波走港城联动特色化发展道路，紧密港口与城市关系，做到因港施策，充

---

①　进一步完善我国区域港口群的优化整合发展，人民网，https：//m. gmw. cn/baijia/2022 - 04/13/ 35656660. html。

分发挥港口—城市结合优势特色。

特色发展是港口经济发展的重要手段，在港口对内发展、对外拓展过程中起到了重要作用。对内发展，形成城因港兴、港因城立的互补关系，相互促进，依托发展，有利于进行港口产业转型升级，面向世界港口城市发展；对外拓展，围绕海洋经济特色做文章，有利于加快港口经济的特色发展，推动港口发展特色资源更好促进经济增长。特色兴港是习近平关于港口论述的重要组成部分，港口结合自身因素，因地制宜地发展特色港口经济，有利于促进港口经济的进一步发展。因此，加强特色港口建设，坚持特色兴港，是我国新时代港口经济发展的重要内容和潜在动力。

2.1.3　新时代港口经济发展理念的时代意义

新时代港口经济发展理念，是对马克思主义港口发展思想和中国历届领导人港口经济发展观的继承和发展，并吸收了西方先进港口发展经验，为我国港口发展提供了良好的理论与实践指引，具有重要的时代意义[14]。

1. 新时代港口经济发展理念的理论意义

新时代港口经济发展理念是五大发展理念的理论成果。新时代港口经济发展理念，是习近平总书记把握国内外港口经济发展形势，针对我国港口经济发展中存在的新老问题，建设性地提出的一系列促进港口经济发展的新理念新部署。以"创新引领、生态和谐、内外开放、系统统筹、区域协调、集约优化"为基本思路，不断发展和创新我国港口发展政策和规划，为建立更加繁荣高质的港口经济提供了有效的科学指引，对如何增强港口的科技突破和绿色发展、港口间的合作竞争，以及港口全局规划，促进港腹协同和港城融合发展等提供了坚实的理论基础和逻辑框架。

新时代港口经济发展理念是形成全面开放思想的崭新篇章。港口经济将会继续为构建"国内大循环、国内国际双循环"新发展格局、深化供给侧结构性改革、建设现代化经济体系、加强合作扩大开放等提供新思路。港口经济的内外开放发展是对中国形成全面开放新格局的补充，是共建创新包容的开放性世界经济的重要支撑。港口经济的多元化高质量发展将推动中国经济朝全球化纵深发展。

新时代港口经济发展理念是加强生态文明建设方针的重要组成部分。生态环境是关系民生的重大社会问题，也是全球面临的共同挑战和共同责任，也是港口经济发展需要极度重视的一个问题。构建"绿色港口"是港口发展理念中极其重要的一环，对于促进生态文明可持续发展具有重大意义。

2. 新时代港口经济发展理念的实践意义

新时代港口经济发展理念为构建创新型港口提供科学指引，在创新引领的理念的指导下，各港口积极重视科技力量，发展新的生产力。2017 年，交通运输部发布《关于开展智慧港口示范工程的通知》，选取一批港口开展智慧港口示范工程建设。同时，《数字发展规划纲要》《关于推动交通运输领域新型基础设施建设的指导意见》等一系列政策出台。在生态和谐理念的指导下，绿色港口建设实践不断推进，交通运输部实施了《深入推进绿色港口建设行动方案（2018—2022 年）》《绿色港口等级评价指南》，部署了一系列重大工程、重大计划、重大行动，绿色港口全面实施，港口经济发展和生态环境质量都明显提升。

在内外开放理念的指导下，各港口间加强互联互通，开放发展。《关于大力推进海运业高质量发展的指导意见》《国家综合立体网规划纲要》等一系列加强港口联系的政策和指导意见相应出台。在系统统筹理念的指导下，各港口积极向一流港口发展。《深入推进水运供给侧结构性改革行动方案（2017—2020）》《关于建设世界一流港口的指导意见》，加快推进港口治理体系现代化发展，着力提高港口综合服务能力。在区域协调理念的指导下，共建"丝绸之路经济带"和"21 世纪海上丝绸之路"各项工作有序推进。2016 年 7 月《综合运输服务"十三五"发展规划》鼓励临港物流园区与港口协同联动发展。在集约优化的理念指导下，利用特色发展港口经济，精准定位港口发展位置，发挥港口自身资源特色，打造港城联动积极效应。

新时代港口经济发展理念为发布港口经济发展政策提供根本遵循。在习近平新时代港口经济发展理念的指导下，港口经济发展各项工作有序推进，国家有关部门围绕促进港口经济发展，从多个方面制定了一系列港口发展政策并落地实施，港口经济发展取得了显著成效。

2.2　港口竞争与政府决策

港口是综合交通运输网络的节点，也是一个国家或地区沟通国际市场的重要通道[15]。根据交通运输部数据显示，2020 年，全国港口货物吞吐量达到 145.5 亿吨，港口集装箱吞吐量完成 2.6 亿标箱，中国的港口货物吞吐量和集装箱吞吐量在世界上都居第一位。随着贸易需求和吞吐量的增加，许多船舶的生产能力已经达到或者超过饱和状态。

2.2.1　港口竞争相关概念

目前学术界对拥挤已经有了较为成熟的定义，德帕尔马（DePalma，1989）[16]和塔利（Talley，2016）[17]等指出，拥挤是一种普遍现象，广泛地存在在各种交通运输活动中，如公路、海港和航空港等。当用户在利用资源并与其他人互动，相互之间产生干扰导致每位客户使用资源的时间增加时，就会发生拥挤效应[18-20]。随着国际多式联运的发展，拥挤不仅会发生在港口，通往港口的道路也可能出现拥挤[21]。拥挤将使港口的服务水平下降，顾客的时间成本增加，使港口在竞争中处于不利地位[22]。为了缓解这种状况，各港口企业与政府采取了一系列措施，如差异化定价[23~24]、增加投资[25]、服务一体化[26~28]等来使港口企业的利润最大化。

关于港口企业与拥挤效应的关系，目前有大量文献对此进行了研究。张（Zhang）[29~33]等将港口与城市道路联系起来，并分析城市道路拥挤下的港口之间的竞争行为。博格[31]等开发了一个两阶段博弈，模型化分析了两个寡头港口之间的竞争以及和腹地拥堵的相互作用。万和张（Wan & Zhang，2013）[32]在他们的基础上，详细扩展并抽象出港口连接港口的道路拥堵情况，研究多式联运背景下的道路收费和城市容量增加对港口的影响。元朗（Yuen，

2008）[33]等研究了在寡头垄断港口中，拥挤对腹地最优定价和企业利润的影响。周鑫[34]等分析了当港口提供的服务水平不相同时，企业如何采取差别定价的策略以使利润达到最大化。王（Wang）[35]等研究了服务一体化模式，即港口企业通过与航运公司合作，向货主提供一揽子海运和终端服务。其目的是通过向顾客收取最优价格，使企业总利润实现最大化。上述文献均只分析了港口为解决拥挤采取的措施，然而未涉及政府的投资决策。

关于政府决策对于港口的影响，也有大量学者进行了研究。罗（Luo，2009）[36]等通过博弈法分析了战略性竞争环境下双寡头港口的政府最优投资策略，研究发现政府的投资存在一个最优水平。德博格（DeBorger，2011）[37]等讨论了政府在港口的垂直整合结构中的作用，以及如果政府未能及时对行业结构作出反应将对港口产生的影响，研究发现不合理的政府决策将会降低港口企业的利润。陈（Chen，2017）[38]等研究了在服务差异化和需求不确定情况下，政府的最佳投资策略。峰（Feng，2021）[39]等分析了中国公私合营港丹东港的案例，研究发现丹东港破产的最直接原因来自港口基础设施的投资环境波动和政府不合理的港口扩张计划。通过上述文献分析可以看出，政府在港口运营中起到重要作用，合理的政府决策对于港口发展具有重要意义。总体而言，有文献对港口与拥挤效应的相互关系理论研究深入，但视角略微单一，大多从港口企业与政府的角度出发，缺乏对发货人的行为分析。最近的一些研究，如黑田东彦（Kuroda，2005）[40]和尼尔（Nir，2003）[41]等开始采用纳什均衡的方法分析承运人与托运人的相互作用，并考虑了多式联运网的竞争，为港口的选择提供了实际的指导意义。

国外学者对拥挤效应的研究较为广泛，国内学者在分析影响港口选择的因素上还停留在差异定价和港口位置上，极少考虑拥挤效应这一重要因素，更少将道路和港口同时存在拥挤的状况纳入分析。与此同时，目前国内外的研究多集中在单个港口间竞争的实证分析，对多式联运等复杂性网络竞争的讨论不足。因此本书创新之处是将港口竞争视为两条相互竞争的链，每条链由一个港口和连接港口腹地的城市道路组成，且都存在拥挤，同时借助霍特林（Hotelling）模型，刻画发货人的选择行为，以研究内河港口的定价和政府投资决策等行为。本书的研究结果有助于完善拥挤效应和港口投资定价等理论，为港口企业管理决策提供支持。

2.2.2 港口竞争行为实证分析

1. 模型与求解

第一，问题的描述与假设。

本书的模型建立在霍特林博弈模型基础之上。考虑两个相互竞争的内河港口 a 和 b，分别位于线性城市的两端 0 和 1 处，两家港口企业分属于不同的地方政府（如城陵矶港和武汉港）。港口为发货人提供服务并收取一定的费用，记为 P_i（$i = a$, b）。两个港口通过差异化定价来展开腹地客户资源的争夺。

市场中共有 N 个发货人。为不失一般性，将 N 标准化为 1。发货人在线性城市上均匀分布。发货人首先将货物运到内河港口，再通过内河港口将货物运输到海外目的地。记 x 为发货人在线性城市上的位置，x 服从 [0, 1] 均匀分布。发货人选择港口 a 所产生的陆地上的运费记为 tx，其选择港口 b 所产生的运费记为 $t(1-x)$，其中 t 表示陆地上的单位运输成本。由于内河港口相隔较近（如城陵矶港和武汉港），一般从内河港口到海外目的地的海上运输费用差异较小，为了简化计算和更好地分析拥挤效应的影响，假设从内河港口 a 和 b 到海外目的地的运输成本费用相同，因此海上运输成本不会影响到发货人对于内河港口的选择。记 R 为发货人完成货物运输后所获得的收益，假设 R 足够大，能够使得市场被全部覆盖，每位发货人都会选择一个港口完成货物运输。

顾客在选择港口时，除了考虑港口的价格、陆上运输的费用以外，还会考虑港口的拥挤程度给自己带来的拥挤成本。研究表明，拥挤将导致货物运输时间增加，顾客效用降低。与此同时，拥挤还包括陆上运输的拥挤和港口拥挤。相关文献，如文献 [31] 和 [32] 等指出，陆上运输的拥挤主要与港口所在城市的道路基础设施和运输量相关，与该研究保持一致，记 $c \dfrac{Q_i + \lambda_i}{K_i}$ （$i = a$, b）为陆上拥挤成本，其中 c 为单位拥挤成本，Q_i 表示港口的运输量，λ_i 表示港口所在城市的其他交通运输量，K_i 表示政府对于港口所在城市道路等基础设施的投资；该式表明了陆上运输的拥挤正相关于港口所在城市的运输量且负相关于政府对于港口城市道路等基础设施的投资。德帕尔马（1989）[16]等认为，港口拥挤主要与港口的运输量与港口服务水平相关，与该文献一致，记 $c\dfrac{Q_i}{S_i}$（$i=a,\ b$）为港口拥挤成本，其中 S_i 表示港口的服务水平；该式表明了港口拥挤成本正相关于港口运输量且负相关于港口服务水平。港口提升服务水平需要付出一定的成本，记 $\dfrac{1}{2}S_i^{2}$ 为港口服务成本，这种二次成本函数被众多文献采用[34,42]。

基于以上假设，发货人 x 选择港口 a 所获得的效用为 $R-P_a-tx-c\left(\dfrac{Q_a+\lambda_a}{K_a}+\dfrac{Q_a}{S_a}\right)$，其选择港口 b 所获得的效用为 $R-P_b-t(1-x)-c\left(\dfrac{Q_b+\lambda_b}{K_b}+\dfrac{Q_b}{S_b}\right)$。基于这种设定，得以分析拥挤效应对于双寡头竞争港口的影响。运输网络简图如图 2-1 所示。

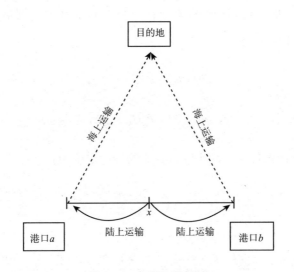

图 2-1　运输网络简图

资料来源：笔者绘制。

第二，模型求解。

令 x 为选择港口 a 和港口 b 效用无差别的客户。由效用的无差别性可得方程：

$$R - P_a - tx - c\left(\frac{Q_a + \lambda_a}{K_a} + \frac{Q_a}{S_a}\right) = R - P_b - t(1-x) - c\left(\frac{Q_b + \lambda_b}{K_b} + \frac{Q_b}{S_b}\right)$$

$$(2-1)$$

解得:

$$x = \frac{S_a(c \cdot K_a \cdot K_b + c \cdot K_a \cdot S_b + c \cdot \lambda_b \cdot K_a \cdot S_b - c \cdot \lambda_a \cdot K_b \cdot S_b - K_a \cdot K_b \cdot S_b \cdot P_a + K_a \cdot K_b \cdot S_b \cdot P_b + K_a \cdot K_b \cdot S_b \cdot t)}{c \cdot K_a \cdot K_b \cdot S_a + c \cdot K_a \cdot K_b \cdot S_b + c \cdot K_a \cdot S_a \cdot S_b + c \cdot K_b \cdot S_a \cdot S_b + 2t K_a \cdot K_b \cdot S_a \cdot S_b}$$

$$(2-2)$$

由于发货人在 [0, 1] 区间上均匀分布,且密度为 1,因此港口 a 和港口 b 的货物需求量分别为:

$$Q_a = x = \frac{S_a(c \cdot K_a \cdot K_b + c \cdot K_a \cdot S_b + c \cdot \lambda_b \cdot K_a \cdot S_b - c \cdot \lambda_a \cdot K_b \cdot S_b - K_a \cdot K_b \cdot S_b \cdot P_a + K_a \cdot K_b \cdot S_b \cdot P_b + K_a \cdot K_b \cdot S_b \cdot t)}{c \cdot K_a \cdot K_b \cdot S_a + c \cdot K_a \cdot K_b \cdot S_b + c \cdot K_a \cdot S_a \cdot S_b + c \cdot K_b \cdot S_a \cdot S_b + 2t K_a \cdot K_b \cdot S_a \cdot S_b}$$

$$(2-3)$$

假定两个港口都是理性决策,并且不存在其中任何一个港口独自垄断市场的情况,每个港口会不断调整自己的价格使自身利益达到最大化。两个港口的利润最大化模型如下:

$$\max \pi_a = P_a Q_a - \frac{1}{2} S_a^2$$

$$\max \pi_b = P_b Q_b - \frac{1}{2} S_b^2 \qquad (2-4)$$

在 Nash 均衡条件下,两个港口企业的最优定价为:

$$P_a = \frac{c(-(-1+\lambda_a)K_b \cdot S_a \cdot S_b + K_a((2+\lambda_b)S_a \cdot S_b + K_b(2S_a + S_b))) + 3t K_a \cdot K_b \cdot S_a \cdot S_b}{3 K_a \cdot K_b \cdot S_a \cdot S_b}$$

$$(2-5)$$

$$P_b = \frac{c((2+\lambda_a)K_b \cdot S_a \cdot S_b + K_a(K_b \cdot S_a + 2 K_b \cdot S_b + S_a \cdot S_b - \lambda_b \cdot S_a \cdot S_b)) + 3t K_a \cdot K_b \cdot S_a \cdot S_b}{3 K_a \cdot K_b \cdot S_a \cdot S_b}$$

$$(2-6)$$

将式 (2-5)~式 (2-6) 代入式 (2-2)~式 (2-4),得到两个港口的最优需求量,分别为:

$$Q_a = \frac{c(-(-1+\lambda_a)K_b \cdot S_a \cdot S_b + K_a((2+\lambda_b)S_a \cdot S_b + K_b(2S_a + S_b))) + 3t K_a \cdot K_b \cdot S_a \cdot S_b}{3(c(K_b \cdot S_a \cdot S_b + K_a(S_a \cdot S_b + K_b((S_a + S_b)))) + 2t K_a \cdot K_b \cdot S_a \cdot S_b)}$$

$$(2-7)$$

$$Q_b = \frac{c((2+\lambda_a)K_b \cdot S_a \cdot S_b + K_a(K_b \cdot S_a + 2K_b \cdot S_b + S_a \cdot S_b - \lambda_b \cdot S_a \cdot S_b)) + 3t K_a \cdot K_b \cdot S_a \cdot S_b}{3(c(K_b \cdot S_a \cdot S_b + K_a(S_a \cdot S_b + K_b((S_a + S_b)))) + 2t K_a \cdot K_b \cdot S_a \cdot S_b)}$$

$$(2-8)$$

两个港口的最优利润分别为：

$$\pi_a = \frac{(c(-(-1+\lambda_a)K_b \cdot S_a \cdot S_b + K_a((2+\lambda_b)S_a \cdot S_b + K_b(2S_a + S_b))) + 3t K_a \cdot K_b \cdot S_a \cdot S_b)^2}{9K_a \cdot K_b \cdot S_a \cdot S_b(c(K_b \cdot S_a \cdot S_b + K_a(S_a \cdot S_b + K_b(S_a + S_b))) + 2t K_a \cdot K_b \cdot S_a \cdot S_b)} - \frac{1}{2}S_a^2$$

$$(2-9)$$

$$\pi_b = \frac{(c((2+\lambda_a)K_b \cdot S_a \cdot S_b + K_a(K_b \cdot S_a + 2K_b \cdot S_b + S_a \cdot S_b - \lambda_b \cdot S_a \cdot S_b)) + 3t K_a \cdot K_b \cdot S_a \cdot S_b)^2}{9K_a \cdot K_b \cdot S_a \cdot S_b(c(K_b \cdot S_a \cdot S_b + K_a(S_a \cdot S_b + K_b(S_a + S_b))) + 2t K_a \cdot K_b \cdot S_a \cdot S_b)} - \frac{1}{2}S_b^2$$

$$(2-10)$$

2. 模型分析

从式（2-5）~式（2-10）可以看出，港口的定价和利润与拥挤程度、港口企业服务水平以及政府的投资相关。因此，下面将分析这些因素对港口利润的影响。

第一，拥挤对港口企业的影响。

命题 1：$\lambda_a \cdot K_b \cdot S_a \cdot S_b - 2K_a \cdot K_b \cdot S_a + K_a \cdot K_b \cdot S_b + 2K_a \cdot S_a \cdot S_b + \lambda_b \cdot K_a \cdot S_a \cdot S_b + K_b \cdot S_a \cdot S_b > 0$ 时，$\frac{\partial P_a}{\partial c} < 0$，反之，$\frac{\partial P_a}{\partial c} > 0$；$\lambda_b \cdot K_a \cdot S_a \cdot S_b - K_a \cdot K_b \cdot S_a + 2K_a \cdot K_b \cdot S_b + K_a \cdot K_b \cdot S_a + 2K_b \cdot S_a \cdot S_b + \lambda_a \cdot K_a \cdot S_a \cdot S_b > 0$ 时，$\frac{\partial P_b}{\partial c} < 0$，反之，$\frac{\partial P_b}{\partial c} > 0$。

命题 1 表明，在保证本研究有意义且港口企业价格为正的前提下，拥挤成本与港口企业定价呈负相关。具体而言，当拥挤成本越高时，港口企业定价水平越低。在道路和港口本身建设条件一定的情况下，不断增加拥挤成本（如扩大交通运输量、增加货运时间、恶化交通基础设施环境等）将会给运输线承载带来压力，使货物运输时间延长，给托运人带来不利影响。因此在服务水平、包装费用相同的条件下，发货人会选择成本较低而放弃拥挤成本较高的企业，港口市场竞争力下降，企业定价水平降低。港口企业可应用该命题于企业的定价决策：即通过缓解拥挤效应，降低拥挤成本来提高企业的定价能力。

命题 2： $\lambda_a \cdot K_b \cdot S_a \cdot S_b - 2K_a \cdot K_b \cdot S_a + K_a \cdot K_b \cdot S_b + 2K_a \cdot S_a \cdot S_b + \lambda_b \cdot K_a \cdot S_a \cdot S_b + K_b \cdot S_a \cdot S_b > 0$ 时，$\dfrac{\partial \pi_a}{\partial c} < 0$；反之，$\dfrac{\partial \pi_a}{\partial c} > 0$；

$\max(\lambda_b \cdot 2K_a \cdot S_a \cdot S_b + K_a \cdot K_b \cdot S_a - K_a \cdot K_b \cdot S_b + K_a \cdot S_a \cdot S_b - K_b \cdot S_a \cdot S_b - 2\lambda_a \cdot K_b \cdot S_a \cdot S_b > 0, \lambda_b \cdot K_a \cdot S_a \cdot S_b - K_a \cdot K_b \cdot S_a - 2K_a \cdot K_b \cdot S_b - K_a \cdot K_b \cdot S_a - 2K_b \cdot S_a \cdot S_b - \lambda_a \cdot K_b \cdot S_a \cdot S_b > 0)$ 时，$\dfrac{\partial \pi_b}{\partial c} < 0$；反之，$\dfrac{\partial \pi_b}{\partial c} > 0$。

命题 2 表明，在保证港口企业需求和定价都为正值的前提下，港口的利润与拥挤成本之间呈现负相关。从多式联运的角度看，由于拥挤成本包括陆上交通运输量和通过港口的运输量两部分，当拥挤成本增高时，海陆两个通道的货物量会不断加大，货物运输的时间成本增加，引发交通运输网堵塞并带来一连串的连锁反应，同时这种由于需求量增加造成的负面效应远超过其给港口带来的利润，使得港口总体利润下降。港口企业若要解决这个困境可以考虑从改善港口的服务水平以提升货物通关和装卸速率，加大道路投资以增强道路通行能力等方面来缓解拥挤带来的负效应，为港口企业利润提升带来新的增长点。

第二，服务水平对港口企业利润的影响。

由命题 2 可得到，拥挤程度较大时，会给港口的获利带来不利影响。港口企业可以通过提升自身服务水平（如提升装卸效率、通关速度等）来降低拥挤带来的不利影响。由于模型比较复杂，直接用数学方法难以获得港口企业的服务水平对其利润的影响，因此以下将采用数值模拟的方式进行分析。根据前文的条件，假设 $c = 1$，$K_a = 1$，$K_b = 1$，$S_b = 1$，以研究港口 a 的利润与服务水平关系。假设 $c = 1$，$K_a = 1$，$K_b = 1$，$S_a = 1$，研究港口 b 的利润与服务水平关系时。图 2-2 和图 2-3 所示为两港口陆上拥挤水平相差较大时港口的服务水平与其利润的关系，其中令 $\lambda_a = 2$，$\lambda_b = 10$；图 2-4 和图 2-5 所示为两港口陆上拥挤水平相差较小时港口的服务水平与其利润的关系，其中令

$\lambda_a = 8$，$\lambda_b = 10$。所有的取值都能够使得式（2-7）和式（2-8）中的Q_a和Q_b为正，即两家港口企业都能同时存在于市场中。

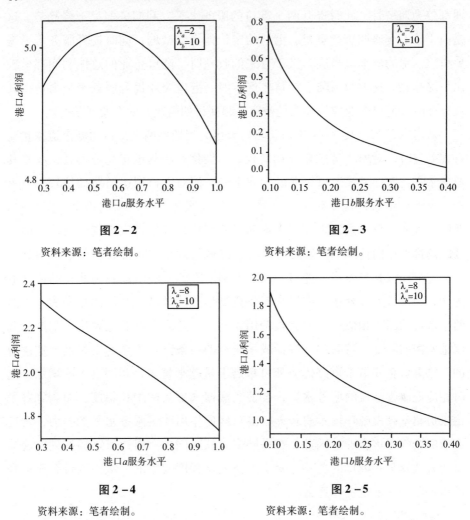

图 2-2

资料来源：笔者绘制。

图 2-3

资料来源：笔者绘制。

图 2-4

资料来源：笔者绘制。

图 2-5

资料来源：笔者绘制。

从图 2-2 可以看出，当通向港口 a 的陆上拥挤程度较小，而竞争对手港口 b 陆上拥挤程度较大时，提高港口 a 的装卸效率和通关速率等服务水平，将使 a 企业利润水平先提升再下降，这表明此时港口 a 的服务水平存在一个最优值；从图 2-3 可以看出，港口 b 的利润则一直处于下降的状态，这是由于港口 b 的陆上拥挤程度较大，使更多用户选择了港口 a 而放弃了港口 b，b

企业在市场竞争中处于劣势地位，从而港口 b 企业的利润不断下降。

从图 2-4 和图 2-5 的对比中可以看出，当通向港口 a 和港口 b 的陆上交通都较为拥挤时，此时提升两个港口的服务水平，利润依旧呈下降趋势。这是由于陆上交通拥挤严重时，港口的定价能力会减弱；同时提升服务水平需要付出一定的成本，当成本大于带来的收益时，港口企业的总体利润都呈现出下降趋势。这表明当陆上拥挤较严重时，港口企业提升服务水平会适得其反；此时，港口企业应该和当地政府一起探讨如何改善陆上交通状况。

从对图 2-2~图 2-4 的分析可以看出，当通向两个港口的城市道路状况存在差异时，对周边道路路况相对较好、拥挤较小的港口企业而言，改善其服务水平将有促进该港口企业的利润上升；而对港口周边道路拥挤较为严重的一家港口企业来说，此时港口单方面提高服务水平，利润仍呈下降趋势。此结论说明，只要港口之间存在内陆运输路径，且发货人距离任何一个港口的距离都不远的情况下，发货人就有可能根据两个港口的相对状态选择其中一个港口而放弃另外一个港口。以我国湖南省的城陵矶港和湖北省的武汉港为例，当发货人计划通过内河港口将货物运往国外时，假设此时发货人距离两个港口的路程相似且海上运输费用相同的，则会根据对比到达岳阳港和武汉港所需的陆上运行时间，选择成本较小的一条路径来作为发货港。被选中的一家港口企业由于道路优势使订单需求量越来越多，利润也不断增加，此时相应地改善港口的服务水平，会使利润迎来更大的增长幅度；而竞争对手由于道路基础设施环境本身较差，港口即便作出改善服务水平的努力，发货人依旧会放弃该企业。因此，在海陆多式联运网中，周边道路拥挤程度成为发货人选择某一港口的关键，对于道路拥挤程度较小的一端，港口企业提升港口的服务水平也更有意义。

2.2.3 港口竞争背景下政府投资决策

命题 3：若 $\lambda_a > 1$，则 $\dfrac{\partial P_a}{\partial K_a} > 0$ 成立，反之，$\dfrac{\partial P_a}{\partial K_a} < 0$；若 $\lambda_b > 1$，则 $\dfrac{\partial P_b}{\partial K_b} > 0$ 成立；反之，$\dfrac{\partial P_b}{\partial K_b} < 0$。

命题 3 表明，政府投资对港口定价的影响与陆上交通量的阈值有关。当陆上运输量超过一定阈值后才会出现投资增加则价格提升，道路投资减少会使港口企业定价降低。具体来说，当道路交通量越多时，政府加大对腹地基础设施的投资，改善腹地交通运输的状况时，会降低货物从陆上到港口的运输时间，增加顾客的效用，提高用户的使用感，则在同样的市场需求结构下，消费者有更高的支付意愿。反之，当政府投资程度有限时，由于港口附近基础设施环境较差，道路通行不畅，此时发货人会选择周边交通更加便利的路线，而放弃该港口，相应地此港口在市场中的定价能力下降。命题 3 同时还表明当陆上运输较为畅通时，政府增大投资反而会降低港口的定价能力，是由于此时政府的投资会加深两家港口企业之间的价格竞争，双方企业为了争夺更多的客户资源而降低定价。

命题 4：$\dfrac{\partial Q_a}{\partial K_a}>0$，$\dfrac{\partial Q_b}{\partial K_b}>0$ 即港口需求量与腹地投资呈正相关。

命题 4 反映了如下的市场机理：当政府对港口所在城市道路等基础设施的投资增加时，港口的需求量也随之增加，反之港口需求量则减少。内陆运输时间主要是由运输距离和运行速度共同决定的，政府加大对道路干线的调整升级以及监督管理，将使道路系统更加完善，能够缩短交货运货时间，提高运输效率，促进该港口的市场需求。在运输方式相同的情况下，能吸引更多的发货人选择这一运输路线。反之，由于腹地投资不足引起的周边的通行设施的低效率，从很大程度上影响了发货人的决策，减少港口发货需求量。企业可以应用该命题以促进港口的市场占有率，即通过政府加大对港口周边公路的投资，来增加客户的发货需求量。

结合命题 3 和命题 4 可以得到如下推论。

推论 1：若 $\lambda_a>1$ 则 $\dfrac{\partial \pi_a}{\partial K_a}>0$；若 $\lambda_b>1$ 则 $\dfrac{\partial \pi_b}{\partial K_b}>0$。

推论 1 表明，当陆上运输较为拥挤时，政府加大对于道路等基础设施的投资能够有效提升港口企业的需求和定价能力，从而使其获利提升。而当陆上交通运输较为畅通时，由命题 3 和命题 4 可知，此时政府增加投资虽能够一定程度上增加港口企业的需求量，但是由于定价下降，此时港口企业的利润并不一定呈现出上升状态。此推论表明，政府的投资决策需要考虑到港口周边的交通状况，若确实拥挤比较严重，那么政府可以投入资金以改善港口周边的道路运输；而若拥挤并不明显，那么政府盲目地改善基础设施建设有可能会适得其反。

在国内以往的研究中，将拥挤效应纳入港口的定价分析和投资决策的文献较少，文献［42］和文献［43］在考虑拥挤效应的情况下给出了模型设定和结果分析，但它们都将港口竞争视为独立的通行链，未考虑陆上通道的实际拥挤状况。因此，在其研究的基础上，加入道路运输的拥挤，并建立数学模型，通过纳什（Nash）均衡博弈，计算出港口的最优价格、市场份额和两港的最优利润，并分析这些结果。一个有意义的发现是，当两个港口的拥挤程度相差较大时，改善拥挤状况相对良好的港口的服务水平会使这一港口的利润水平得到提升，其竞争港口的利润下降；而当两个港口的腹地拥挤都极为严重时，受道路运输低效率的影响，此时即便改善两港的服务水平，两港口依旧会因拥挤过深导致整体利润水平下降。

在我国，大部分港口企业和道路等基础设施都是由政府投资的。当陆上运输状况良好时，港口企业通过改善其服务水平（如提高港口通关效率，降低作业天数，提高航班次数和航线覆盖面等）会使连接此腹地的港口的利润得到提升。然而，当两个港口的腹地拥挤状况都较为严重时，此时政府盲目地扩建港口规模、增加集装箱泊位，不仅不会使利润上升，反而会使其盈利水平下降，这是由于拥挤效应的存在阻碍了整个市场的获利能力。同时，由于港口的吞吐能力和运货量在建设之初就已基本给定，为此政府在考虑提升港口的利润水平时不能只加大对港口设施的投资，要兼顾考虑通向此内河港口的公路等基础设施的运行状况，加大道路通行能力和水平的投资，才能起到对拥挤效应的缓解作用，提高其利润。

在本书中，我们是在需求量一定且价格未随时间变化的静态定价的前提下，简化模型进行研究的。在实际经济活动中，港口企业受交货时间影响，如果货物交付延迟将受到处罚、如果提前交付货物将得到奖励等时间因素的影响，成本将会产生变动。因此，未来研究可从港口的动态定价等角度进行分析。

2.3　临港产业绿色发展

2.3.1　临港产业绿色发展的内涵

随着运输社会化在生产和国际竞争中发挥越来越重要的作用，港口的产业功能迅速发展，新兴产业不断涌现。一系列相邻的港口，利用港口优势形成和发展港口资源催生发展出来的产业群被称为临港产业。

党的十八届五中全会中提出坚持绿色发展，加强生态文明建设。绿色发展是一种以效率、和谐和可持续性为目标的经济增长和社会发展模式。从内涵上讲，绿色发展是在传统发展基础上的模式创新。它是在生态环境容量和资源承载能力约束下，以环境保护为重要支柱，实现可持续发展的新型发展模式[44]。绿色发展的趋势是不可逆的，发展绿色港口，坚持绿色临港产业发展模式有利于社会经济可持续发展。

临港产业高质量发展普遍面临着区域合作不够紧密，未能与区域内其他城市的港口产业形成相互关联、相互依存、分工协作的产业体系，区域港口整合效能有待进一步释放；产业集聚效应不强，没有形成完善的产业链，临港产业亟待升级转型；科技创新能力不足，港口产业绿色发展体系有待进一步完善，港口产业亟待提高信息化、网络化水平，绿色发展实行力度不够的问题。

2.3.2　绿色发展面临的问题和解决方案

临港产业的污染包括港口污染和工业污染。港口污染包括水污染、大气污染和噪声污染，其中最主要的污染是水污染。由于油船在装卸过程中的溢漏，船舶碰撞、搁浅等导致港口石油污染，使溶解于水的氧减少，造成鱼、虾等死亡。装运有毒化学品船舶的洗舱水也会直接杀死水生生物、使人中毒；船舶排出的生活污水能传染许多疾病。工业污染是指工业生产过程中产生的废弃物、废水和固体废弃物对环境的污染。全球变暖是人类的行为造成地球气候变化的结果。在2021年全国"两会"上，"碳达峰""碳中和"被首次写入政府工作报告和"十四五"发展规划，各行各业要聚焦"加强节能减排领域的政策力度；推进风电、光伏等新能源替代力度；推动绿色金融市场体系形成"。

"碳中和"对于港口行业的影响可以概括为五个方面：其一，加强岸电系统的普及，港口泊位岸电设施的普及，不断推动港口船舶使用岸电，有效减少船舶空气污染。其二，港口自身设备面临全面的新能源升级，包括港口车辆和船舶、港口装卸设备、岸桥、港口照明等。其三，推进建筑绿色节能，港口新规划建筑通过使用节能门窗、保温材料等措施实现建筑节能减排；并考虑在建筑中使用太阳能、地热能和风能等可再生能源。其四，改变能源利用结构，港区各类设备和建筑的能源利用模式将新能源的应用范围需要逐步扩大，以减少对电力的依赖，增加核能、氢能、风能、光伏等多种能源类型。以厦门港为例，大力推动光伏电站、LNG拖车、核电等新能源在港区的应用，通过储能电站建设，削峰填谷，提高能源利用率。其五，推进多式联运模式，传统的港口集疏运更依赖于公路，造成资源利用不集约和公路污染排放严重的问题。碳中和有望通过水路联运、水铁联运和水路加管道运输的运输方式，加快港口多式联运物流网的普及，提高货物收运和配送效率，降低能耗[45]。

2.3.3　临港产业绿色发展——基于环境质量的实例分析

1. 港口环境的现状

当前，中国港口总体规模位于世界前列，据统计，2018年年末，中国港口拥有生产用码头泊位23919个，其中万吨级及以上泊位2444个，港口货物吞吐量持续增长。在2018年和2019年的世界十大港口排名中，中国的港口上榜率居全球第一。随着港口规模的扩大和港口物流的发展，港口环境保护问题日益突出。2019年，中国绿色港口发展大会提出了要加快绿色港口建设步伐，推进港口经济绿色发展行动方案。因此，在这样的背景下，本书基于环境库兹涅茨假说，以港口废水排放为例，实证分析港口物流与环境质量之间的内在关系，对于把握两者所处的阶段，提出相应的环境治理建议，实现港口与环境协调发展具有现实意义。

2. 指标的构建

第一，因变量为工业废水排放量，记为 $water$。

一方面，港口经济活动会直接产生废水；另一方面，港口处于水陆的交界区域，是人类各种生产活动的重要承载区，其优越的地理位置及强大的运输功能将促进各种重工业的产生及发展，从而间接增加工业废水的排放，因此选择工业废水排放量作为衡量水污染的指标。

第二，解释变量为各城市的港口物流发展水平，以港口吞吐量表示，记为 tt，其平方项和立方项分别记为 $(tt)^2$ 和 $(tt)^3$。

第三，控制变量。

影响环境质量的因素众多，为了减少或避免遗漏变量、共线性及自由度损失等问题，选择已有文献中出现频率较高的变量为控制变量：

对外贸易水平（$trade$）。贸易水平对环境污染的影响主要体现在国与国之间的"污染转嫁"、进出口的产品类别在运输过程中所造成的污染等，贸易所造成的环境污染主要包括水污染及大气污染。

国内生产总值（gdp）。衡量城市经济发展水平的指标有多种，考虑到国内生产总值对大部分的经济变量都会产生影响，为了减弱内生性，故选择该变量衡量城市经济发展。

城镇化率（$rcity$）。人口城镇化与环境污染之间存在一定的关系，城市人口的增加将直接造成废水排放增加，从而对环境产生一定影响，因此将该变量作为控制变量考虑在内，以城镇人口与总人口的比值衡量。

3. 模型构建

第一，协整检验。

根据上面所有变量均为一阶单整变量，因此可进行协整检验，以便确定变量之间是否存在长期关系。考虑到数据的时间维度比较大，本书采用 Pedroni 检验法，检验结果见表 2 - 1，三种统计量的 P 值均为 0.0000，因此拒绝原假设，所有变量之间都存在协整关系。

表 2 - 1   协整检验结果

变量	统计量	P 值
修正后的 PP 检验	6.3473	0.0000
PP 检验	−5.6676	0.0000
ADF 检验	−5.3232	0.0000

资料来源：笔者计算。

第二，静态模型设定。

为了确定是建立固定效应模型还是随机效应模型，本书首先采用豪斯曼检验法进行检验，检验结果表明两种回归估计的标准误即聚类稳健标准误与普通标准误相差约 0.5 倍，相差不是太大，为使检验更加准确，故进行过度识别（xtoverid）检验，判断究竟是使用固定效应模型还是随机效应模型，检验结果见表 2 - 2，P 值为 0.0000，拒绝原假设，应建立固定效应模型。

表 2 - 2   静态模型设定检验检验结果

萨尔根 - 汉森统计量	P 值
37.974	0.0000

资料来源：笔者计算。

本书借鉴惯用的 EKC 模型构建方法，研究港口物流的发展对水资源污染的影响及二者的 EKC 曲线形状，不考虑时间和个体差异[46]，设定静态面板模型如下：

$$\ln water_{it} = \theta + \beta_1 \ln t t_{it} + \beta_2 (\ln t t_{it})^2 + \beta_3 (\ln t t_{it})^3 + \delta_i \ln Z_{ijt} + u_i + \varepsilon_{it}$$

$$(2-11)$$

式（2 - 11）中，$\ln water$ 表示水污染情况；$\ln tt$ 表示港口物流发展水平；Z 表示控制变量，$Z = \{\ln trade, \lg gdp, \ln rcity\}$；$\theta$ 表示截距项；β 和 δ 分别表示变量的边际效应；u_i 表示个体异质性；ε_{it} 表示随机误差项；下标 i 表示第 i 个省份（$i = 1, 2, \cdots, 16$）；下标 t 表示第 t 期（$t = 1, 2, \cdots, 16$）；下标 j 表示

影响水污染的第 j 个控制变量。β_i（$i=1$，2，3）的取值决定了 EKC 曲线的形状，根据回归系数的符号及显著性可将 EKC 曲线分为 6 种情况，见表 2-3。

表 2-3　　　　　　　　　　　　EKC 曲线形状分类

情况	β_1	β_2	β_3	EKC 曲线形状
(1)	<0	0	0	递减直线型
(2)	>0	0	0	递增直线型
(3)	<0	>0	0	"U" 型
(4)	>0	<0	0	倒 "U" 型
(5)	>0	<0	>0	"N" 型
(6)	<0	>0	<0	倒 "N" 型

资料来源：笔者计算。

第三，动静态分析的结果。

首先，采用 LSDV 法进行固定效应模型的估计。除此之外，由于本书所使用的面板数据的时间跨度为 16 年，因此，对扰动项可能存在的组内自相关、组间异方差及组间同期相关进行了检验，结果表明数据存在组间异方差、组内自相关和组间同期相关，为了便于比较，进行了 PCSE 和全面 FGLS 估计，三种方法的估计结果见表 2-4，$\ln tt$、$(\ln tt)^2$ 及 $(\ln tt)^3$ 的系数非常显著，所以，三次项模型的设立合理，检验结果表明，EKC 曲线形状呈倒 "N" 型。从影响系数及对应的 P 值可以看出，港口物流的发展对水污染具有显著影响；从拟合效果来看，模型的可决系数较高，说明曲线拟合较好。

表 2-4　　　　　　　　　　　　静态模型估计结果

变量	回归结果	效应分解		
		直接效应	间接效应	总效应
$\ln chyg$	0.0254 (0.563)	0.0030 (0.947)	-0.2775 *** (0.003)	-0.2745 *** (0.009)
$\ln ei$	0.7427 *** (0.000)	0.7393 *** (0.000)	-0.0048 (0.963)	0.7345 *** (0.000)
$\ln city$	0.2572 *** (0.001)	0.2776 *** (0.001)	0.1259 *** (0.018)	0.4035 *** (0.001)

续表

变量	回归结果	效应分解		
		直接效应	间接效应	总效应
$\ln pgdp$	0.9634 ***	0.9459 ***	− 0.1887 **	0.7572 ***
	(0.000)	(0.000)	(0.016)	(0.000)
$\ln tech$	0.0066	0.0070	0.0026	0.0096
	(0.671)	(0.656)	(0.729)	(0.675)
$\ln fdi$	0.0367 **	0.0392 **	0.0180 *	0.0571 **
	(0.013)	(0.012)	(0.064)	(0.018)
$\ln trade$	− 0.0278	− 0.0296	− 0.0136	− 0.0431
	(0.160)	(0.163)	(0.229)	(0.173)
$\ln jinr$	0.0141	0.0144	0.0068	0.0212
	(0.243)	(0.257)	(0.310)	(0.265)
$\ln people$	1.0144 ***	1.0730 ***	0.4860 ***	1.5590 ***
	(0.000)	(0.000)	(0.002)	(0.000)
$W \cdot \ln chyg$	− 0.2032 ***	—	—	—
	(0.003)			
$W \cdot \ln ei$	− 0.2500 **	—	—	—
	(0.028)			
$W \cdot \ln pgdp$	− 0.4566 ***	—	—	—
	(0.000)			
R^2	97.69%	—	—	—
P	0.3387 ***	—	—	—
	(0.000)			

注：括号内为各变量对应的 P 值；*** 、** 、* 表示显著性水平分别为 1%、5% 和 10%。
资料来源：笔者计算。

根据废水排放的时序来看，水污染具有滞后性，当年的污染程度将对之后的年份造成影响，因此本书将水污染的滞后项作为解释变量引入模型中，运用 GMM 方法进行估计。经过多次检验，被解释变量滞后一阶最为合适，且动态模型的形式与静态模型的形式相同，为三次项形式。对于动态面板模型，由于将因变量的滞后项作为解释变量引入方程中，造成解释变量与随机扰动项相关，从而产生内生性，通过检验扰动项的差分是否存在一阶与二阶自相关，结果见表 2 − 5，在 10% 的显著性水平下，扰动项的差分存在一阶自相关，但不存在二阶自相关，故接受"扰动项无自相关"的原假设，因此本书采用差分 GMM 进行动态模型的估计。其基准模型设定如式（2-12），逐个引入控制变量对扩展模型式（2-13）进行估计，估计结果见表 2-6。

表 2-5　　　　　　　　　　　扰动项自相关检验结果

阶数	z	$P > z$
1	-1.6454	0.0999
2	0.25413	0.7994

资料来源：笔者计算。

表 2-6　　　　　　　　　　　动态模型估计结果

变量	回归结果	短期效应			长期效应		
		直接效应	间接效应	总效应	直接效应	间接效应	总效应
$L1.\,\ln cpf$	0.5570 *** (0.000)	—	—	—	—	—	—
$L1.\,W\ln cpf$	-0.1478 ** (0.039)	—	—	—	—	—	—
$\ln chyg$	-0.0115 (0.689)	-0.0038 (0.890)	0.0559 (0.394)	0.0521 (0.474)	-0.0030 (0.964)	0.1529 (0.478)	0.1498 (0.545)
$\ln ei$	0.4287 *** (0.000)	0.4358 *** (0.000)	0.1090 (0.308)	0.5449 *** (0.000)	1.0302 *** (0.000)	0.5668 (0.289)	1.5969 * (0.010)
$\ln city$	-0.0536 (0.357)	-0.0555 (0.345)	-0.0275 (0.378)	-0.0829 (0.347)	-0.1350 (0.349)	-0.1243 (0.564)	-0.2593 (0.436)
$\ln pgdp$	0.4916 *** (0.000)	0.4894 *** (0.000)	-0.0401 (0.673)	0.4493 *** (0.000)	1.1394 *** (0.000)	0.1791 (0.701)	1.3184 ** (0.013)
$\ln tech$	0.0014 (0.895)	0.0013 (0.911)	0.0002 (0.969)	0.0015 (0.930)	0.0027 (0.927)	-0.0014 (0.973)	0.0012 (0.985)
$\ln fdi$	0.0230 ** (0.023)	0.0245 ** (0.020)	0.0119 * (0.083)	0.0364 ** (0.028)	0.0594 ** (0.030)	0.0537 (0.427)	0.1131 (0.198)
$\ln trade$	0.0104 (0.426)	0.0122 (0.367)	0.0060 (0.418)	0.0182 (0.376)	0.0297 (0.376)	0.0279 (0.612)	0.0576 (0.485)

续表

变量	回归结果	短期效应			长期效应		
		直接效应	间接效应	总效应	直接效应	间接效应	总效应
$\ln jinr$	0.0145 * (0.068)	0.0152 * (0.061)	0.0075 (0.130)	0.0227 * (0.073)	0.0369 * (0.069)	0.0338 (0.391)	0.0707 (0.199)
$\ln people$	0.2928 * (0.010)	0.3066 *** (0.005)	0.1461 ** (0.035)	0.4527 *** (0.006)	0.7405 *** (0.007)	0.6380 (0.363)	1.3785 (0.119)
$W \cdot \ln chyg$	0.0409 (0.382)	—	—	—	—	—	—
$W \cdot \ln ei$	−0.0722 (0.443)	—	—	—	—	—	—
$W \cdot \ln pgdp$	−0.1976 ** (0.026)	—	—	—	—	—	—
P	0.3472 *** (0.000)	—	—	—	—	—	—
$Sigma2\_e$	0.0014 *** (0.000)	—	—	—	—	—	—
R^2	98.89%	—	—	—	—	—	—

注：括号内为各变量对应的 P 值；*** 、 ** 、 * 表示显著性水平分别为 1% 、5% 和 10% 。
资料来源：笔者计算。

$$\ln water_{it} = \gamma + \theta_1 \ln water_{it-1} + \beta_1 \ln t\, t_{it} + \beta_2 (\ln tt_{it})^2 + \beta_2 (\ln tt_{it})^3 + v_{it}$$

$$(2-12)$$

$$\ln water_{it} = \gamma + \theta_1 \ln water_{it-1} + \beta_1 \ln tt_{it} + \beta_2 (\ln tt_{it})^2 + \beta_2 (\ln tt_{it})^3 + \delta_i \ln Z_{ijt} + v_{it}$$

$$(2-13)$$

　　根据动态模型估计结果，不管是基准模型还是扩展模型，主要变量的估计系数都显著，且模型都通过了 Sargan 检验，说明本书所采用的工具变量均有效，因此，三次项模型的建立是合理的。从估计系数来看，$\ln water_{it-1}$ 的系数无论是在基准模型还是扩展模型中均显著为正，说明我国水污染存在有明显的惯性，而且其系数值稳定在 0.26 ~ 0.60 之间，意味着若保持其他条件不变，前期遗留的水污染对当前的环境影响最高将达 60% ，也就是说，如果忽视当期所产生的污染问题，那么在之后的时期无论采取多少措施治理污染问题，其所产生的积极作用都将被之前所滞留的污染所覆盖，因此必须要及时治理当期的污染问题。对于解释变量 $lntt_{it}$，不论是在静态模型还是在动态模型中，其系数均显著为负，说明港口物流水平的提高可以抑制水污染问题，但不可否认的是，港口物流水平的提高也会产生水污染，最终的影响效果要取决于两种作用的大小。关于其他控制变量，当期的经济发展水平（$lngdp_{it}$）的提高将加重水污染，而前期经济发展水平（$lngdp_{it-1}$）的提高将有效缓解水污染，说明经济发展对水污染的影响存在滞后效应。

第四，模型结果对比。

静态面板模型和动态面板模型的估计结果均表明，港口物流与环境污染之间存在 EKC 效应，两者呈倒 "N" 型的曲线关系，废水排放量随港口物流的发展呈先下降后上升再下降的趋势，静态模型和动态模型对应的 EKC 曲线形状如图 2 - 6 所示。两种模型所对应的 EKC 曲线形状大体相仿，主要区别在于曲线的极大值点不同，动态模型 EKC 曲线的极大值点明显低于静态模型 EKC 曲线的极大值点。当港口吞吐量小于 T_1（或者 D_1）时，废水排放量随港口吞吐量的上升而下降，主要原因包括：一是各港口城市经济的快速发展，资源和环境面临压力，为了节约资源、保护环境，各港口城市加强了环境保护治理力度，一系列环保措施有效遏制了破坏环境的行为，废水废气废弃物的排放的减少，港口环境得到了一定保护。二是各城市大力发展港口经济，加强了交通运输条件建设，提升了污染处理技术，改进了港口作业方式，使得港口发展对环境的积极作用大于消极影响。根据废水排放和吞吐量的时间趋势，大部分城市 T_1（D_1）出现的时间点集中在 2005 年、2006 年和 2007 年前后，可能的主要原因有：（1）2004 年 1 月 1 日起《中华人民共和国港口法》开始实施，同时各大港口也相应出台了港口条例和港口管理办法，法律法规的颁布实施在一定程度上促进了港口与环境之间的协调发展；（2）2008年中国举办奥运会，加大了环保方面的监督管理力度，因此，在这几个年份，废水排放量达到极小值。

当港口吞吐量处于 $T_1 \sim T_2$（或 $D_1 \sim D_2$）时，废水排放量将随港口的发展而增加，主要原因一是存在时滞性，如上面所述当期的污染对后期的影响。

二是由于 2008 年金融危机冲击，经济增长成为重中之重，暂时忽视了环境问题，废水排放量随港口的发展而增加。当前，我国大部分港口城市处于 EKC 曲线的上升阶段，少数的城市已经接近极大值点，因此，要加强港口的环境建设，实现港口与环境之间的协调发展。

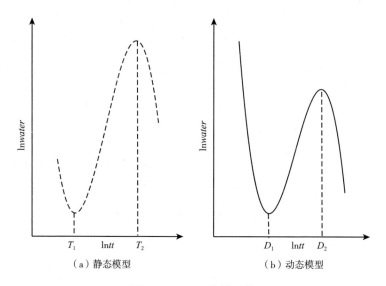

（a）静态模型　　　　　　　　　（b）动态模型

图 2 - 6　EKC 曲线形状

资料来源：笔者绘制。

第五，港口物流产业对环境质量影响的结论及政策建议。

港口物流与工业废水排放量之间存在 EKC 效应，二者呈倒 "N" 型的曲线关系，废水排放量随港口物流的发展呈先下降后上升再下降的趋势。

大部分港口城市处于 EKC 曲线的上升阶段，少数的城市已经接近极大值点，但整体上 16 个港口城市港口物流与环境质量之间还未处于协调发展阶段。

港口工业废水污染处理存在时滞，如果当前已经出现的水污染问题不进行有效的治理，前期滞留的水污染问题将大大影响下期以及未来的水环境治理成效，将会造成资源的浪费，影响后期的治理效率。

目前，我国港口废水等污染物的排放影响生态环境的形式仍然比较严重，所以各港口城市政府要贯彻绿色发展理念，完善绿色港口的评价体系，正确处理港口经济与环境保护之间的关系；各港口要建立健全港口污染物监测体系，实时监测记录港口企业各个作业环节各种污染物的排放量，跟踪分析排污数据变化趋势，及时处理违法违规排放事故。此外，企业要积极研发、引进新技术、新材料和新设备，有效控制废水等污染物的排放。

2.3.4　临港产业绿色发展——基于碳中和理念

1. 临港产业发展现状

进入 21 世纪以来，气候变暖已经成为全球面临的严峻挑战之一，其主要原因是大量温室气体的排放，近些年，国家针对这一问题采取了相应措施，但效果不太显著。

作为我国经济社会发展最具活力和潜力的区域，长江经济带地区的经济发展已取得显著成就，尤其是上游和中游地区，经济增长迅猛，要素流动活跃，对全国经济增长作出了突出贡献，但该地区的碳排放问题却不容乐观，由于聚集了全国将近30%的石化产业和40%的水泥产业，再加上长期粗放型的经济增长模式，长江经济带地区的大气污染物排放量巨大，超出了环境承载力。

产业结构决定了能源消费结构和能源利用效率，而能源消费情况直接影响碳排放，因此，产业结构对碳排放有着重要影响。经过相关研究，多数学者认为产业结构升级是一项促进节约能耗、降低废气排放的重要措施，但其具体影响要视地区实际情况而定，而且大部分研究并没有将空间相关性考虑在内，在我国"三纵四横"大水网的格局下，长江经济带地区的生态环境好坏早已是"牵一发而动全身"，各省市环境情况的变化将会对周边省份产生深远影响，因此本书以碳排放为例，采用空间计量方法研究长江经济带地区产业结构升级对当地碳排放的具体影响，从而为促进长江经济带地区高质量发展提供相关建议。

2. 理论分析

根据已有研究成果，产业结构升级主要包含两方面内容：产业结构高度化和产业结构升级合理化。产业结构高度化主要表现为产业结构的重心由第一产业逐渐向第二、第三产业转移，即产业结构从低级向高级转变的过程；

而产业结构升级合理化指对不合理的产业结构进行调整，实现生产要素的合理配置，从而促进产业协调发展。国外学者格罗斯曼（Grossman，1991）和克鲁格（Krueger，1991）指出，规模效应、结构效应和技术效应是社会经济发展影响周边环境的一种实现途径，因此，以下主要从这三个方面分析产业结构升级对碳排放的影响机理。

第一，规模效应。

规模效应指的是当产业结构升级带来社会经济规模扩大时，虽然要素投入越来越多，但不同发展阶段所需要的要素类别不同，因此，经济活动所带来的环境污染也呈现不同的情况变化，在经济规模扩大的早期，重工业生产率最高，能源投入较多，因此碳排放水平也越来越高，到后期，随着产业不断向技术含量高的产业演变，生产要素也逐渐流向高生产率部门，而这些部门主要的投入要素是技术、信息、人才等，并不是能源，因此，并不会导致碳排放的大幅度提高。

第二，结构效应。

三大产业的能源消费需求和能源消费结构存在明显区别，而且各类能源的二氧化碳排放系数也不一样，因此，各产业的碳排放强度也不尽相同。第一产业中，占据主导地位的农业对高耗能源的需求并不高，因此，其碳排放强度和碳排放总量都处于较低的水平；第二产业以工业为主，在工业化初期，以重工业为主的第二产业对煤炭等能源的需求量较大，再加上粗放的经济增长方式和较为落后的技术水平，因此，碳排放总量较多；第三产业对能源消耗相对来说较低，随着第三产业所占比重逐渐增大，碳排放强度出现一定程度的下降，当第三产业成为主导产业时，经济增长方式将发生明显改变，对能源的需求结构也会发生变化，从而导致碳排放量的变动，即产业结构改变将造成整个社会碳排放量发生变化，若碳排放强度高的产业在经济中占比较大。那么，整个社会的碳排放量就会上升，若碳排放强度低的产业发展迅速，那么，整个社会的碳排放量将下降。

第三，技术效应。

产业结构升级影响碳排放的技术效应主要通过两方面实现：一方面，技术进步可以通过调整产业内部的投入分配比例来减少高碳型生产要素的投入；

另一方面，技术进步有助于开发低碳型生产能源，提高能源利用率，从而有助于减少煤炭、石油等高碳生产要素的使用，降低相关产业的碳排放。

3. 指标的构建

第一，被解释变量。

碳排放（cpf）。目前已有多种方法测算区域的碳排放量，此处参考多位学者的碳排放测算方式，首先将终端能源消费细分为煤炭、焦炭、原油、汽油、煤油、柴油、燃料油、天然气和电力 9 种；然后根据各种能源的年消费量、碳排放系数和标准转换系数计算每种能源的碳排放量；最后通过加权求和计算出碳排放总量，具体计算见式（2 - 14），其中 cpf 表示碳排放量，单位为千万吨，i 表示第 i 种能源（$i = 1，2，3，\cdots，9$），Ei 表示能源消费总量，ai 为标准量转换系数，bi 为各能源碳排放系数；关于标准量转换系数和各能源碳排放系数的选择，主要采用苏方林和黎文勇（2015）[47] 两位学者所选择的系数进行计算。整体来看，在绝对量方面，长江经济带地区的碳排放量基本呈递增趋势，相对来说，中部和西部地区的碳排放情况经历了从加重到减缓的过程，而东部地区的江苏省一直都是高度碳排放地区。

$$cpf = \sum_{i=1}^{9} E_i \times a_i \times b_i \qquad (2-14)$$

第二，解释变量。

产业结构升级（$chyg$）。产业结构升级是指产业结构从低级阶段向高级阶段逐步演进的一个永无止境的动态过程（马薇，2019）[48]，是产业结构的高级化，由于长江经济带地区第一产业产值相对偏低且变化不大，第二产业在三大产业中所消耗的能源总量最多，产生的碳排放量占比最大，第三产业中的大部分行业比较高级，而且其能源消费强度和碳排放强度不高，因此，本书采用第三产业和第二产业的比值衡量长江经济带地区的产业结构升级情况。

第三，控制变量。

根据以往研究成果，选择能源消费强度、城镇化率、经济发展水平、技术水平、外商直接投资、对外开放度、金融发展和人口规模作为控制变量，具体情况见表 2 - 7。

表 2 - 7 控制变量说明

变量	符号	衡量标准	单位
能源消费强度	ei	能源消费总量/GDP	万吨/亿元
城镇化率	city	城镇人口/总人口	%
经济发展水平	pgdp	人均 GDP	千元/人
技术水平	tech	年专利授权数	千件
外商直接投资	fdi	外商直接投资额/GDP	%
对外开放度	trade	进出口贸易额和/GDP	%
金融发展	jinr	金融机构存贷款余额之和/GDP	1
人口规模	people	地区总人口	百万人

资料来源：笔者整理。

4. 模型构建

在研究人类活动对环境的影响时，学者们通常采用埃尔利希（Ehrlich，1971）和霍顿（Holden，1971）[49]提出的 IPAT 模型，但该模型是一个恒等式，当其他因素不变时，其他各个因素对因变量所产生的作用比例总是相等的（宋帮英和苏方林，2011）[50]，所以，无法直接用于实证。因此，本书采用扩展性的 IPAT 模型，即 STIRPAT 进行实证分析，该模型的见式（2 - 15），其中，I_t 表示环境影响，P_t 为人口规模，A_t 为财富水平，T_t 为技术水平，a 为模型系数，b、c、d 分别为对应变量的指数，U_t 为随机误差项。

$$I_t = a\, P_t^b A_t^c T_t^d u_t \qquad (2-15)$$

为减小异方差，首先对所有变量进行对数化处理；然后借鉴 STIRPAT 模型，构建长江经济带地区碳排放的空间面板数据模型。由于存在其他的一些不可测因素也会对碳排放产生影响，所以，本书将同时建立静态空间模型和动态空间模型分析长江经济带地区产业结构升级对碳排放的空间溢出效应。常见的空间模型主要有空间误差模型、空间自回归模型和空间杜宾模型三种。在模型选择过程中，首先估计了空间杜宾模型，然后进行 Wald 检验和 Lratio 检验，结果均拒绝原假设，即空间杜宾模型不能退化成空间误差模型和空间自回归模型，因此，最终采用空间杜宾模型进行分析，式（2 – 16）为静态空间杜宾模型，式（2 – 17）为动态空间杜宾模型。

$$\ln cpf_{kt} = \beta_0 + \rho W \times \ln cpf_{kt} + \beta \ln chy \, g_{kt} + \theta_j \ln Xcon$$
$$+ bW \times \ln chyg_{kt} + d_j W * \ln Xcon + \varepsilon_{kt} \qquad (2-16)$$

$$\ln cpf_{kt} = \beta_0 + \gamma_1 L. \ln cpf_{kt} + \rho W * \ln cpf_{kt} + \gamma_2 L. \, W \times \ln cpf_{kt}$$
$$+ \beta \ln chyg_{kt} + \theta_j \times \ln Xcon + bW * \ln chyg_{kt} + \varepsilon_{kt} \qquad (2-17)$$

其中，cpf 表示碳排放强度；$chyg$ 表示产业结构升级；X_{con} 表示一系列控制变量；k 表示第 k 个省市（$k = 1, 2, 3, \cdots, 11$）；j 表示第 j 个控制变量（$j = 1, 2, 3, \cdots, 8$）；ρ 表示空间滞后项系数，γ_1 为被解释变量时间滞后项（一阶滞后）的系数，γ_2 为被解释变量的空间和时间滞后项系数。β、θ、b、d 分别表示解释变量、控制变量及其对应相互项的系数，W 表示 0 – 1 邻接矩阵。

5. 回归结果及效应分解

第一，静态空间面板模型回归结果及效应分解。

表 2 – 8 所示为不考虑时间滞后项的静态空间面板回归结果及效应分解情况，空间滞后项系数 ρ 显著为正，说明长江经济带地区的碳排放存在明显的空间溢出效应，采用空间计量方法进行分析是合适的，而且可决系数 R^2 高达 97.69%，说明模型的拟合效果较好。从回归结果来看，在变量显著性方面，产业结构升级（$\ln chyg$）并未通过显著性检验，而其他的控制变量大部分均通过了显著性检验，能源消费强度（$\ln ei$）、城镇化率（$\ln city$）、经济发展水平（$\ln pgdp$）、外商直接投资（$\ln fdi$）和人口规模（$\ln people$）的回归系数均显著为正。

表 2 – 8　　　　　　　　静态空间面板模型回归结果及效应分解

变量	回归结果	效应分解		
		直接效应	间接效应	总效应
$\ln chyg$	0.0254 (0.563)	0.0030 (0.947)	– 0.2775 *** (0.003)	– 0.2745 *** (0.009)
$\ln ei$	0.7427 *** (0.000)	0.7393 *** (0.000)	– 0.0048 (0.963)	0.7345 *** (0.000)

续表

变量	回归结果	效应分解		
		直接效应	间接效应	总效应
$\ln city$	0.2572 *** (0.001)	0.2776 *** (0.001)	0.1259 *** (0.018)	0.4035 *** (0.001)
$\ln pgdp$	0.9634 *** (0.000)	0.9459 *** (0.000)	-0.1887 ** (0.016)	0.7572 *** (0.000)
$\ln tech$	0.0066 (0.671)	0.0070 (0.656)	0.0026 (0.729)	0.0096 (0.675)
$\ln fdi$	0.0367 ** (0.013)	0.0392 ** (0.012)	0.0180 * (0.064)	0.0571 ** (0.018)
$\ln trade$	-0.0278 (0.160)	-0.0296 (0.163)	-0.0136 (0.229)	-0.0431 (0.173)
$\ln jinr$	0.0141 (0.243)	0.0144 (0.257)	0.0068 (0.310)	0.0212 (0.265)
$\ln people$	1.0144 *** (0.000)	1.0730 *** (0.000)	0.4860 *** (0.002)	1.5590 *** (0.000)
$W \cdot \ln chyg$	-0.2032 *** (0.003)	—	—	—
$W \cdot \ln ei$	-0.2500 ** (0.028)	—	—	—
$W \cdot \ln pgdp$	-0.4566 *** (0.000)	—	—	—
R^2	97.69%	—	—	—
P	0.3387 *** (0.000)	—	—	—

注：括号内为各变量对应的 P 值；*** 、** 、* 表示显著性水平分别为1% 、5%和10% 。
资料来源：笔者计算。

但对空间计量模型来说，回归系数一定程度上可以说明变量的影响，但是并不能很好地解释各变量的边际效应，为准确把握变量在空间上的变动机制需要进行效应分解，根据各变量的效应分解情况，从效应系数的显著性来看，产业结构升级（lnchyg）的直接效应并不显著，但其间接效应和总效应显著为负，说明长江经济带地区的产业结构升级可以有效降低碳排放，降低碳排放的主要途径是通过空间溢出效应，即某省市的产业结构升级可以有效减少周边省市的碳排放，从而使整个长江经济带地区的空气环境有所改善；能源消费（lnei）是碳排放的主要来源，此处能源消费强度的直接效应显著为正，间接效应未通过显著性检验，表明某省市的能源消费强度将直接增加本地的碳排放量，对周边地区的碳排放无显著影响，其直接效应系数为 0.7393，表明当能源消费强度增加一个百分点时，将导致本地的碳排放量增加约 0.7393 个百分点；城镇化（lncity）、外商直接投资（lnfdi）和人口规模（lnpeople）的直接效应、间接效应均显著为正，说明在长江经济带地区，某省市城镇化的推进、外商直接投资的增加以及人口规模的扩大不但会导致湖南省的碳排放量增加，而且将增加周边省份的碳排放量，经济发展水平（lnpgdp）的直接效应也显著为正，但其间接效应显著为负，当某省份经济发展水平提高时有利于降低周边省份的碳排放量，但会导致湖南省碳排放量的增加。从效应系数大小来看，人口规模、经济发展水平和能源消费强度的效应系数较大，因此，在治理碳排放问题方面可主要从以上三个方面入手。

6. 动态空间面板模型回归结果及效应分解

以上的静态空间面板模型仅考虑了长江经济带地区碳排放的空间滞后效应，碳排放量的变化实际是一个不断积累的动态过程，某省份碳排放强度也会受到一些不可测因素的影响。为了使结果更加准确，本部分将碳排放的时间滞后项考虑在内，将碳排放强度的一阶滞后项纳入解释变量，表征其他遗漏变量对碳排放的影响。由于涉及时间的滞后，因此各变量的效应分为短期效应和长期效应，具体的回归结果及效应分解情况见表 2 - 9。与静态空间面板模型估计结果一致，动态空间杜宾模型的空间滞后项系数同样显著为正，表明相邻省市碳排放强量的增加会导致湖南省份的碳排放量增加，但其系数略大于静态模型所估计的系数，说明静态模型低估了邻近省市的碳排放量对湖南省碳排放量所产生的影响；可决系数 R^2 为 98.89%，表明模型的拟合效果较好。

表 2 - 9　　　　　　　动态空间面板模型回归结果及效应分解

变量	回归结果	短期效应			长期效应		
		直接效应	间接效应	总效应	直接效应	间接效应	总效应
$L1.\text{ln}cpf$	0.5570 *** (0.000)	—	—	—	—	—	—
$L1.W\text{ln}cpf$	−0.1478 ** (0.039)	—	—	—	—	—	—
$\text{ln}chyg$	−0.0115 (0.689)	−0.0038 (0.890)	0.0559 (0.394)	0.0521 (0.474)	−0.0030 (0.964)	0.1529 (0.478)	0.1498 (0.545)
$\text{ln}ei$	0.4287 *** (0.000)	0.4358 *** (0.000)	0.1090 (0.308)	0.5449 *** (0.000)	1.0302 *** (0.000)	0.5668 (0.289)	1.5969 * (0.010)
$\text{ln}city$	−0.0536 (0.357)	−0.0555 (0.345)	−0.0275 (0.378)	−0.0829 (0.347)	−0.1350 (0.349)	−0.1243 (0.564)	−0.2593 (0.436)
$\text{ln}pgdp$	0.4916 *** (0.000)	0.4894 *** (0.000)	−0.0401 (0.673)	0.4493 *** (0.000)	1.1394 *** (0.000)	0.1791 (0.701)	1.3184 ** (0.013)
$\text{ln}tech$	0.0014 (0.895)	0.0013 (0.911)	0.0002 (0.969)	0.0015 (0.930)	0.0027 (0.927)	−0.0014 (0.973)	0.0012 (0.985)
$\text{ln}fdi$	0.0230 ** (0.023)	0.0245 ** (0.020)	0.0119 * (0.083)	0.0364 ** (0.028)	0.0594 ** (0.030)	0.0537 (0.427)	0.1131 (0.198)
$\text{ln}trade$	0.0104 (0.426)	0.0122 (0.367)	0.0060 (0.418)	0.0182 (0.376)	0.0297 (0.376)	0.0279 (0.612)	0.0576 (0.485)
$\text{ln}jinr$	0.0145 * (0.068)	0.0152 * (0.061)	0.0075 (0.130)	0.0227 * (0.073)	0.0369 * (0.069)	0.0338 (0.391)	0.0707 (0.199)
$\text{ln}people$	0.2928 * (0.010)	0.3066 *** (0.005)	0.1461 ** (0.035)	0.4527 *** (0.006)	0.7405 *** (0.007)	0.6380 (0.363)	1.3785 (0.119)
$W \cdot \text{ln}chyg$	0.0409 (0.382)	—	—	—	—	—	—
$W \cdot \text{ln}ei$	−0.0722 (0.443)	—	—	—	—	—	—
$W \cdot \text{ln}pgdp$	−0.1976 ** (0.026)	—	—	—	—	—	—

变量	回归结果	短期效应			长期效应		
		直接效应	间接效应	总效应	直接效应	间接效应	总效应
P	0.3472 *** (0.000)	—	—	—	—	—	—
$Sigma2\_e$	0.0014 *** (0.000)	—	—	—	—	—	—
R^2	98.89%	—	—	—	—	—	—

注：括号内为各变量对应的 P 值；上角标 ***、**、* 表示显著性水平分别为 1%、5%、10%。
资料来源：笔者计算。

从回归结果来看，碳排放强度的一阶时间滞后项（$L1.\ lncpf$）系数显著为正，说明长江经济带地区的碳排放量存在极强的时空依赖性，一方面表明长江经济带地区的碳排放存在动态连续性，即前一期的碳排放量会对本期的碳排放强度产生显著性影响，上一期的碳排放量越多，越易直接导致本期较高的碳排放，反之亦然；另一方面也体现了其他不可测变量同样会对碳排放强度产生显著的正向影响；能源消费强度（$lnei$）、经济发展水平（$lnpgdp$）、外商直接投资者（$lnfdi$）、人口规模（$lnpeople$）的回归系数依然为正，与上文中静态空间面板模型回归结果一致，区别在于金融发展水平（$lnjinr$）的回归系数由之前的不显著变为显著，当考虑时间滞后项时，长江经济带地区金融发展水平的提高将在一定程度上增加碳排放。

从效应分解情况来看，产业结构升级（$lnchyg$）的短期效应和长期效应未通过显著性检验，但并不代表产业结构升级对长江经济带地区的碳排放无影响，根据上文的研究结果，当不考虑时间滞后时，产业结构升级的总效应系数显著为负，即产业结构升级将减少当期的碳排放量，将时间滞后项考虑在内时，碳排放的一阶滞后项系数（$L1.\ lncpf$）显著为正，该一阶滞后项综合了各种影响碳排放的可测因素和不可测因素，产业结构升级也包含在内，因此，当考虑时间滞后项时，产业结构升级主要通过影响上期的碳排放量间接影响当期的碳排放；能源消费强度（$lnei$）的短期直接效应和长期直接效应均显著为正，而且长期直接效应系数远远大于短期直接效应系数，表明某省份的能源消费强度对当地碳排放的长期影响比较深远，当能源消费强度增加 1 个百分点时，从长远来看，该省份的碳排放量将增加约 1.0302 个百分点；与能源消费强度类似，经济发展水平（lnpgdp）的短期直接效应和长期直接效应同样显著为正，经济发展水平的提高将加重碳排放，且长期直接效应系数大于短期直接效应系数，表明经济发展水平对碳排放的影响随时间的积累逐渐加深，当某省份的经济发展水平提高 1 个百分点时，短期内碳排放量将增加约 0.4894 个百分点，但在长期将使碳排放增加超过 1 个百分点；外商直接投资（lnfdi）、金融发展（lnjinr）和人口规模（lnpeople）的短期直接效应和长期直接效应均显著为正，但从效应系数的大小来看，三者对碳排放的影响要小于能源消费强度和经济发展水平对碳排放的影响，而且外商直接投资和人口规模的短期间接效应为正，长期间接效应未通过显著性检验，表明某省份外商直接投资的增加和人口规模的扩大在短期内将增加相邻地区的碳排放，但在长期这种间接影响将被弱化；城市化率（lncity）、贸易开放度（lntrade）和科技发展水平（lntech）的短期效应和长期效应均没有通过显著性检验，表明对长江经济带地区来说，城镇化率、对外贸易和科技发展水平对碳排放的综合影响并不显著。

7. 结论

根据以上静态空间面板模型和动态空间面板模型的回归结果和效应分解情况，可得出以下几个结论。

一是长江经济带地区的碳排放存在明显的空间溢出效应，湖南省的碳排放情况将会受到周边省份碳排放情况的加权影响。

二是产业结构升级有助于减少碳排放，研究采用第三产业与第二产业的比值衡量产业结构升级，第二产业中的重工业大部分都是高耗能产业，而第三产业中的信息、旅游、金融、物流等服务业耗能较少，产业结构升级表明第三产业所占比重上升，因此在一定程度上，第三产业的发展使得长江经济带地区碳排放强度缩小。

三是能源消费强度增加将提高碳排放量，不论是短期还是长期，某省份能源消费强度的增加都将直接扩大湖南省的碳排放量，而且从影响程度来看，长江经济带地区产业结构升级的"碳减排"效应要小于能源消费强度的"碳增排"效应。能源是人类社会发展的动力,目前各行各业的发展都需要大量能源作为基础,尤其是长江经济带地区,长江流域分布着以上海、南京、苏州等为中心的长三角石油化工区和以四川、重庆等为中心的天然气化工区,同时还有五大钢铁基地和七大炼油厂,其能源消耗强度过大,碳排放量也随之增加。

四是经济发展水平的提高和人口规模的扩大也将促使长江经济带地区的碳排放量增加,二者的长期影响要大于短期影响,随着经济发展水平的提高,工业化进程加快,提升了碳排放的速度,同时人口数量越多的省份,对高碳能源的需求量越大,因此碳排放量将会急剧增加。

五是外商直接投资对长江经济带地区的综合影响相对来说较小,但其效应依然显著为正,短期内,某省外商直接投资的增加还将导致邻省份碳排放量增加。外商直接投资主要通过规模效应、结构效应和技术效应对碳排放产生影响,根据有关文献[51],外商直接投资所产生的规模效应和结构效应将带来环境污染和碳排放增加,而技术效应将对碳减排产生正面影响,由于外资企业的技术研发能力通常高于国内企业,一方面外商直接投资增加所带来的技术溢出效应有利于促进本地的清洁技术、环保技术的研发,提高当地的技术水平,促进清洁生产;另一方面外资增加所带来的竞争效应将促进本地的要素流动和企业创新能力的提高,为科技创新提供新思路。长江经济带地区外商直接投资对碳减排产生的影响是负面影响,主要原因可能在于两点:一是外资增加的规模效应和结构效应大于技术效应,在三者的综合作用下,最终外资增加对碳减排呈负面影响;二是外商直接投资技术效应的发挥首先需要资金的支持,长江经济带地区的整体经济发展良好,但各省份经济发展不平衡,东部地区相对中西部地区来说经济基础较好,有利于高效地发展新技术,但中西部地区的经济情况相对薄弱,尤其是西部地区的省份,在技术的学习和开发上缺少一定的资金支持。因此,外商直接投资的技术效应没有充分发挥,最终对长江经济带地区的碳减排产生的是负面影响。

六是城镇化同样会增加长江经济带地区的碳排放,当不考虑时间滞后项时,城镇化率的效应显著为正,当把时间滞后项考虑在内时,城镇化对碳排放的综合影响并不明显。多数学者认为,城镇化对碳排放不直接产生影响,而是通过经济发展、人力资本积累、产业发展、能源消费、投资等间接影响碳排放[52-53]，城镇化对碳排放的最终影响取决于多方面，首先，城镇化表明大量人口向城市聚集，所带来的消费需求增加和基础设施建设增加等直接导致碳排放量增加；其次，农村人口向城镇地区转移意味着更多人可以接受良好的教育，使得人力资本增加，而人力资本有助于技术的开发，因此，可以对减排起到积极作用。近几年，伴随着长江经济带地区经济的发展，其城镇化水平也在不断提高，所带来的人力资本增加、能源消费增加、投资增加等对碳排放产生了不同方面的影响，因此，城镇化对碳排放的影响取决于多方面的合力。

8. 建议

第一，加强各省市之间的交流合作。

根据以上研究成果，产业结构升级主要是通过降低相邻省份的碳排放水平从而促进整个长江经济带地区的碳减排，因此，长江经济带要沿江 11 省（市）加强彼此之间的交流合作，在制定发展战略时，应该从区域整体视角出发，多考虑长江经济带地区的整体发展，从而最大限度地发挥产业结构升级的空间溢出效应，促进地区碳排放水平的整体降低。

第二，转变经济发展方式。

粗放型经济发展模式给长江经济带地区的可持续发展带来了一系列不良影响，要尽快转变长江经济带地区各省市的传统发展方式，对技术落后、生产效率低下、资源浪费严重的产业企业兼并重组或直接淘汰，节约有限的空间资源，对具有发展前景的企业产业和一些传统工业进行创新改造，同时推动现代服务业和高新技术产业的发展，提高第三产业在三大产业中的占比，促进产业结构升级。

第三，改善能源结构，加快技术创新。

根据研究结果，不管是短期还是长期，能源消费强度是导致碳排放增加的一个重要因素，随着经济的发展，降低对能源的需求并不现实，因此，改善能源结构、发展低碳能源才是长久之计，可再生资源的环境污染相对较低，可以调整能源结构，大力发展可再生能源。但长江经济带地区缺乏一定的创新驱动力，再加上能源结构的调整和新能源的开发需要一个长期过程，因此，在转变经济发展方式的同时要加快技术创新，相关部门要提高对技术发展的重视，提供相应的资金支持，鼓励引导相关企业进行科技创新，同时培养创新型人才，增强自主创新能力。

2.4　本章小结

从理论指导和实践基础两方面出发，研究认为坚持"创新引领、生态和谐、内外开放、系统统筹、区域协调、集约优化"发展港口经济构成了新时代港口经济发展理念的主要内容，在双寡头港口的定价及政府投资决策研究中发现，拥挤程度较大时会使港口企业的定价和利润下降。如果港口所在城市道路较为畅通，改善港口的服务水平，会有利于该港口企业利润的提升；如果港口所在城市道路较为拥挤，则港口单方面作出改善服务水平的决策不一定会提升港口企业的利润。基于国家对于绿色发展理念，在港口发展的进程中，就港口物流业对环境污染以及临港产业碳排放作出了系列研究，拟在港口经济发展的新征程中找到新的突破口，适应国家绿色发展以及可持续发展战略。

第3章 港口经济发展与航运中心建设互动关系

港口经济是一个空间上的区域概念。它是一个集航运、旅游、商贸及相关产业共同构成的区域经济。航运中心是港口经济发展到一定阶段的产物,其实质是以航运为主导的航运物流业要素集群。二者都注重港口的基本运输功能,并逐渐形成和发展。经济效益则来自港口和相关航运业的发展。

3.1 港口经济发展的相关理论基础

3.1.1 港口及港口经济的基本概念

1. 港口的基本概念

传统意义上的港口是指水域(如沿江、沿湖、沿海)或陆域,有基本的交通运输设施,提供仓储、旅客上下、货物装卸、船舶停靠等服务,并通过一定程序确定位置。经过港口功能的不断发展和扩大,从现代意义上讲,港口不仅是一个交通枢纽,也是一个"经济区",包括金融、交通、科技、服务等行业的活动场所。从而说明现代港口不仅是港口周边的产业集群,也是客货集散地。港口作为运输网络中的门户,起到节点和枢纽的作用。它在促进地区物资交流、发展国内外贸易、便利人员往来、促进国际友好交流等方面发挥着重要作用。以港口的功能和用途为分类标准,可分为以水产品运输为主的渔港,以工业区附近运输工业产品和原料为主的工业港,以国内外贸易和货物运输为主的商埠、观光船客埠，等等。根据港口的地理环境，可分为湖港、内陆港、沿海港等。

港口的发展分为四个阶段，即第一代、第二代、第三代和第四代。联合国贸易和发展会议（UNCTAD）最早对港口进行代际划分，联合国贸易和发展会议提出的"港口代际划分理论"将现代港口分为三代：第一代港口是海陆运输模式的转换点，即水路运输枢纽；第二代是货物增值工业、商业以及装卸和服务的中心，港口依托自身的区位优势发展临港加工业，节省了企业向内陆运输花费的成本；第三代港口是国际贸易的综合运输中心及物流平台，发展港口服务。联合国贸易和发展会议在 1999 年又提出了第四代港口的概念，认为第四代港口主要扮演了资源配置枢纽的角色，在配置生产、销售和运输资源中发挥作用。

自港口代际理论发展以来，国内外学者并没有对各代港口的定义作出明确的表述。本书在国内外学者对港口已有研究的基础上，将第一代至第四代港口的背景来源、主要功能和基本特征总结如图 3 – 1 所示。

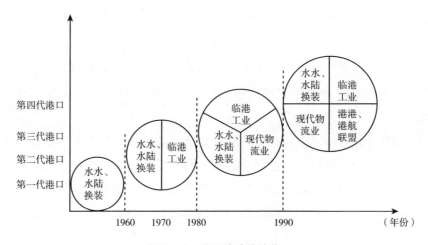

图 3 – 1　港口的功能演化

资料来源：笔者绘制。

第一代港口主要指 20 世纪 60 年代以前的港口。这一时期，各国之间的贸易往来尚未形成较大规模，社会生产力水平相对较低。水陆交通转换过程中，港口的功能通常局限于临时的货物装卸、仓储、发送，货物运输分散、规模小，港口的经营范围仅限于码头，城市与港口间的经济联系仍然薄弱。

第二代港口出现在 20 世纪 60 年代之后。当时，西方工业化的步伐加快，工业生产力大大提高。港口周边便捷的交通和低成本的货运带动了大量依靠海运生产成品和原材料的企业聚集在港口，开始大规模的港口开发产业，创造了新的竞争优势。由此，港口增加了直接带动港口产业的新功能，港口的经营范围扩大到码头周边，与所在城市的联系日益紧密。

第三代港口始于 20 世纪 80 年代。随着信息技术的快速发展和全球产业调整，为了满足社会生产力发展的需要，作为一个巨大的物资配送中心，港口扩展了现代物流的增值服务，吸引了众多现代服务业聚集在港口附近，形成了港口产业集群。港口由此发展成为区域物流中心，提供综合物流服务。在此期间，港口与城市之间的边界变得更加难以划分，加强了与城市的密切关系。

第四代港口主要是指 20 世纪 90 年代以后的港口。随着全球经济一体化趋势的不断加强，集装箱运输逐渐占据主导地位。在交通网络系统逐渐集约化发展的背景下，面对日益激烈的竞争，以共同体形式生存的港口群优势更加突出，港口合作开发开始在世界各地兴起。航运巨头企业与大型港口的协调发展，推动了一种新型的网络运输模式，并将这种合作模式推广到世界各地。

港口代际划分阐述了港口发展经历了"运输码头→加工装卸中心→区域物流中心→资源配置中心"的转型过程。需要特别注意的是，主要依据港口功能进行代际划分，与港口所处的具体年代时间没有关系。由此，在同一个时期处于不同代别且功能不同的港口共同存在，这是普遍发生的现象。随着港口代际升级演化，港口在货运运输方式、港口管理模式、港口功能等方面也不断出现新的变化。在生产特性方面，港口从单纯的转口运输发展到了加工生产与包装运输，提供增值服务，从而增加了产品的附加值；在组织特性上，港口的管理模式逐步走向权力分散化和私营化，这不仅提升了管理效率，也优化了组织结构；在货物运输方面，集装箱的出现和发展，极大提高了物流运输效率；在作业活动范围方面，每一代港口都继承了前一代的功能属性并发展出了新的功能；在港口发展战略方面，商业的比重逐渐提高，未来将向港际联盟的方向发展；在管理机制与决策方面，劳力和资本等原始因素已经被科学技术所代替，并且在新一代港口发展模式中，规划能力、管理机制和决策能力也发挥着越来越重要的作用。

研究及经验表明，港口功能转型升级的方式不尽相同。一种是横向发展，扩大业务范围，深化原有功能。因此，港口功能的代际演变不仅是对港口功能的简单替换，也是对港口功能的扩展和延伸。另一种是对下一代港口功能的演进，垂直扩展业务，根据实际需要保留、降级或创新原有功能。此外，港口功能的扩展还取决于社会经济发展的需要，应根据实际经济情况制定相应的战略，而不是简单地将所有港口升级为更高的代际港口。

2. 港口经济的概念

港口经济（port economy）是由贸易、航运、旅游、港口产业和其他相关产业有机结合而形成的区域经济。港口经济作为区域与外界信息和物质交流的重要枢纽，在促进区域经济发展中发挥着越来越重要的作用。

港口经济的定义，学术界尚未形成统一有效的共识，从产业上来看它是一个众多产业集合的概念。也有学者提出，港口经济从空间上看是一个区域概念。从区域经济层次来讲，港口经济是利用港口优势所形成的区域经济，优越的区位优势使其所涉及的地域包括了依托港口而发展的区域，也包括了港口区。由此，港口经济是利用港口的节点枢纽区域优势，以港口为门户，以临港区域为中心，以一定的腹地为依靠，与港口紧密相关的经济。从产业的角度来说，港口经济是以港航及相关产业为重心的产业经济。港口的优势条件也带动了依附于港口货运的制造业发展，促进了港航及相关服务产业的发展，特别是依托海洋资源、海洋运输的临海工业以及外贸等相关产业的拓展。港口经济的发展影响到港口城市特色产业结构的形成，带动了港口周边区域、港口城市及腹地的经济发展，具有极大的关联效应。

港口经济是产业集群。港口相关机构与企业，聚集在港口这个特定的地理区位，通过众多企业的分工、协作、竞争，在产业转型升级、技术进步等互动中，产出规模经济和外部经济；同时利用共有的资源形成共享，从而达到降低机构和企业交易成本的目的，提升制造业的竞争力。港口经济是开放经济。港口既有海外腹地，也有内陆腹地。港口的辐射功能连接了国内外经济，促进了国内经济与全球经济的循环。港口经济是一种流动经济，是信息流、物流、资金流等交流、加工和贸易的重要场所。这些资源的流动促进了港口经济的快速发展。港口经济不仅成为两种经济（国外经济和国内经济）的交汇，并且成为两种文化（东西方文化）的交会，也为特色产业的出现奠定了坚实的基础。

综上所述，港口经济是以港口为中心、港口城市为载体、港口相关产业为支撑、综合运输网络体系为动脉、水陆腹地为依托，并实现彼此间相关联系、有机结合、密切协调、共同发展，进而推动区域繁荣发展的开放型经济。

3.1.2 港口经济发挥的主要作用

1. 发挥产业集群效应，提升竞争力

港口经济涉及的相关产业众多，直接产业有物流、装卸等，间接产业有商务、地产、加工业等。从美国和日本两国的港口腹地来看，美国东北部大西洋沿岸城市群以纽约、波士顿、华盛顿等城市为核心，土地面积占全国的1.5%，制造业产值占全美的70%；太平洋沿岸经济带仅占日本国土面积的20%，而日本75%的工业产值都产生于这个地区①。因此，港口的辐射作用不仅能够发挥产业集群效应，同时在促进经济发展方面的作用也显而易见。

首先，产业集群效应可以降低成本。从交易成本的角度，产业集群使市场更加专业化，厂商之间交换原材料、劳动力等相对容易，过程的简化使交易行为产生时的成本更低；从机会成本的角度，集聚使信息不对称的情况发生的概率降低，每个厂商都能在相同的时间里获取到行业动态的最新信息，减少了向市场咨询、搜集的环节。

其次，产业集群效应能够促进行业创新。由港口相关产业集群而产生的

---

① 张耀光. 中国海洋经济地理学 ［M］. 南京：东南大学出版社，2015.

专业化市场为厂商之间的交流提供了一个便捷而规范的平台，有利于厂商之间的合作，与此同时也给各个厂商带来了竞争压力，由此推进相关产业先进技术的发展。

最后，产业集群效应通过吸引人才来促进城市竞争力的提升。集群中会出现一种比较广泛的现象即是劳动力共享或劳动力竞争，这增加了厂商之间劳动力的流动性，在一定程度上增加了相关从业人员的压力，激发了他们在专业技能上不断进步的斗志，从而通过提高港口城市的劳动生产率来提升港口竞争力。

2. 发挥投资乘数效应，增加经济效益

港口经济是城市经济发展的主要动力之一，具有较强的要素集聚能力，能增加产业之间的关联性。加大对港口的投资力度，使港口经济的辐射范围不断延伸和完善，进而加快投资乘数效应的产生。港口的投资乘数效应不仅能使自身得到更进一步的投资，更重要的是能够加倍增加所在城市的经济收益。例如，港口经济的发展能够刺激物流业、产品供应商等上下级产业的发展，间接增加城市就业率，提高城市消费水平，促进所在城市的土地增值，从而大量吸引外资推动经济发展等。因此，通过"乘数效应"增加社会总需求，放大港口经济对城市经济造成的影响。

投资乘数效应形成过程可以描述为：投资港口发展→促进制造业繁荣带动为其提供生产要素和配套服务的其他产业发展→相关联产业部门劳动者就业机会和收入增加→港口得到进一步投资→国民收入成倍增加。有研究数据显示，一个标准集装箱能给港口带来的直接收益为 1000 元左右，而其关联作业，如包装、装卸、运输、金融结算等一系列服务产生的经济收益就约为6000 元；德国汉堡港每万吨货物吞吐量能相应带来 42 个就业岗位，我国天津港每万吨吞吐量能带来 26 个就业岗位①。港口还存在很多对城市经济产生乘数效应的要素，例如港口纳税增加政府收入，政府收入增加使城市增加对基础设施建设的投入，城市基础设施建设的完善使相应部门收入增加……很多

---

① 龙泓宇．重庆市港口经济与城市经济协调发展机制及路径研究 ［D］．兰州：兰州财经大学，2019.

要素鉴于流通环节的复杂程度，乘数大小无法估量或者缺乏准确性，但港口经济对城市经济的投资乘数效应产生正增长的结论是不可否认的。

3. 优化资源配置，促进产业结构调整

港口作为对外开放的门户，港口经济是集物流、信息流、资金流和先进生产要素等资源于一身，合理整合资源更有利于行业的发展。

首先，在物流资源方面对优化产业结构的作用。港口涉及货物的中转、运输以及装卸，相关产业整合而成的港口专业化、综合服务供应链不仅可以使港口得到高效率、高品质的增值服务，还能为其他领域带来经济效益。例如，建筑业的运输、装卸、堆砌三位一体的综合服务等为城市服务业发展带来新的思路。

其次，在信息流资源方面对优化产业结构的作用。港口是所在城市与外界连接的纽扣，对于外界资讯接收敏感度相对较强，港口的相关生产要素必然第一时间向投资回报率较高的产业流动。这一过程能够调整优化城市的产业结构，例如近年来中西部地区承接了大量沿海地区的电子产品等产业转移。

最后，在资金流和先进生产要素等资源方面对优化产业结构的作用。港口作为一个运输枢纽，虽然其地理位置固定不变，但日常作业形式本身就具有很强的流动性，每一次货物的装卸、船舶的进出都象征着资金、生产要素等的流动，每一次流动都为港口增加了更多资本，日积月累港口聚集的资金和生产要素能够用以优化城市的产业结构。例如，跨国公司常聚集于沿海港口城市，在带动区域产业转型升级的同时，促进城市经济的快速发展和港航相关产业的繁荣壮大。

3.1.3　港口与区域经济发展的相关理论

港口是区域经济发展的重要切入点。它不仅有效地促进了周边地区的经济发展，而且带动了港口城市自身的经济发展。通过对港口经济的调查发现，我们不仅要关注由港口核心功能驱动的经济活动的直接经济贡献，更要关注港口的产出增加值能力，基于港口核心经济活动的产业链延伸能力和就业驱动效应，及其对区域经济增长的间接贡献和扩散效应。

1. 增长极理论

法国经济学家弗郎索瓦·佩鲁于 1995 年在深入阐述增长极概念的基础上，提出了增长极理论。在增长极理论下，以处于经济发展主导性地位的空间为力场，在该空间中具有推进性功能的单元就是增长极，在此基础上，形成有着较大关联性的产业，这些产业通过乘数效应来带动其他部门的增长，并且在增长极的推动下保持较快的增长。由此，增长极出现在所有的部门中的时间是不相同的，首先它会在一些增长点上以不同的强度出现，其次它会通过不同的渠道扩散到其他地方或其他部门，进而对整体的区域经济发展产生影响。增长极理论影响区域经济发展的因素诸多，从综合的角度来进行比较和分析，将其中的主导性、有着较大创新带动性的产业或者企业作为核心，通过这些产业、企业的集聚来形成规模效应，进而成为带动区域经济发展的增长极。

增长极理论是通过具有增长极的地区首先实现增长，再带动其他地区和其他部门迅速实现增长。因此，增长理论在不同地区或不同部门按照不相同的速度实现不均衡增长，而不是同一地区或同一部门按照相同的速度增长。

布德维尔进一步完善了增长极理论，他指出某一区域经济的发展往往并不是依赖该区域内所有产业来实现的，而更多的是通过区域内少数产业、企业的发展来带动周边产业和企业的发展，而这些少数的产业和企业就成为区域经济发展的增长极，加大对增长极的关注度，并扩大对其区域的影响力，则能够更好地推动区域经济的发展。在此过程中，会存在扩散效应，即将技术创新转化为实践的应用，并使其对区域的影响范围扩大，以达到推动区域经济增长的目的。增长极也会带来极化效应，即将少数产业和企业作为核心，为了满足其发展，与之相关的人、财、物等都会在该地区集聚，而在此基础上，又会扩大极化地区对周边区域的影响力与吸引力。同时，极化效应也会进一步推动新的更大的增长极的产生，如对更大范围如周边省市的人、财、物、技术等带来吸引力，使极点更加突出。不论是对于港口本身，还是港口所在的城市，都适用于增长极理论。

2. 港口区位论

20 世纪 30 年代，高兹提出了海港区位论，其在对影响经济发展的诸多问题进行研究时，第一次系统性地解释了区位对其的影响力，同时也指出港口的发展问题需要与港口对应的腹地相联系，这不仅仅是港口自身面临的，良好的自然、区位环境能更好地促进港口的建设与发展，也能节约大量的成本。高兹指出港口、腹地之间存在密切的关系，认为腹地的包括范围、经济发展程度、对外部资源的吸引力等因素影响港口的位置选择，它们会对港口未来的发展起到决定性的作用，腹地资源越突出，港口的发展就越快。在经济与贸易发展的推动下，港口对腹地的依赖性也是越来越大。因此，在探讨港口发展时，需要将港口和腹地两者统筹起来分析，这不仅对港口、腹地等的经济结构、经济增长等方面有着非常大的影响，也关系到区域资源整合与利用的问题。科学的港口选址不仅可以使腹地货物快速运至港口，而且能使外部的货物通过港口运转至腹地，并且不论是港口本身的建设，还是后期的货物运输，所对应的成本都是最低的。

3. 中心—外围理论

20 世纪 70 年代，在理论界产生了中心—外围理论，在这一理论体系中，不同的学者所探讨的重心有所差异，由此基于该理论产生了三个应用学派，即劳尔·普雷维什将之应用于国际贸易的分析、弗里德曼将其应用于区域经济学理论、克鲁德曼将其应用于新经济理论。

普雷维什于 1974 年提出了中心—外围理论，并且在其向拉丁美洲和加勒比经济委员会提交的报告里面系统和完整地阐述了他的理论。在国际贸易里面，发展中国家和发达国家是对峙的，而他就是针对这个现象，提出了这一理论，认为生产技术的不断进步，生产关系在世界的广泛传播，会让世界成为一个区域，而发达国家，就是这个区域的中心，发展中国家就是外围区。中心区的国家他们的金融、贸易发展水平都更高，他们更能够享受到经济全球化带来的利益和好处，并且在资金、管理和人才中占有绝对的优势，更懂得如何去进行投资。而外围区的国家在国际贸易中没有发言权，不是规则的制定者，仅仅只是规则的执行者，因为其本身的优势就只是在原材料和劳动力上面，经济全球化虽然也会给他们带来利益，但是非常有限。而且在经济全球化的程度不断加深的过程中，中心区的国家与发展中的国家之间的差距越来越大，这主要还是中心—外围理论在发展中的不平等性导致的。

1966 年，弗里德曼将区域经济学理论与中心—外理论结合起来，其认为，每个国家看作一个区域，并都是可以分为两个部分，中心区和外围区。中心区承载了主要社会经济活动，而外围区由上下过渡区域、资源前沿区共同组成，外围区是以中心区为核心的，并受中心区的影响。中心区为外围区提供生产要素进行创新，并且慢慢地扩散到外围区，对其经济文化活动等产生影响，从而让整个区域都获得更好的经济发展。

克鲁德曼在这个理论上，进一步提出了新经济地理理论，认为外围区和中心区慢慢会发展成为周边区和核心区，体现出了经济地理的集群。港口是地区、国家对外贸易的桥梁，是介质，并且对腹地经济也会产生很大的影响。在一个区域里面，港口能够带动城市和区域经济的发展，很明显可以得出结论——港口就是中心区。同时港口也会需要城市为其提供自身发展的条件，对城市经济发展有一定的依赖。由此，就满足了中心—外围理论的基本模型，是港口—城市的发展模式。所以中心—外围理论在研究港口和腹地经济关系时很有帮助。

4. 港城互动理论

港城互动理论将影响区域经济增长的因素分为内部因素和外部因素两个部分，内部因素即内生需求，外部因素即外生需求，并且认为这两个方面的因素都会对区域经济发展产生很大的影响。港口集聚和扩散的功能特性，让港口可以为城市带来工业规模效应，在其规模效应带动下，实现经济效益的增长，实现港口城市经济发展水平的逐步提高。港口的功能除了要发挥出周转作用之外，还需要重视与所在城市的协同。港口与港口城市是互相依赖、彼此依靠的，但是同时它们各自有各自的独立性，所属的系统也是不一样的，这必然就导致了二者之间的信息不对称，二者在互相依靠之外，还会存在互相竞争的关系。所以，需要将港口和港城结合起来，让其能够互动发展，内化外部交易，也让交易成本可以降低。

总体来看，对港口货运与长江中游城市群互动关系的研究要充分发挥港口及其腹地城市经济之间相辅相成、互惠互利的作用，并充分运用增长极理论、港口区位论、中心—外围理论、港城互动理论等经济学理论于港城经济的具体实践研究之中。

3.2 航运中心建设的基本理论

3.2.1 航运中心的本质与基本要素

1. 内河航运中心的本质

从本质上看，航运中心是以航运为主导的航运物流业要素的汇集，是多种运输方式的高度整合。如果内河港口城市以内河航运为引领，具备以航运为主导的区域综合运输资源配置能力，则其内河航运中心的地位将逐渐被市场认可。武汉、重庆、杜伊斯堡已发展成其影响域内较为公认的内河航运中心。另外，湖南岳阳港口建设成绩显著，平台功能不断增强，产业项目加速聚集，物流、电子信息、现代装备制造、新材料等产业体系初步形成，内河航运中心已具备建设的基础要件。

2. 内河航运中心应具备的基本要素

航运中心通常是指国际航运中心，但自 2011 年国家正式提出在武汉和重庆建立长江内陆航运中心以来，航运中心一词的含义在实践中得到了拓展。航运中心应具备的五个基本要素[①]。

一是良好的港口条件。要有大型的港口设施和深水航道，是航运枢纽港。例如，武汉港位于长江中游，最大靠泊能力 1.2 万吨，一次系泊能力 70 万吨，最大起重能力 50 吨，集装箱处理能力 50 万标准箱，货物处理能力 3000 万吨。2016 年，武汉港口集装箱吞吐量 113 万标准箱。

---

① 王静. 现代物流管理与战略 ［M］. 西安：陕西人民出版社，2016.

二是区位优势条件。要自然航运条件良好，地理位置优越。例如，苏州组合港位于长江口咽喉，依托经济发达的苏州、无锡、常州地区，东南紧靠上海。苏州组合港是江苏省最重要的干线集装箱港口，长江中上游和西部大开发的重要平台，江海河联运及国内和对外贸易货物运输、装卸、储存、于一体的多功能综合性港口。

三是综合运输条件。要有相对完善的集疏运系统，即综合运输枢纽。例如，马鞍山港是安徽的东大门、皖江第一站，我国重要的钢铁货运枢纽、长江十大港口之一，距长江入海口仅 320 公里①，沿江近海、集疏运便利、承东启西、经济腹地广阔、通航条件好。

四是航运服务条件。要有相对完善的信息、物流、贸易、金融、管理等法律环境、服务体系和良好的技术。例如，南通港由南通港集团组建而成，作为国家一类开放口岸，先后逐步形成港工贸一体化、港产城一体化的新格局，打造具有一定实力和规模的港航领军企业，为建设服务优良、布局合理、功能完善的江海组合型强港，实现"一城一港一集团"的新格局提供有力支撑。

五是市场经济条件。要有广阔的经济腹地和成熟的航运市场，以航运为核心带动港口经济发展，集装箱吞吐量具有一定规模。例如，重庆港口经济腹地主要包括重庆市辖的 9 个区、12 个县和四川、贵州、云南三省，是国家一级港口，主要从事客货运输、港口装卸、水陆中转、物流配送、酒店旅游、仓储服务等综合商务服务。2020 年全市港口吞吐量达 1.65 亿吨②。

3.2.2　内河航运中心的发展历程

1. 第一阶段：港本位航运中心

此时的航运中心主要从事基础性的生产性服务，如集装箱货物的转运、装卸、造船等港口的基本业务。港口主要依靠区域腹地经济的商业实力和当地产业的竞争力来增加贸易量，与其他港口竞争。航运中心应该是一个立足

---

① 1 公里 =1 千米。
② 邹文康. 跨流域联合航运方式研究 [D]. 重庆：重庆交通大学，2020.

于区域经济发展，依托港口区域功能的区域概念。同时，航运中心要具备覆盖国内外航线的大型现代化深水港和配套航道，完善发达的公路、航空、铁路等集散物流体系，依托当地城市产业的发展和港口的功能，促进贸易量的增长，从而成为全球或区域贸易和航运的关键节点中心。

因此，航运中心依靠周边产业和区域腹地集装箱货物的供求关系，依靠现代化港口实现贸易增长。在这种情况下，港口的功能定位主要是一个基础的生产型航运中心，主要集中在集装箱货物的配送功能上。

2. 第二阶段：服务型的航运中心

主要从事贸易货物运输及相关航运中介、船舶经营登记、代理、航运金融保险、法律咨询等服务。因此，航运中心应着力打造国际国内航运服务贸易产业链，实现贸易服务增值，稳步提高资源有效配置，它不应仅仅用作大型船舶集装箱的集中转运场所。因此，通过结合航运金融等软实力和硬实力，如当地的大型现代港口，努力促进港口货物的再加工及金融保险，以增加产品附加值等服务，并实现港口作为一个区域性航运中心的地位，继而建立一个全球航运中心。

与以港本位为主的航运中心的界定相比，航本位的航运中心体现的除了是港口的基础设施及直接关联的工业产业等要素在港口的集聚，更是与服务型经济有关的政策法律法规、各种企业的相关要素的高度聚集，所以航本位的航运中心是港本位的提升和发展。

3. 第三阶段：知识型的智能航运中心

除人才培养水平高的院校、航运素质强的人才队伍和创新能力强的科研机构组成的航运企业文化人才和事业单位外，还拥有现代化的信息服务中心、大型现代化高度集中的港口航运要素与保值增值的服务型航运要素。

3.2.3 内河航运中心与国际航运中心的比较

国外研究将货物集散中心划分为四个层次，即一般内陆港、枢纽港（含水港和干港）、内陆卫星港和沿海门户港。一般来说，内陆港、枢纽港和内陆卫星港可以在不同层次上定位为区域物流中心；而沿海门户港位居国际供应链网络的第一层，处于国际干线的末端，可定位为国际物流中心。

物流中心建设已成为航运中心建设的先导，对内陆航运中心的建设尤为重要。其主要原因为物流强调港航服务、船舶运输与其他运输方式的有机结合，并衍生出相应的增值服务。

内河航运中心与国际航运中心进行比较：航运产业集群主要分为船舶运输业、港口服务业以及航运交易和服务业等层次。国际航运中心本质上是航运产业要素的聚集，其一般经历三个发展阶段：第一阶段是航运中转型；第二阶段是加工增值型；第三个阶段是资源配置型。国际航运中心来自密集的国际航运干线，航运的影响远远高于其他运输方式，其他运输方式仅作为航运方式的集疏运输。

内河航运的发展形式单一，发展成的航运中心与国际航运中心不同，内河航运难以单靠航运发展而形成中心，即便成为某种意义上的中心，也难以形成强有力的经济作用。因此，内河航运中心在集聚模式与产业要素的构成方面和国际航运中心有明显区别。

3.2.4　内河航运中心的优劣势分析

1. 内河航运优势分析

第一，内河航运具有良好的技术经济特性。

从技术经济特点看，内河运输在固定资产效率、运输成本、运输耗能和运输能力率等方面具有一定的优势。以下内容主要将内河航运与铁路、公路两种增长最快的运输方式进行比较，以解释说明内河航运的发展优势。

首先，劳动生产率高。在所有运输方式中，内河运输和铁路运输的劳动生产率高于其他运输方式，而公路运输的劳动生产率最低。因此，在完成相同周转量标准下，铁路运输及内河运输的劳动生产率分别是公路运输的29.02倍、27.23倍。

其次，投资费用少，产出大。与其他运输方式相比，内河航运具有较高的投入产出效益，这主要来自内河航运对自然资源的综合利用。根据已有的研究，航道整治的成本只有公路建设成本的 1/3~1/2，是铁路建设的成本的 1/5~1/3，但其产出的效益达到公路运输的 8~10 倍、铁路运输的 1~1.5 倍①。

再其次，单位能耗低，单位运输成本低。内河运输与其他运输方式相比，充分借助了水的浮力，利用水来航行，减少了摩擦，且船舶承载能力大，单位功率拖曳能力大，单位能耗低。据统计，内河、公路、铁路三种运输方式中，内河运输单位能耗最低，约为公路单位能耗的 1/3，比铁路单位能耗低 45% 左右。同时，与铁路、公路等其他运输方式相比，内陆运输在运输成本上还有很大的优势。

最后，通过能力大。内河运输的运力也远高于其他运输方式。这是因为内河运输多为长途散货运输，需要其强大的承载能力。在我国，长江干流的通过能力相当于 15~20 条铁路的综合承载能力。一般大型顶推船的载重能力在 10000 吨以上，相当于铁路列车载重能力的 4~5 倍②。

第二，可持续发展优势。

近年来，由于生态破坏和资源过度消耗造成的环境污染、自然资源短缺、洪水频发、全球变暖等问题，严重影响了社会经济的发展和人民生活质量的提升。在这一严峻形势下，促进社会可持续发展势在必行。内河运输的发展对大大缓解能源消耗的增长势头、促进社会的可持续发展具有重要意义。内河运输具有内在的优势，其天然河流基本不占用土地，因此交通活动十分便利；在河道整治过程中，也可以通过河道切割、矫直、疏浚等方式创造土地，其基础设施建设不同于公路、铁路，需要大量原材料（如钢材、水泥等）；在我国能源相当短缺的情况下，内河航运也是众多运输方式中能耗最低的一种；内河航运在噪声污染、空气污染等运输方式方面具有无可比拟的优势。

第三，水资源综合利用优势。

内河运输是一种利用天然水资源而不消耗水资源的运输方式。发展内河运输可以充分发挥水资源综合利用的优势。内河航道开发建设是一项集排水、防洪、泄洪、供水、灌溉、发电、渔业养殖、国防、旅游、生态平衡等为一

---

① 宋德星. 中国内河航运网络治理模式研究 [D]. 武汉：华中科技大学，2009.
② 张亮. 物流学 [M]. 北京：人民邮电出版社，2015.

体的社会综合工程，其社会效益无法用具体数字来解释。国内内河运输对国家的军事、政治和安全具有重要意义。在战时，铁路、公路等交通工具一旦发生爆炸，将导致交通线路被切断，很难立即恢复交通。依托水资源优势，内河航道打不垮，与陆路交通相比非常安全。此外，水路运输在战争期间一直被用作后勤运输手段，为军事物资和医疗设备的运输等后勤保障作出了重大贡献。因此，在适应战争中，内河运输具有很大的优势。此外，内河运输在救灾等紧急情况下可以发挥特殊作用。

2. 内河航运局限性分析

第一，服务地理范围受限制。

内河航运主要依靠天然河流湖泊运输，其供给受到内河基础设施条件的制约，只能在有限的条件和区域内进行。目前，我国内河航运仍面临着基础设施落后、航道通航条件差、大部分航道长期改善不足、连接江海的运输通道少等诸多问题，限制了内河航运的服务范围。

第二，运输速度较慢、中转环节多。

据数据统计显示，内河船舶的平均航速为8~12千米/小时，仅是公路运输的1/5~1/6、铁路运输的1/8~1/16[①]。同时，内河航运很难实现货物的点到点运输。多数情况下，需采用多式联运的方式，中转环节多、手续繁杂。然而，货物运输的速度是运输系统中的关键问题，货物交付时间的延长必然会增加在途资金的积压时间，造成货主资金周转速度放缓，在抢占市场时处于弱势。内陆航运中转环节多，货物损失率大，以散货运输为例，每次运输货物损失率可达1%~1.2%。此外，中转环节较多会增加出现差错的风险，影响货运质量及服务质量，货运时间也同样受到影响。

第三，受自然航行条件影响较大。

在内河、公路、铁路三种运输方式中，内河船舶的航行受气候等自然因素的影响最为明显，即河流的地理分布及其地貌地质、气候与水文等明显的制约和影响。

---

① 黄伦超，李斯. 枢纽船闸与上、下游桥梁之间最小距离的分析 [J]. 交通科学与工程，2016，32 (4)：75-79，104.

3.3 港口经济与航运中心互动机制分析

航运中心是港口经济成熟的重要标志。在分析航运中心经济特征和港口经济发展特点的基础之上可以认为,航运中心的经济特征作为一种经济现象,符合港口经济成熟期阶段的主要经济特征,其实质即为港口经济发展到特定阶段的表象。

首先,从航运中心和港口经济的发展过程来看,航运中心和港口经济是围绕港口的基本运输功能逐步形成和发展起来的,其经济贡献来源于港口及其相关航运业的发展。因此,从产业经济的角度来看,两者是一致的。

其次,港口经济的发展具有长期性。在港口发展初期,港口经济的主要贡献来自港口的基本运输功能,其经济影响范围较小,港口周边尚未形成航运产业的集聚。因此,这一阶段港口经济与航运中心的内涵存在较大差距,不能将港口经济与航运中心的发展概括为完全一致。

最后,当港口及其周边地区被称为航运中心时,港口产生的经济现象对城市和区域的经济起到了极大的促进作用。此时港口有充足稳定的货源,吞吐量不会有较大变化。港口周边已形成发达的腹地经济、较为完善的综合交通运输体系、丰富的航运服务业和发达的港口产业。航运金融、航运保险、海商法、航运信息等相关产业的发展相对成熟,涉及港口经济的多个子系统,可以服务区域经济市场及航运市场。此时,航运中心所反映的经济特征与港口经济进入成熟发展阶段的特征是一致的。

因此,基于航运中心的基本内涵和港口经济在长期发展变化中的规律,可以确定航运中心是港口经济成熟期所反映出来的现象。认识到航运中心是港口经济发展到一定阶段的表现,对于航运中心的建设和港口经济的发展具有重要意义。

然而,我国航运中心存在以下一些问题,对此本书提出了建议。

目前,关于航运中心的理论研究还不成熟。在建设航运中心时,历来注重对已有航运中心发展模式的借鉴,而忽视了不同港口经济之间的差异。明确航运中心是港口经济发展到一定阶段的表现这一本质，有利于从经济理论入手，根据不同港口经济发展的特点，运用港口经济发展理论对航运中心建设的具体问题进行分析研究，从理论上寻找航运中心建设的关键，避免纯粹的借鉴。

关于航运中心是港口经济成熟的表现，在确定航运中心建设措施时，可以根据对一个成熟港口的研究，将长期经济增长理论作为不同时代航运中心的不同标准，建立建设航运中心的基本原则、具体目标、工作内容、重点建设阶段，从而明确建设航运中心的方向和方法，让航运中心的措施具有较强的理论基础和可操作性，有利于航运中心建设政策的落实和建设工作的全面开展。

从港口经济建设本身来看，以往对港口经济进入成熟期后的建设内容和动态特征认识还不够全面，需要后期不断实践和总结。尽管当前学术界对航运中心理论的研究尚不完善，但对航运中心发展变化的实践内容和基本动态规律已有较为全面的认识。航运中心实践的总结，对于进一步研究港口经济成熟期阶段的发展特点和规律，总结其实践内容具有重要的参考价值。

要有利于航运中心、贸易中心和金融中心的协调发展。港口经济的形成和发展与国际贸易的发展密切相关。在认识到航运中心是港口经济发展到一定阶段的产物后，可以看出国际航运中心本身就是贸易的衍生需求。航运中心的形成和发展与贸易是协同的，并随着贸易的发展而不断发展和演变。此外，要发展贸易，就必须发展国际金融市场，为贸易市场和航运市场提供发展基础。从这个意义上讲，有必要共同建设航运中心、贸易中心和金融中心，协调发展。

更重要的是，在认识到航运中心是港口经济在一定阶段的产物之后，港口经济的建设方向和任务不会因为航运中心的建设而转变。相反，在港口经济的建设目标、方向、任务和工作模式进一步明确后，可由当地政府采取相应措施，基于航运中心建设的需要，结合当地的自然和社会资源，并提高港口生态环境保护的发展水平、产业结构和竞争优势，从而促进港口经济的长远发展。

3.3.1　港口经济与航运中心的互动关系探讨

航运中心是以贸易中转港为标志，航运要素齐全，形成一定规模且具有时代先进性等特征，依托区域经济中心城市，在某一个经济区域的港口群体中处于核心地位的航运枢纽。目前，世界上主要国际航运中心城市为伦敦、纽约、鹿特丹、新加坡、中国香港等。纵观这些航运城市可以发现：首先，航运中心总是与国际经济、贸易中心密切相关，世界典型国际航运中心均以面向海洋、航运业发达的国际大都市为依托。其次，航运中心又是一个发展概念，它们的发展主要经历了以下三个阶段：第一阶段，航运中转和货运集散地；第二阶段，货物集散和加工增值中心；第三阶段具有综合资源配置功能的物流中心。航运中心的功能是从第一代向第二代发展最终向第三代演变。

航运中心是以港口为主要加工平台的城市整体功能定位。港口与城市形成了"港为城用，城以兴港"的良性互动关系。具体而言，它们在经济关系上形成了共同的辐射功能链和辐射空间链。前者是港口与城市在交通、商业、工业、旅游等产业领域的相互促进关系，后者是港口与城市在地理空间上的相互驱动关系。

航运中心作为交通枢纽的同时，不可忽视的是自身便是国家和地区重要的经济资源，各个枢纽港对于港口所在地区具有重要的经济价值。航运中心对港口经济发展的具体体现：航运中心的发展对促进港口腹地的基础设施建设具有积极作用。公路、铁路、水路等交通基础设施的建设与航运中心的建设是一致的，集散体系的发展和完善更有利于各种资源和产业的运输转移；航运中心在不同阶段拥有不同类型的产业，伴随新旧产业的更新换代，逐步实现了港口产业升级。虽在不同时期侧重不同，但航运中心凭借其综合竞争实力促进港口所在地产业的发展，引领着产业结构多元化、合理化实现产业的更新升级；航运中心由单一走向多元、全面的过程中，各种产业都应运而生，从而带动经济的发展，而这些港口产业的发展离不开投资与消费的需求，就会相应促进港口所在地产业的发展。

航运中心与港口的关系不是刚性的、被动的，而是灵活的、主动的，即双方在经济发展的功能定位上相互引导和影响。一方面，航运中心城市与周边腹地之间的经济发展和产业结构调整直接影响航运中心及其港口的功能定位；另一方面，航运中心及其港口的科学定位、建设和发展，也可以直接影响城市经济发展和产业结构调整。

3.3.2　港口经济驱动航运中心变迁的要素分析

1. 贸易需求驱动

自古以来，航运中心的发展就离不开贸易需求的推动，但这种贸易需求随着时代的变化而变化。最早的巴比伦，因美索不达米亚人与印度河流域族群的原油和象牙等贸易需求而崛起；之后，随着人类生产力的发展，对于铜器等金属的需求拉开了地中海地区贸易的序幕，人类经济活动的范围进一步扩大，经济的发展促进了人口的持续增长，对粮食、木材和矿产等资源的需求进一步增强。提尔、雅典和罗马就是在这样的背景下发展起来的；此后，西方国家对食物与矿产的需求转变为对丝绸和香料等稀有产品的追求。因此。作为"丝绸之路"的必经之地，伊斯坦布尔的地位日益突出。东方丝绸和香料的吸引形成了后期的大航海时代，造就了葡萄牙、西班牙和荷兰等国的崛起；18 世纪的工业革命改变了人类传统的生产生活方式，机械化革命扩大了世界对煤炭等能源资源和纺织产品的需求，实现了英国的煤炭和纺织的全球贸易，这也是伦敦作为国际航运中心最初形成的主要原因之一；而两次世界大战时期，对于物资供给的需求，成就了美国的航运；二战后，全球化经济促使第三世界国家的经济发展，亚太地区贸易需求的繁盛是之后诸多个航运中心兴起的前提条件。

2. 地理位置

毫无疑问，地理位置同样是促进航运中心产生和发展的重要因素之一。航运中心的形成离不开优越的地理位置，这种"优势"在不同的阶段有不同的含义。在古代，一个可以发展成为贸易和航运中心的地区应该是不可替代的，也就是说，它必须是重要贸易路线的必经之地。例如，君士坦丁堡是"丝绸之路"上的重要节点，处于垄断的地理位置；然而，随着贸易活动的不断深化和经济区域的不断扩大，国际贸易的路径不再是单一的。航运中心更有意义的是位于水路丰富的地区，与陆路相交，起到交通枢纽的作用。安特卫普内陆运输网络的发展证明了这一点；随着集装箱时代的到来，航运中心的地理"优势"更多地体现在水深条件和国际地理位置上。水运条件跟不上时代的发展，伦敦、纽约的航运贸易量下降以及鹿特丹、新加坡的崛起就充分证明了这一点。

3. 技术革新

另一个不容忽视的因素就是技术创新，航运中心的建设离不开技术的发展，一系列的技术革新改变了众多航运中心的命运。例如，运输技术的创新不断扩大了人类活动的范围，从早期的简易木船到后来的帆船和蒸汽船，再到铁路运输、航空运输和集装箱技术的出现，以及在这一过程中人类通信和定位技术的提升，对新航运中心的建设起到了至关重要的作用。例如，葡萄牙和西班牙的航海家们对指南针的应用，极大地推动了新贸易航线的开发，确立了两国航运强国的地位；再如荷兰造船工艺的提升，推动了该国造船业的发展，实现了"海上马车夫"时代；另一个例子是集装箱的应用，使鹿特丹成为欧洲最大的港口。与此同时，一些先前建立的航运中心在技术创新的背景下地位逐渐下降，大型集装箱船舶的兴起，淘汰了一些水深条件不佳的港口，如伦敦、纽约等城市。

4. 模式创新

模式创新在改变航运格局的历史中发挥了重要作用。例如，在英国独霸世界航运的"强权下的和平"时期，美国的航运实力远不如英国，却能在北大西洋航线上主导了将近20年的航运事业，关键就在于其创新地引进了"班轮"的定期出航模式，颠覆了过去只追求满载率而不讲究速度的航运模式；再如新加坡的崛起，作为一个资源匮乏、国内需求并不高的二战后新兴国家，新加坡之所以成为亚洲重要航运枢纽，与其创新地在亚洲发展中转模式休戚相关；中国香港则是在自身发展出现瓶颈时，适时调整产业结构，转型发展加工增值的航运经济模式，从而迎来了新的发展机遇；此外，还有纽约，在洞察到集装箱运输即将兴起而自身水利条件又欠缺的情况下，创新地跨州发展集装箱运输，与新泽西州合作发展纽约—新泽西港，并从体制上实现行政的大交通跨州联合管理模式，从而没有重蹈伦敦完全丧失物理运输功能的命运。凡此种种都说明，模式创新对于一个航运中心的形成和地位保持有时起着至关重要甚至决定性作用。

5. 法制体系的建立和完善

航运中心形成后，要想继续发展并保持其地位，完善的法律体系建设至关重要。远在古罗马时期，现有提单的雏形就已经形成，罗马帝国相对完善的海运法体系是其航运业繁荣 200 年的重要保障；另一个例子是比利时，它在第一次世界大战前是一个航运小国，但由于政府积极参与了国际法体系的制定，在国际海事委员会（CMI）的早期形成中发挥了关键作用，使其在该领域占有一定的地位，始终以"安特卫普/布鲁塞尔"国际海事法体系为轴心和基础；虽然伦敦在物理意义上的航运业长期以来受到批评，但它仍然成为世界公认的国际航运中心。重要的是，它拥有一整套完备的海上保险、海事仲裁等法律制度，并涌现出有影响力的班轮组织、劳氏船级社等，这一完整的体系是其他航运中心所无法比拟的。

6. 政治因素

航运中心的形成及演化与国家制度政策、综合国力等政治因素密切相关。一方面，一国的经济实力对于巩固其所控制的航运中心的地位至关重要；另一方面，国家及政府层面对港航产业发展的扶持力度也深刻影响着航运中心的建设。当然，航运格局的变化还与军事等其他政治因素有关。不过在和平年代里，上述两个因素是主导航运发展的主要政治因素。

3.3.3 拓展港口经济与航运中心功能优势的路径分析

港口发展历程证明，港口经济的发展壮大，更多是依靠功能方面的拓展和优势的提高。例如，对港口经济航运功能的拓展，将带动相关保险金融、法律仲裁、货运咨询代理等第三产业高端业务的开展。

近年来，中国政府一直致力于推进航运中心建设，先后提出将上海、天津、大连等城市建设成为具有一定竞争优势的国际航运中心。宁波、广州、青岛、武汉等港口城市也试图依托自身优势资源在航运中心建设中占有一席之地。随着国际航运资源向亚洲特别是向中国的转移和集聚，中国正朝着建设世界航运中心的方向迈进。

虽然我国航运基础设施硬件建设速度加快，但软件实力明显不足，导致航运缺乏可持续竞争力。从新加坡航运中心的角度来看，完善的市场体系、自由港政策、良好的服务等商业环境的建设，有效地促进了航运业和现代航运服务业的发展。因此，加快发展现代航运服务业应成为我国航运中心建设和发展的新亮点。

强化航运中心的功能。从现代航运服务业产业链构成来看，核心层由船舶运输业务构成，是航运服务业产业链的核心和最低层次；辅助层包括为核心层提供服务的船舶辅助性行业，包括船舶代理、货运代理、船舶经纪、船舶检修；支撑层是高附加值的增值层，主要涉及航运金融、航运保险、海商法、航运人才培养等航运衍生服务业。支撑层是航运服务集群的外围产业，属于知识密集型产业。目前，我国航运物流功能仍主要集中在产业链的低端，高端航运物流服务业发展严重滞后。对新时期的航运中心来说，其资源配置能力及高端服务能力更为重要。因此，应完善航运高端服务功能，增强航运资源配置能力。

探索推进现代航运服务集聚区建设。航运服务集聚区的建设有利于航运服务资源的集聚、集聚效应和辐射效应的形成、航运服务功能的整合、航运服务效率的提升、现代航运服务特色的凸显，这是国内外发展现代航运服务业的重要经验。重点发展航运金融、航运保险、航运经纪、邮轮经济等高端航运服务集聚区，重点吸引大型物流企业、邮轮公司、金融机构、海事法律机构入驻集聚区，形成以高端航运服务业为龙头，集聚企业、产业链、要素进入市场的集聚功能，使航运服务集群成为航运中心核心功能区、航运企业总部基地、航运要素集聚中心等。

制定现代航运发展支持措施。一是出台促进航运服务业发展的政策，以政策创新进一步完善航运服务企业发展环境。二是培养航运人才，特别是，建立航运服务高端人才的培养和引进的机制，确保现代航运服务业持续发展。三是成立一个由政府、院校、企业、科研院所组成的研究共同体，针对现代航运服务业及其相关产业凸显的热点问题开展研究。

搭建现代航运服务的平台。一是搭建现代航运交易平台。例如，建立现代航运交易所，建设区域性航运要素交易市场，依托航运交易所建设区域性航运交易总部。同时，进一步建立和完善现代航运贸易机制，积极发展和推动航运关税衍生品交易，争取中国航运话语权。二是建立现代航运信息服务平台。三是通过推动建立航运业基金、大力发展船舶融资业务、积极发展船舶保险业务、加快金融联动等方式，大力推进现代航运金融服务平台的建设。

3.4　本章小结

港口经济发展、港口与区域经济发展和航运中心建设的理论分析表明，航运中心与港口的关系并不是僵化和被动的，而是灵活与主动的，即双方在经济发展的功能定位上可以互相引导与牵动。近年来，中国政府致力于推动航运中心建设，先后提出将上海、天津、大连等城市建设成为具有一定竞争优势的国际航运中心。随着国际航运资源向亚洲特别是向中国的转移和集聚，中国正朝着建设世界航运中心的方向迈进。完善的市场体系、自由港政策和良好的服务促进了现代航运服务业的发展，成为我国航运中心建设和发展新的亮点。

第4章 长江流域航运中心发展及其创新举措

国内外对于航运中心的发展模式不断在创新，已经有很多具有参考意义的航运模式得到实践。在国内，上海、南京、九江、重庆、武汉等航运中心就其地理位置的独特性实行了不同的发展模式、建设港口新功能、制定有特色的管理方案。国外的鹿特丹港、杜伊斯堡港、新加坡港等知名港口，利用其优良的地理优势，有了明确的功能定位和可推广的运营模式，对国内航运发展具有重要参考意义。

4.1 长江流域主要航运中心发展情况

国内航运中心有四种发展模式，即内陆功能型航运中心、内陆服务型航运中心、复合型国际航运中心和服务型国际航运中心。其中，武汉为内陆服务型航运中心的代表，重庆为内陆功能型航运中心的代表。另外，上海正从复合型国际航运中心向服务型国际航运中心转变。

4.1.1 上海国际航运中心发展情况

上海港位于我国大陆海岸线中部、长江入海口处，地处我国最大河流长江与东海交汇的长江三角洲。作为我国对外开放的重要港口，世界著名港口，自 2010 年起上海港的国际标准集装箱吞吐量就超过了新加坡，排名世界第一位，上海港每年的外贸吞吐量占国内沿海主要港口外贸吞吐总量的 20% 左右，是我国沿海地区最重要的枢纽大港。

1. 发展历程

历史上，上海港就是我国对外贸易、交通的重要港口。上海港发祥于青龙镇，唐朝时期，设立了镇用于治理开发港口，方便过往船只停靠，上海港口业和对外贸易由此发端。因此，青龙镇在港口发展史上具有重要的地位，被称作上海第一古镇。到了宋代，青龙镇已发展为"江南第一贸易港"，北宋时期政府已开始加强对航运的管理力度，征收关税。但因每年长江大量泥沙淤积使得陆域扩大、河道变迁，港口不得不迁至上海镇。随着黄浦江开拓形成，上海港凭借其优良的航道优势，日益发展壮大，逐渐发展成为我国当时最大的航运中心和对外贸易口岸，并在黄浦江和苏州河沿岸地带聚集了大量工厂，建设成为早期工业聚集区。20 世纪 30 年代，上海港已发展成为亚洲东部地区的航运中心，上海市成为世界上最重要的港口城市之一。从 20 世纪 70 年代到党的十一届三中全会，上海港进行了两次大规模集中建设。1978 年后，在政府和交通部的大力扶持下，上海港又在黄浦江沿岸新增了 5 个港区，在长江南口岸新增了 3 个港区，各大企业集团也分别建立了各自的专用码头，逐步扩大了上海港的规模，这对上海及长江沿岸地区乃至全国的经济发展都起到了重要的推动作用。1995 年，党中央、国务院作出将上海港建设为国际航运中心的战略决策，2005 年，上海港国际航运中心建设取得了新的成果，正式启用洋山保税港区，完工投产洋山深水港区一期工程。上海港经历近半个世纪的建设发展，已成功跻身世界大港行列，成为地位枢纽、功能多样、运行现代化的大型港口。

2. 目标定位①

"十四五"期间，上海国际航运中心将努力建设成为国内大循环的中心节点、国内国际双循环的战略纽带，完成枢纽服务升级，打造上海国际航运中

---

① 上海市人民政府关于印发《上海国际航运中心建设"十四五"规划》的通知，2021 年 6 月 23 日，https：//www.shanghai.gov.cn/nw12344/20210708/17c981e16c96444abb0c73b590d39fc5.html。

心发展新格局，增强引领和辐射能力，提升科技创新能力，提升资源配置水平。到 2025 年，将基本建成便捷高效、功能齐全、保障有力、绿色智慧、开放融合的世界一流国际航运中心。

为实现上海国际航运中心"十四五"总体目标，提出了六个主要建设任务：一是优化空间布局；二是引领长三角城市群，推动港口和航运高质量融合发展；三是打响服务品牌，加强航运资源全球配置；四是优化产业布局，建设高水平、高质量的邮轮经济中心；五是发挥科技力量，可持续发展航运中心；六是优化管理体制，全面提升航运发展软实力。

3. 发展经验

上海港能够发展成为世界第一大港，总结其成功的经验有以下几个方面：其一经营的业务非常广泛，水路客运服务包括货物的装卸、理货、仓储、中转；海铁联运包括集装箱、煤炭、石油、金属矿石、矿建材料、钢铁及机械制品等以及船舶的代理、引航、拖带服务。其二地理位置优越，上海港位于我国东部沿海和长江入海口，是亚洲东部地区最大的港口，能够实现江海联运，水路、铁路、公路、航空等交通网密布，便捷发达。其三工业基础雄厚，是我国沪宁杭工业区的中心，有充足的货源保障。其四腹地依托国际金融中心上海市，金融服务业发达，总部经济发达。其五国家政策大力扶持，多次对港区进行大规模扩建，完善了港区的基础设施，同时给予大量贸易政策优惠。其六所处的长三角地区聚集了众多的高校和科研院所，高端人才众多，科技实力雄厚。其七人口密集，劳动力资源丰富。

4.1.2 重庆长江上游航运中心发展情况

重庆是首个获国务院批准的区域性内陆水运航运中心，其依靠高速公路网络和铁路运输网络以及集疏运体系初具规模等优势，致力于为航运提供综合物流枢纽、保税港区及口岸大通关、航运服务信息与市场、临港开发、旅客客运及游轮经济五大功能，以此更好地、有针对性地服务于长江中上游流域，推动东西线航运的有机联系。

1. 目标定位

到 2025 年，以重庆为中心，基本建成内陆开放高地，初步形成"一带一路"、长江经济带、西部陆海新通道联动发展的战略性枢纽[①]。在深度融入新发展格局中展现新作为，更好发挥"三个作用"，引领西部地区开放发展的支撑作用显著增强。建成内陆国际物流枢纽和口岸高地，进一步完善出海出境大通道体系，争取在重大开放平台建设取得突破，明显增强开放口岸集聚辐射功能，基本建成国际门户枢纽城市和中西部国际交往中心。争取早日做到国际经济合作新优势更加突显，开放型经济发展水平显著提高，国际传播能力明显提升，营商环境达到国内一流水平。

具体目标：持续推动长江黄金水道、航道整治和集疏运体系建设，实现5000 吨级船舶全年满载通航至主城朝天门。争取国家尽快启动三峡水运新通道建设，实施智慧长江物流工程。研究江海直达船型，探索江海直达联运，持续提升三峡大坝船闸通过能力和效率，建设水运服务集聚区。加快发展多式联运，完善多式联运基础设施，开展铁水、公铁、公水、公空、空铁等多类型联运，高标准建设中新（重庆）多式联运示范基地、果园港铁公水联运示范工程等国家级多式联运示范项目，加强果园港、新加坡港"双枢纽港"联动。同时努力争取货物、服务进出口总额分别突破人民币 9000 亿元和 1000亿元，实际利用外资每年保持在 100 亿美元以上，将正式开放口岸数量提升至 3 个，港口吞吐总量达 2.3 亿吨，基本建成现代化高水平航运服务体系，周边省市货物经重庆港中转比重达到 50% 以上，长江上游地区 50% 的航运货运量、80% 的集装箱以及长江中上游地区 70% 以上的船舶交易都通过重庆航运交易所完成。

2. 发展重点

重庆拥有长江上游地区广阔的经济腹地，拥有航运口岸与服务中心、保税港区、航运高等学府、金融和保险公司船舶研发生产基地、船舶融资市场

---

① 重庆市商务委员会官网，http://sww.cq.gov.cn/。

等诸多服务要素，同时随着重庆国际贸易大通道和长江上游地区综合交通枢纽的形成，重庆航运同时具备一定的腹地辐射和中转功能。作为世界上少有的内陆航运中心，重庆长江上游航运中心的主要内容是货物贸易和物流服务，近期主要功能是航运中转货物集散加工增值，远期目标是向综合资源配置功能拓展。重庆在建设航运中心的道路上必定要在经济生产、贸易金融、交通法律、人才服务等多种资源要素上改变现有的城市功能，并且要向国际贸易金融物流信息和产业承接转移中心迈进，最终把重庆建设成为一个以港口为依托，以航运产业集群、航运服务体系和国际国内物流为支撑的长江上游地区的国际大都市，具体体现在以下五大功能上。

第一，综合物流枢纽功能。

航运中心是以大港口作为区域综合交通体系的核心，同时具备综合协调、服务和交易等功能的中心平台，是国内国际集装箱多式联运的枢纽港和中转港，也是国内国际物流配置分拨、仓储加工的临港综合基地。

第二，保税港区及口岸大通关功能。

作为我国目前经济开放度最高的特殊监管区域，两路寸滩保税港区享有境内关外的优惠政策，具有港口作业、仓储物流国际中转、国际范围配送、国际范围采购、转口贸易、出口加工、展示等功能。享有保税区、出口加工区相关的税收优惠和独特的外汇管理政策，是航运中心建设重要的区位、功能和政策优势，也是支撑航运中心功能的政策和空间依托。为了更好地发挥保税港区的作用，要积极推动保税港区政策功能辐射到临港经济带以及整个西部地区，建设一体化运作的区域大通关系统使航运中心与腹地口岸便捷互通，增加和提高西部内陆无水港的数量和质量，为西部地区的进出口打造便捷的通关环境，促进西部开放战略升级。

第三，航运服务、信息与市场功能。

提供船舶修造、检验、边防、报关、检验检疫以及与航运相关的商务、信息、金融等服务。构成贸易中心、航运中心、金融中心的有机链条，发挥金融服务业在融资、交割、结算等对航运资金密集型产业的支撑作用。信息与咨询服务功能是现代航运中心建设的重要功能之一。利用港口大都市的信息中心功能，为航运业的国际运动提供基础条件，指导航运交易与航运市场的运作。

第四，临港开发功能。

作为建设航运中心的有机组成与核心支持的临港工业，随着跨国公司生产活动的全球化。同一国际品牌产品的零部件生产、加工与组装已遍及世界各地。中国在跨国集团中被视为"世界加工厂"，使得许多跨国集团纷纷建立国际采购与加工中心。重庆市应依托港口，尤其是拓建保税港区、规划临港工业和建设出口加工区，以大项目带动产业链的发展，以集群发展形成若干大的产业基地。调整和完善重庆市与国内国际生产和加工相关的产业结构、资源配置和临港产业布局，助力重庆发展成为享誉国内外，并占有重大市场影响力国际品牌商品的生产与加工基地，使西部地区依托航运中心参与国际分工合作，特别是要强化适箱产业，为通过重庆口岸的国际国内运输与物流活动直接提供足够的集装箱生成量。

第五，旅游客运及邮轮经济功能。

长江上游地区有丰富的航运旅游资源，航运中心可为三峡旅游客运发展提供相关的基础设施和配套服务。建设一批高档次的旅游码头和建造一批豪华邮轮，尤其是高消费、高附加值和环保的"绿色"邮轮产业，提高服务水平，开展内河客运，为三峡游打造成为世界旅游精品发挥应有的功能。

4.1.3　武汉长江中游航运中心发展情况

自 1978 年以来，国家高度重视内河水运发展，标志着新时期长江航运事业焕发生机，并且随着经济社会快速发展，也同样为武汉航运中心建设奠定了良好发展基础。在地理特点上，武汉的区位及交通优势明显，加之航运基础设施条件齐全、航运要素聚集以及航运科技人才资源丰富的特点，武汉在长江中游航运中的作用极为重要。2011 年 1 月，国务院将武汉长江中游航运中心建设列入国家战略。2020 年 9 月，国务院出台《关于依托黄金水道推动长江经济带发展的指导意见》，再次明确提出加快武汉长江中游航运中心建设。

1. 目标定位①

2020 年 1 月，湖北省政府响应"十四五"规划指导文件，在其政府工作报告中提出"加快武汉长江中游航运中心建设，深化'一城一港一主体'整合"的总发展目标。2020 年 11 月，湖北省政府印发《武汉市落实全省疫后重振补短板强功能"十大工程"三年行动方案（2020—2022 年）任务清单》，明确了武汉长江中游航运中心的战略意义、功能定位。2021 年 6 月，湖北省政府出台《进一步提升城市能级和城市品质工作实施方案》，紧扣国家中心城市、长江经济带核心城市和国际化大都市三大总体定位，围绕加快打造"五个中心"，明确了航运中心的具体发展任务，提出建设连接南北、横贯东西、通达海港的国家高等级航道。大力整治汉江蔡甸至汉川航道和梁子湖航道两大区域，进一步提升汉江航运能力。加快阳逻国际港集装箱水铁联运二期工程建设进度，推动阳逻港三期工程扩建。实施阳逻港、花山港、金口港、经开港"1+3"港区集装箱港口群基础设施建设，加大优化中转设施和集疏运网络的力度，提高沿江港口铁水联运功能，打造国家级港口型物流枢纽。到 2025 年，武汉港集装箱吞吐量达到 500 万标箱。同时也要求加强以 5G 为代表的高新技术与传统物流运输产业的深度融合创新，完善智慧物流体系，利用 5G 等高新技术来提升物流管理水平、效率和精度。到 2030 年，全面建成设施设备先进智能、现代物流便捷高效、港航要素高度集聚、航运服务功能齐全、市场发展环境优良、支持保障绿色平安，具有较强区域辐射力和产业支撑力的规模化、现代化、国际化长江中游航运中心②。

2. 发展重点

港口物流功能。发挥港口在基础设施、口岸环境、运输规模、运输组织

---

① 湖北省交通运输厅关于印发湖北省水运发展"十四五"规划的通知，2022 年 1 月 24 日，https://jtt.hubei.gov.cn/zfxxgk/zc/qtzdgkwj/202202/t20220223_4009666.shtml。

② 武汉市国民经济和社会发展第十四个五年规划和二〇三五年远景目标纲要，http://fgw.wuhan.gov.cn/zfxxgk/zfxxgk_1/zcjd/202105/t20210513_1684579.html。

等方面的优势,将业务领域从传统的装卸、存储向流通加工配送、包装等物流环节延伸,成为规模化、全方位的物流平台。

多式联运功能。以现代物流理念,进一步整合湖北省在港口、综合交通、商贸等领域的领先优势,将武汉长江中游航运中心打造为中西部地区水陆联运、水水转运、江海联运的综合枢纽。

商贸流通功能。发挥港口在运输和物流服务中的优势,带动商贸流通发展,巩固武汉长江中游最大的商贸流通中心地位。

外贸运输功能。发挥长江黄金水道通江达海优势,提高水运口岸服务水平,完善航线网络,做大做强集装箱和大宗散货外贸运输业务。

航运服务功能。继续发挥港口规模较大、航运企业聚集的优势,做强船舶代理、货运代理、船舶供应、船舶管理、船员服务等基础航运服务功能的同时,聚集航运人才、企业、资金等要素,积极发展航运相关的科技、人才、信息、交易、金融、保险等高端航运服务功能。

港口保税功能。强化保税功能是进一步扩大领先优势的关键,要探索以贸易便利化为主要内容的制度创新,推动港口与综合保税区保税仓库、保税物流中心、出口加工区等海关特殊监管区联动发展,开展保税加工、保税物流、保税服务等业务,使武汉长江中游航运中心成为湖北省和中西部地区扩大对外贸易和发展内陆开放型经济的战略依托。

促进沿江产业开发功能。依托湖北省港口资源,发挥长江水运运能大、成本低、通江达海的优势,增强产业转移承接竞争力,促进冶金、石化、汽车、电子、装备、建材等产业沿江布局,形成企业集聚、产业集群一体化发展态势,引导沿江产业优化结构,积极发展先进制造业。

4.1.4　南京长江航运物流中心发展情况

2014 年,国务院长江经济带发展指导意见提出,要重点实施 12.5 米深水航道延伸至南京工程,加快南京区域性航运物流中心建设。南京要抢抓机遇,聚力打造长江航运物流中心。南京处于铁路、公路、管道、航空和水运的交会点,拥有极为优越的地理条件。南京港 12.5 米深水航道的建成,为铁水联运的发展模式提供了条件。在国家和省的海港政策的支持下，推进了南京交通枢纽的建设，使南京构建和完善了现代化综合性集疏运体系，港航及相关产业朝集约化发展，规范化、规模化的市场体系逐渐形成。

1. 目标定位[①]

2019 年 1 月，南京市政府制定《南京都市圈一体化高质量发展行动计划》，以南京港为核心，把南京港作为长江沿线重要港口，要求加强港口群之间的联动协作，提升都市圈港口群整体升级，形成规划统筹、市场合作、优势互补、战略协作的都市圈现代化港口群，推动长三角一体化进程。2021 年 10 月 21 日，南京市交通运输局发布《南京市"十四五"综合交通运输体系发展规划》，提出加强包括航运运输在内的建设，聚焦以国际性综合交通枢纽为目标，进一步深化与长江中上游港口合作。推进集装箱铁水联运发展，鼓励铁路、港口、航运等企业加强合作，大力发展集装箱铁水联运，完善铁水联运设施，建设江海联运的海港枢纽，加快港口基础设施建设，发展高端航运物流服务业，打造长江流域集装箱铁水联运主枢纽。

具体目标[②]：提出"三个转变"，即实现交通运输向更加注重一体化融合转变，向更加注重质量效益转变，向更加注重创新驱动转变；同时将航运纳入"四个千亿"工程中，即努力实现铁路、轨道交通、公路和枢纽港站（含过江通道）建设投资各 1000 亿元。完善提升龙潭港区公路、铁路、水路多式联运功能，建立铁路省际干线班列、长途重点货物的精品班列和南京港长江集装箱航线，吸引腹地范围中长途公路运输集装箱在南京港通过水路、铁路转运。加快宁镇扬组合港、定埠港、宣州综合码头、芜马组合港的建设，大力推进都市圈区域内的港口资源整合与协调发展，共同开辟海上丝绸之路近洋航线。加快南京长江区域性的航运物流中心建设，推进南京港 12.5 米深水航道二期工程建设，实施滁河等长江南北两翼内河高等级航道网建设，完善集疏运体系，协同推进滁河航道整治项

———————

①② 南京市"十四五"综合交通运输体系发展规划，2021 年 10 月 25 日，http://jtj.nanjing.gov.cn/njsjtysj/202112/t20211215_3232131.html。

目，推进水阳江航道（高淳段）整治项目规划衔接和开工建设，更好地
服务都市圈城市。

2. 发展重点

促进产业发展功能。南京相对成熟的港口运营和内外对接、东西联运的
发展政策，使包括高新技术在内的产业围绕港口形成了产业聚集，促进与长
江沿线港口城市进行产业互补，实现产业对接带动了相关高新技术等产业的
合作与发展，提高腹地物流竞争力的同时带动了产业的创新与发展。

港口中转功能。南京航运中心凭借成熟的交通运行机制，优化了运输方
式的衔接，加快了货运换装的速度，减少了车、船货在港的滞留时间，提高
了港口运转效率。

物流服务功能。南京对物流管理的规范化和智慧港口的推进，为船舶、
汽车、火车、飞机、货物、集装箱提供装卸和仓储等综合物流服务。南京航
运中心以"铁水联运"为核心的多联运输发展模式，提高了流通加工等的物
流服务效率。

4.2　国外典型航运中心的发展经验借鉴

港口在推动全球经济一体化发展进程中发挥了重要作用，在全球国际贸
易中具有重要的战略地位。现代港口货运量大幅增加使得港口的运输、装卸
任务加重，对港口的信息化建设、配套服务、科学化管理等方面也有了更高
的要求。目前，全球共有 2000 余个海港开展国际贸易服务，国外成熟港口在
发展过程中逐渐形成了具有不同影响力的航运中心。国外典型的航运中心的
发展模式主要有四个：以鹿特丹为代表的直接经济腹地为主要服务对象和本
国外贸直达运输服务为主的腹地型国际航运中心；以新加坡、迪拜为代表的
国际货物中转及其他相关服务为主的中转型国际航运中心；以东京湾为代表
的港区工业高度集中及物流中转中心为主的多功能型国际航运中心；以杜伊
斯堡港、圣路易斯港为代表的内河航运中心。

4.2.1 鹿特丹航运发展经验

鹿特丹港位于荷兰的南荷兰省，是荷兰通往世界五大洲的重要出海港口，也是欧洲地区最大的海港。1957 年，鹿特丹对集装箱码头进行了大量投资，港口大幅扩建后可轻松装卸世界上最大的集装箱轮，极大地增强了其在亚洲东部地区的竞争力。鹿特丹人把自己城市的港口命名为"欧洲之门"，展现了其对鹿特丹港的自豪感和发展成为"欧洲的门户"的美好愿望。鹿特丹港区面积达 100 多平方公里，终年不冻且无泥沙淤积，水深域广、航道无闸口，可供巨型游轮、货轮停靠。

1. 发展历程

鹿特丹港的发展主要经历了以下几个时期：16 世纪，为了便利交通及贸易，鹿特丹通过在泥沼地中挖掘开始了多个港口建设，这些港口奠定了未来鹿特丹港的基础；18 世纪，鹿特丹贸易行业逐渐兴盛，并集中开展面向英、法两国的贸易；19 世纪，德国在鲁尔区实行工业化，促使鹿特丹的转口贸易得到进一步发展。其间，伴随着资本主义经济的快速发展和苏伊士运河通航，1895 年，通往北海的运河河道也渐成通航，港口运输条件改善明显；20 世纪初期，鹿特丹已经把鹿特丹港建设发展成为荷兰第一大港，港口设施设备处于世界领先水平，这些设施在二战中遭到严重毁坏。二战结束后，政府开始进行港口重建工作，1949 年，重新完成了港口基础设施的建设，并且恢复了海上交通运输功能。后来，伴随着博特莱克港、欧罗波特港及诸多工业区的修建，鹿特丹的港口和工业区面积达到了 100 平方公里，鹿特丹在 1965 年发展成为世界第一大港，拥有400 余条海上航线，主要面向英国、法国、德国、意大利等欧洲国家进出口货物，大宗运输货物品种主要有煤炭、原油及制品、矿石、粮食等。

2. 目标定位①

使命：立足于当前和未来，巩固加强鹿特丹港和工业综合区在欧洲的地位。

---

① 逯新红. 国际典型海洋经济集聚区发展经验［J］. 中国投资（中英文），2020（Z0）：47–51.

自我定位：做一个提供国际服务和港口服务的服务者。

目标：建成一个安全高效的、服务全面的、智慧环保的现代化先进港口和工业综合区。

按照鹿特丹市对鹿特丹港的规划，未来鹿特丹港将成为一个能提升该地区和整个国家经济的、竞争力强的高质量的现代化先进港口，并且居住环境情况均能得到改善。以下六个概念是鹿特丹港港口前景规划的思路：一个能提供多种功能和综合服务的港口，为货物装卸、拆箱、加工、运输提供充足的地域空间和设施设备，还能进行其他业务，如工业、物流交易、海上运输和国际贸易；一个可持续发展、具有创新活力的港口；一个智能化程度高的港口；一个快捷、安全、高效的港口；一个有吸引力、享誉国内外的港口；一个清洁、绿色环保的港口。

3. 发展经验

鹿特丹港区服务最大的特点是储存、运输、销售一体化。通过一些保税仓库和货物分拨中心进行储运和再加工，提高货物的附加值，然后通过公路、铁路、海运、空运等多种运输路线将货物送到荷兰和欧洲各目的地。鹿特丹港的成功除了因为历史悠久和战后的科学重建，还包括以下因素：其一荷兰本国的自然资源较为匮乏，而煤炭、石油、天然气等发展所需原材料必须依靠海外进口，从而也就促进了鹿特丹港口业的发展。其二政府有力的政策扶持也起到了关键性作用，鹿特丹港内实行自由港政策。鹿特丹港 75% 的货物为转口货物，政府在港区内建立了"保税仓库"，为需要转口或待售的货物提供仓储寄存服务，收仓储费但免征关税，同时尽可能简化商人所需要办理的过境、转口手续，允许绝大多数合法商品自由进出港，且不对商品种类及数量设限，这些优惠政策为货主们提供了极大的方便，从而促进了过境贸易的发展。其三内陆航运发达，境内的莱茵河沿岸建有 32 个集装箱码头，这些内陆航运码头为鹿特丹的港口发展增添了动力。得益于欧洲共同市场的兴起，西欧地区的国家通过内河将本国商品航运至鹿特丹港，再经鹿特丹港转口至世界各地，货运量大幅增加，巩固了鹿特丹在欧洲地区的航运地位。其四港口综合配套服务是鹿特丹港最大的优势。鹿特丹港集储存、运输、销售于一体，不仅为货主提供水运服务，还能对货物进行仓储和再加工，在为货主提供便利的同时也提高了货物的附加值，货主可以根据不同的货物需求选择公路、铁路和航空运输来送达欧洲各国，优化运输形式，加快运输速度。

4.2.2 新加坡航运发展经验

新加坡港是国际著名的货物转口大港，同时也是世界上最大的集装箱港口之一，地处新加坡南部海岸，是太平洋与印度洋之间的航运要冲，具有十分重要的战略地位。其自然条件优越，水域宽广，水深适宜，虽属于热带雨林气候，但很少受到风暴影响。20 世纪 60 年代，新加坡抓住集装箱运输逐步兴起这一历史机遇，在政府的积极引导下，开始大力发展集装箱专用泊位，通过不断新建和改建集装箱专用码头，新加坡港发展迅猛，逐步发展成为集装箱国际中转中心。

1. 主要举措①

新加坡政府高度重视发展港口行业，一直以来通过科学规划对港口行业发展加以引导，充分保证了所需资金、技术、人力各方面的供应，使得新加坡港口建设始终保持在世界一流水平，主要举措体现在以下方面：其一政府注重港口的电子化、信息化建设，提高了港口的服务效率和质量，同时也节省了大量的人力支出成本。其二政府注重与世界各国的贸易合作，广泛签订自由贸易协定，众多的签约国家在新加坡港实现了自由贸易通航，同时新加坡还对绝大多数过境货物实行关税免征，允许境外货物及资金自由进出，这些优惠政策和措施使得新加坡充分享有了全球自由贸易的权利，新加坡港的国际竞争力也因此得以真正提高。其三政府注重加强对港口业的监督管理，从 1996 年开始，新加坡政府对港口的管理模式进行体制改革与创新，专门成立新加坡海事和港口局、新加坡港务集团，由这两个部门分别负责港口的管理和经营，并对新加坡港务集团进行了私有化及股份制改革，国家赋予其域

---

① 蒋吕一. 新加坡港港口发展及政策研究［D］. 上海：上海师范大学，2015.

外投资经营权,以便在世界各地为新加坡争取更大的集装箱运输市场。其四,政府注重高级港务管理人才的储备,注重对港口业务各层次专业人才的培养,为港口业各领域的管理提供了专业人才保障。

2. 发展优势

概括分析新加坡港的港口优势,主要有:其一,新加坡港航线密集、班轮密度高,与全球 100 多个国家和地区的港口发生着业务联系,所提供的便捷、高效的中转业务成为其国际航运中心的最大特色,吸引着世界各地越来越多的货主前来中转货物,极大地提高了全球集装箱货运的运输效能。其二,新加坡集装箱中转能力突出,便捷、高效的集装箱国际中转服务为新加坡带来大量业务的同时,也让越来越多的船务公司把集装箱的管理和调配基地设置在新加坡,新加坡建立起了一个集租赁服务和集装箱管理于一体的国际性港口服务业市场。其三,新加坡利用空港联运有效地结合了航空和海运各自的优势,满足了客户的应急需求,保证了服务质量,提升了其国际航运中心的知名度。其四,新加坡船舶维修服务基础雄厚,能够对过往船只提供检修、维修、换装、修造等全方位多功能服务,修船基地在亚洲具有重要的地位。其五,新加坡船用燃料供应充足、价格低廉,规模化石油加工生产使得船用成品油价格具有竞争力,往来欧亚地区的航运船舶途径这一国际航线结点时,都会主动选择停靠在新加坡港补给加油,新加坡借此成为国际船舶燃料的供应中心。

3. 主要成因

服务优质,管理高效。新加坡港以优质服务、高效管理闻名遐迩,一开始只为往来船只提供装卸、疏运、燃料、维修、给养,后来新设了游览和娱乐项目,一个完善的服务系统逐渐出现。新加坡港经营管理计算机化程度较高,世界众多港口都与其建有计算机数据交换网络,互通航运信息和营运计划。新加坡港享有良好的国际声誉,被冠以世界"最佳港口",亚洲"最佳海港""最佳集装箱码头"的称号。

政府支持建设航运市场。为了充分发挥区域联运中心的优势,新加坡从

1991 年起实施国际航运企业规划（AIS），以税收优惠政策等众多优惠吸引国际知名航运公司在此开设产业，并将其船舶转此登记注册。现已有数十家国际航运中心落户新加坡，其中含有挪威兰带航运公司、环球邮轮公司等世界著名船公司。新加坡正在朝"船籍港"海运中心的方向前进。

4.2.3　迪拜港航运发展经验

迪拜港又名拉希德港，地处阿联酋的东北沿海，紧邻波斯湾，是亚洲、非洲和欧洲三大洲的交会点、东方与西方物质文化交流的要道，是通往波斯湾沿岸以及欧洲、非洲和亚洲的重要港口，港口地理位置优势显著。转口贸易发达的迪拜港是中东地区最大自由贸易港，也是世界知名集装箱港口，船舶维修业设施齐备、技术先进，拥有百万吨级的干船坞，是海湾地区的船舶维修中心。迪拜市政府自 20 世纪 70 年代起开始大力发展港口基础设施建设，1970 年建成拉什德港，1979 年又建成了世界上最大的人工港贝拉里港。经历了不断地发展、壮大，迪拜港逐渐成为波斯湾地区最大的港口，在世界集装箱港口排名中也名列前茅。迪拜港主要进口的商品有机械、粮食、消费品，出口的商品主要为天然气、石油及石油化工制品等[①]。

1991 年 5 月，迪拜市政府专门成立了港务局，统一负责进行对市内的拉什德港和市郊的杰贝拉里港两个港口的专业化管理，港务局非常重视港口各项设施的配备，集装箱仓库配备了空调，能够仓储汽车、石油制品、易腐烂制品、冷藏品、木材等货物，尤其是装备了大量集装箱码头货物装卸时所需的设备和集装箱维修时所需的设备，在杰贝拉里港还设置了体积达 4.3 万立方米的特大冷库，迪拜港务局也已取得了集装箱及普通货装卸服务的ISO 9002 认证，以便为世界各地的货主们提供更加优质的服务。通过以上措施，迪拜港快速进入发展轨道，促进了迪拜经济的快速发展。

迪拜港务局希望以中国香港和新加坡为蓝本，将迪拜打造为全球的航运枢纽。1985 年，为了港口业的配套发展，迪拜政府在杰贝拉里港附近地区投

---

① 胡方. 国际典型自由贸易港的建设与发展经验梳理——以中国香港、新加坡、迪拜为例［J］. 人民论坛·学术前沿, 2019（22）: 30 – 37.

资 25 亿美元设立了临港自由贸易区，对贸易区内的企业实行免征进口关税、允许货物自由进出港、批准外资开办独资企业等优惠政策，规定所有货品在自贸区内可以在免税仓库保存，对于入关再出口的商品实行全部退税，吸引了大量企业进驻自贸区，带动了迪拜转口业务量的提升。目前，该自贸区已发展成为货物加工、仓储、贸易的大型特区。

4.2.4　东京湾港口群航运发展经验

东京湾港口群由六个侧重不同港口功能的重要港口组成，分别是东京港、横滨港、千叶港、川崎港、横须贺港和木更津港，这六个港口分布在日本最大岛屿本州岛南部由房总和三浦两个半岛环绕而成的海湾沿线上，海岸线长达百余公里，船舶沿浦贺出口水道可以直接进入太平洋，交通条件非常优越，是一个大型多功能复合型港口群。

东京湾港口群六个港口的港口功能不同，原因在于各自区域经济定位不同：东京港依托着日本最大的交通、金融、经济中心东京，港口功能定位为集装箱港、内贸港、商品进出口港；横滨港依托的京滨工业区以机械和重化工业产品制造为主，港口功能定位为工业品输出港、国际贸易港和集装箱货物集散港；千叶港因为京叶工业区是日本的重化工业基地，所以定位其港口功能为工业港和能源输出港；川崎港与东京、横滨两港为邻，由于港区码头多数是企业码头，港口功能则为成品输出与原料进口港；木更津港尽管主要服务对象是君津钢铁厂，但区域内旅游资源丰富，决定了港口能够成为旅游港和地方商港；横须贺港主要用于军事用途，港口功能定位为军港，另外兼有贸易港的功能。

东京湾港口群的建设发展举世闻名，其成功经验可以概括为以下几个方面：其一分工明确、各司其职。各港口根据临港产业的不同职能也各不相同。例如，东京港主要负责东京的商品流通和产业活动，横滨港和川崎港则以工业制品出口和能源、粮食进口为主，横须贺港为军港兼贸易港。其二内联外争、协同合作。在运输省的管理调度下，东京湾各港口有序发展、各有侧重，以港口群为整体统一对外进行投标招商，通过整体综合竞争实力赢得与国外港口的市场竞争。运输省对东京湾进行集中投资建设、简化货主进港繁杂手续、大幅降低港口各类服务费用，提高港口群的优势。其三港口管理权和协调权分离，运输省直接掌握各港口的协调权利，地方港口管理机构通过运输省授权进行港口管理，港口业的发展事关日本国家经济的命脉，运输省的最终协调权力有效保证了国家的核心利益，港口群内各港口也呈现出有序发展的良好局面。

4.2.5　杜伊斯堡港航运发展经验

杜伊斯堡港是联邦德国最大的内河港，也是世界第一大内河港。杜伊斯堡港地处欧洲重要工业中心鲁尔区，在鲁尔河和莱茵河交汇处。从 2000 年 3 月 1 日杜伊斯堡港口公司更名为杜伊斯堡港股份公司到现在，公司不断改革，积极更新战略定位和弘扬港口文化。积极与其他国家港口，如与荷兰的鹿特丹港、比利时的安特卫普港、拉脱维亚的海港以及中国的厦门港合作，签署正式协议、制定和实施运行方案。其中，2018 年杜伊斯堡加入海上"一带一路"倡议，使得德国与中国的经济、文化、政治、航运等众多方面有了更好的交流与发展。截至 2021 年，杜伊斯堡港口的交易额与吞吐量在疫情的冲击下未受严重影响反而有所增加。

与物流公司特别是国际性的物流公司合作，如库恩—纳格尔公司（Kuehne & Nagle）和雷努萨格公司（RhenusAG & Co. KG），促进物流公司间的投资建设、经营物流中心。杜伊斯堡港欧洲物流股份有限公司负责杜伊斯堡港欧洲最大的仓库物流中心业务。杜伊斯堡港还逐步建立了涉及港口物流的专业公司。例如，杜伊斯堡铁路股份有限公司成立后，从事杜伊斯堡港内以及周边 50 千米范围内的铁路运输服务；建设了铁路货运编组站，为物流工业园提供铁路货运编组及分类服务；成立了专业包装公司，主要从事机械和设备安装工程等件杂货包装业务吸引物流企业，在港口公司的旗下组建专业公司，推动港口物流功能和服务的发展。

4.2.6　圣路易斯港航运发展经验

圣路易斯港作为美国传统的内陆港口，在港口建设和管理方面的一些做法有利于合理规划、加快建设、节省投资，对我国有一定的借鉴作用。

1. 高度重视岸线管理和港口规划

海岸线是不可再生的珍贵资源。由于港口建设的投资巨大，一旦建成便难以改变对岸线使用的管理最为严格。圣路易斯港口的建设统一由港务管理局组织，经营港口的公司向港务局提交新建泊位的申请，港务局组织进行项目的可行性论证，经论证可行并报市政府批准后，再由港务局组织设计、建设，建成后租给经营者，一次租期为 25 年。

2. 港口建设项目前期工作手续简便

美国对具体建设项目除了要求符合港口规划和环保要求外，其他方面则进行权力下放，从工程可行性研究到初步设计的审定工作均由业主方主持，地方港口主管部门批准，国家不再履行任何审查和审批手续，这样大大缩短了审批过程，有助于加快港口建设的步伐。与此同时政策实施过程中要考虑后期发展过程中的延续性。

3. 设备现代化和管理信息化程度高

高效的装卸设备和先进的信息化管理作为当今世界上著名港口的又一特征，在现代化港口码头的作业现场，根本看不到人头攒动的繁忙景象。圣路易斯港集装箱码头上共有 30 台桥吊，另外还有 8 台龙门吊，每个泊位都配有各种高效率的专用设施。集装箱泊位上，从进港集装箱的单证交换，堆场上场桥的捡箱、运输，到集装箱装船全部实现了智能化管理。

4.2.7　国际著名港口航运发展的启示

综合以上四个国际著名港口（群）的发展，有以下五方面经验值得借鉴。

其一发挥区位优势不断提高港口运输地位。这些港口作为世界著名的出海港口和中转枢纽，地处交通要道，港口自然条件优越，水深港阔，便于停泊运输。例如，鹿特丹港利用自己的"欧洲门户"之便，加强与英国、法国、德国、意大利等欧洲国家的大宗货物运输，成为欧洲地区最大的海港；迪拜港借助波斯湾地处亚洲、非洲和欧洲三大洲的交会点优势,发展成中东地区最大自由贸易港;新加坡港由于地处太平洋与印度洋之间的航运要道,成为国际著名的货物转口大港;六个港口组成的东京湾港口群,利用浦贺出口水道直通太平洋的优势,成为世界著名的港口群。

其二抓住建设时机不断扩大港口的吞吐能力。几个港口都经历了大规模建设,赢得跨越式发展。例如,鹿特丹港利用欧洲经济贸易的发展,从16世纪开始不断建设,特别是经过战后重建,于1965年发展成为世界第一大港;新加坡20世纪60年代抓住集装箱运输兴起时机,逐步发展成为集装箱国际中转中心;迪拜港1970年建成拉什德港,1979年又建成世界上最大的人工港贝拉里港,逐渐成为波斯湾地区最大的港口,目标成为全球的航运枢纽;东京湾港口群则由六个重要港口的共同发展,成为大型多功能复合型港口群。

其三注重港口监督管理不断提高港口运行效率。例如,新加坡政府专门成立海事和港口局负责港口的管理,成立港务集团负责经营,同时成立新加坡海事基金,争取国际海事仲裁地,扶持新加坡港集装箱运输市场,做好港口管理服务;迪拜港务局负责迪拜港的专业化管理,配备各项设施港口,统一提供优质服务;东京湾港口群由日本运输省负责协调各港口,地方港口管理机构管理各港口,以港口群为统一整体,实现各港口有序发展。

其四加强政策扶持做好管理服务提高港口效能。例如,新加坡通过科学规划对港口行业发展加以引导,广泛签订自由贸易协定,建立国际性港口服务业市场,提高港口国际竞争力;鹿特丹港实行自由港政策,政府在港区内建立"保税仓库",实行综合配套服务,促进过境贸易的发展;东京湾港口群在运输省的管理调度下,集中投资建设,进行各项服务,由东京湾港口群统一对外进行投标招商,通过整体综合竞争实力赢得市场竞争。

其五完善配套服务满足中转需求提升港口吸引力。在不断开辟新航线的基础上,各港口注重多方面配套服务吸引中转业务。例如,新加坡利用空港联运,提供船舶维修和价格低廉的船用燃料等全面服务,提升国际航运中心的知名度;鹿特丹港集储存、运输、销售于一体,不仅为货主提供水运、公路、铁路、航空服务，还能对货物进行仓储和再加工，提高货物的附加值；迪拜港设立临港自由贸易区，发展货物加工、仓储、贸易，吸引转口业务量。

4.3 长江流域主要航运中心建设的创新举措

本节从国内外内河航运中心政策入手，梳理了国内外航运物流中心在产业、体制与公共方面的政策，并以时间节点进行横向对比，以此为基础为岳阳航运物流中心建设的政策支持提供部分的借鉴作用。

4.3.1 上海国际航运中心主要建设举措

1. 规划与基础设施建设

根据上海国际航运中心建设的发展规划，建立起一个专业化、规模化、现代化、智能化的港区，优化现有港区布局和码头泊位结构的重要任务迫在眉睫，这就要求上海港加快推进港口配套公共基础设施设备建设的力度，配合国家相关部门推进长三角机场群功能互补协调发展，根据国家流域航道规划、区域航道规划，打造起连接长三角主要港区的高等级航道网络，同时加大建设力度努力完善连接主要港区、机场、铁路站场的集疏运网络和轨道交通网络，推进建设各类中转设施，统筹推进中转业务发展。

2. 航运服务体系建设

推动海运企业与货主、港口企业之间进行合作，大力发展干支直达运输和江海直达运输并且按照国家有关推进实施内河运输船舶标准化的规定，对不合标准化船型的船舶，采取资金补贴等措施，引导不符合标准的船舶实施更新和改建。港口经营人应当在提供港口装卸、仓储、船舶供应等服务的基础上，通过各种方式拓展贸易、金融、信息咨询等现代港口服务功能，并且应当建立起服务收费目录清单制度，公示服务的内容、收费项目和收费标准，接受全社会监督，为从事航运方面的企业提供公平公正、快捷优质的服务。引航机构健全完善引航服务规范，制定统一标准，公开收费内容、收费标准，为进出上海港口的船舶提供高效、安全的引航服务。海事部门应当简化登记手续，完善登记内容，优化船舶登记及相关业务流程，为船舶修造、融资、营运、交易等提供高效便捷的船舶登记服务。上海航运交易所等专业机构应当为航运交易业务的开展创造便利条件，统一规范航运交易行为，及时提供航运交易动态信息，拓展航运信息加工与发布等公共服务功能，努力维护航运交易市场公平有序，促进航运交易和相关业务的发展。

3. 航运科技创新建设

政府安排专项资金用于扶持和奖励航运装备关键技术、核心技术、重大新产品的研发，鼓励建设高效、可靠、安全、智能的信息网络，实现航运资源集中管理与应用，并发展基于大数据的高品质增值信息服务新业态。港口经营者和机场管理机构应当推进污水处理与回收利用设施技术的落实，完善污染物和废弃物的接收处理系统，加强噪声和大气污染防治工作，努力减少对城市环境的污染。鼓励船舶制造企业重点研发大型集装箱船、液化气船、邮轮等船舶。

4. 航运营商环境建设

建立并公布航运管理权力清单和责任清单，建设稳定、公平、公正、透明、可预期的营商环境，并且按照国家有关规定推进落实多式联运一次申报、指运地（出境地）一次查验，对换装地不改变施封状态的货物予以直接放行的措施，但需要在口岸实施检疫和检验的商品、运输工具和包装容器除外。建立上海国际航运中心信息综合服务平台，为企业、个人查询有关信息提供便利。市交通行政管理部门会同市人力资源社会保障行政管理部门制定航运人才的挖掘、培养、引进计划。市人民政府及其有关部门积极争取国家有关部门支持，推动形成有利于航运经济持续健康发展的税制环境。同长江流域其他港口城市建立区域一体化的水上交通安全监管、应急救助和生态环境保护治理体系同时加大航运文化培育力度，努力做到航运文化服务设施设备齐全、产品丰富、特色显著，市民航运知识普遍提高（2017～2021 年上海市航运相关政策梳理见附件 1）。

4.3.2　重庆长江上游航运中心主要建设举措

1. 推进内畅外联、互联互通的交通网络

结合高速公路网、铁路网、航空枢纽建设，加快推进港铁路和公路集疏运通道建设，形成无缝衔接的集疏运体系。统筹长江上游航运中心建设和产业规划布局，推进港口与沿江开发区、产业园区、物流园区、旅游景区的通道建设，发挥市场作用推进港区外集装箱中转堆场建设，强化航运与产业的良性互动。建设促进铁公水多式联运智能、联动的数据平台，加快发展铁水联运、公水联运、江海联运、水水中转等多式联运，开展江海直达、水陆甩挂等试点工作，为客户提供一体化运输服务，吸引货源。

2. 打造结构合理、功能齐全的港口集群

依托铁路、高速公路网，按照"港口、物流、产业"三结合的原则，加快建设"1＋3＋9"港口群，建成铁公水联运的枢纽型港口，打造专业化重点港口。积极开展液化天然气（LNG）加注码头布点建设。政府部门结合城市建设规划，加快城区老旧码头整合改造、功能调整。严格执行港口规划，强化港口岸线资源有序开发和合理利用，提升港口集约化水平，严格客运、危险化学品码头等运营监管，确保港口安全生产。

3. 发展先进高效、节能环保的船舶运力

实施船舶工业结构调整，化解船舶工业过剩产能，优先支持船舶骨干企业发展，引导其加强与国内外大型航运集团的战略合作，优化船舶配套产业布局，支持重庆船舶制造业的发展和水平提升。大力发展标准化、大型化、专业化船舶运力，适度发展散装化学品、重载汽车滚装、旅游客运船舶等专业化运力，加快淘汰技术落后、不适应市场需要的老旧运输船舶，重点鼓励老旧客船和液货危险品船提前报废更新。

4. 建立覆盖全面、保障有力的安全体系

加快建设通航河流船岸通信系统（VHF）、视频监控系统（CCTV）、船舶自动识别系统（AIS）等支持保障系统。落实企业安全生产主体责任，加大航运企业安全风险管理和控制，深化企业安全生产标准化建设，夯实企业安全基础。进一步完善水上交通管理体制机制，提升航运安全监管水平。加快完善"一中心六基地八站点"水上应急救援体系，推进应急救援基地（站点）、船艇、物资装备和队伍建设，全面提高水上交通应急救援能力。大力实施"平安渡、放心船"惠民工程。

5. 培养数量匹配、业务精专的航运人才

依托重庆航运交易所、高等院校，加强现代航运人才队伍培养和建设，重点推进航运金融、保险、仲裁、结算、物流、电子商务等高端专业人才和船员等技能人才培养，着力培训和引进航运业紧缺人才，建立航运人才诚信体系，促进航运人才有序流动。

6. 完善低碳节能、绿色环保的航运体系

坚持推动绿色循环低碳发展，完善化学品船舶洗舱基地功能，建立和完善船舶垃圾及废弃物收运体系，推进船舶生活污水处理，限期淘汰经改造不能达标排放的船舶，依法强制报废超过使用年限船舶，增强对水运突发污染事件的快速反应和有效处置的能力。积极采用新技术、新工艺、新材料，大力推动岸电、LED、太阳能等节能技术在港口、航道和船舶上的使用，进一步促进节能减排（2017～2021 年重庆市航运相关政策梳理见附件 2）。

4.3.3　武汉长江中游航运中心主要建设举措

1. 建设以铁水联运、江海直达为核心的多式联运中心

大力发展铁路—水运、陆路—水运、管道—水运、空运—水运、水水等多式联运，提升货物中转能力和效率，支持海关多式联运物流信息化平

台的建设，为企业提供优质的外贸物流服务，实现对多式联运物流的有效监控。

2. 建设以航运交易、信息交流、人才培训、科技研发为核心的高端航运服务中心

加快建设武汉航运交易综合信息服务平台，构建长江流域航运交易大市场，及时为航运企业、港口企业、代理企业、物流企业提供航运信息服务。积极推动武汉新港公共物流信息平台的建设，逐步实现武汉与上海、重庆两大航运中心信息互通互联。推动"互联网＋航运"建设，加强 EDI 数据交换系统功能，建设电子口岸平台，集中海关、检验检疫、边防等相关业务部门，为航运企业提供集货物通关、海事海商和结算于一体的一站式服务。有关机构编制并发布长江中游航运运价指数，同时开展金融、人才交流等服务。

3. 建设以投融资、保险为核心的航运金融中心

加强金融机构和航运服务业务体系建设，积极稳妥发展航运金融服务和多种融资方式。设立航运融资担保机构，建立多层次、多方位、多途径的投融资渠道，构建并完善投融资产品发布、航运资信评价、投融资供需撮合、投融资管理功能，推动线上线下业务有机融合的航运综合金融服务平台的建设。支持符合条件的航运企业与长江经济带产业基金开展合作。支持大型航运企业设立金融租赁公司、大型船舶制造企业参与组建租赁公司。大力发展船舶金融、海上货物险等传统保险业务，积极探索新型航运保险业务，培育并壮大航运再保险市场。

4. 建设以综合保税区、国际航线为核心的对外开放中心

引导从事航运、代理、报关、船舶供应、航运结算等方面的企业聚集，吸引国内外物流、航运、贸易企业入驻。加强长江经济带口岸区域通关合作，推动湖南省与沿海、长江流域沿边地区口岸海关的协作。全面实行"一次申报、一次查验、一次放行"通关模式，推动国际贸易"单一窗口"建设，加快推进"三互"大通关建设，提高贸易便利化水平，打造集港口作业、航运服务、口岸通关、保税物流、保税加工、贸易等功能于一体的武汉长江中游航运中心核心功能区，建成对外开放的重要门户。

5. 打造以生态航道、绿色港口、低碳船舶为重点的绿色航运体系

打造集航运通道、绿化通道、景观通道、人文通道于一体的生态航道。航道整治工程要在尊重自然规律的基础上进行，推行环保驱鱼、生态护坡等新技术，达到最小限度影响原有生态环境和最大限度恢复生态环境；利用电子航道图等技术提高船舶配载和航路设计的科学性，实现航道向数字化、智能化；加快太阳能一体化航标灯等设施设备的推广应用，提升航道设施节能减排技术。打造集绿色装备、清洁能源、节能环保、智慧信息、资源循环利用于一体的可持续化绿色发展的优质港口。推广集装箱门式起重机"油改电"技术，研究并推广 LNG 清洁能源的使用，推动码头靠港船舶使用岸电；推进港口设备节能改造，实现港口绿色照明；加快港口信息化建设，实现港口运营组织体系与作业工艺的创新，建设具备物流作业、电子政务、信息服务等复合功能的智慧港口。加快发展干支直达、江海直达和以新能源技术为代表的绿色船舶。大力支持水上 LNG 加气站建设，加快推广 LNG 动力示范船；研究发展江汉运河、江海直达船型；加快推进运输船舶标准化。建立和完善码头、装卸站和船舶修造厂垃圾接收、转运及处理处置体系，推进船舶生活污水处理装置改造工作；鼓励老旧运输船舶提前报废更新，依法强制报废超过使用年限船舶，限期淘汰不能达标排放船舶，严禁不达标船舶进入运输市场；禁止单壳化学品船舶和 600 载重吨以上的单壳油船进入长江干线、汉江干线和江汉运河水域航行。

6. 加快建成湖北省水上搜救协调中心、市州分中心

加强基层水上交通安全监管执法、应急救援装备建设，建立完善分类管理、分级负责、条块结合、属地为主的水上搜救应急体系。推动长江和地方航运通信、海事、安全监管及搜救力量的整合，形成覆盖全省通航水域的快速反应及搜救系统。

认真落实《湖北省人民政府关于进一步加强危险化学品安全生产工作的

意见》，严格港区危险化学品安全监管并加大管理力度，提升应急反应能力。加快视频监控、船舶自动识别、电子巡航、甚高频通信等信息技术应用速度，实现所有危险品码头、集装箱码头、客运码头、客运量较大渡口的视频监控全覆盖，长江、江汉运河、汉江兴隆以下远程甚高频通信全覆盖。实施以奖代补，全面完成船龄 10 年以上农村老旧渡船更新改造，严格落实渡口渡船日常运行、维护保养和安全管理责任。完善覆盖全面、保障有力、监管直通的应急救助体系（2017~2021 年武汉市航运相关政策梳理见附件 3）。

4.3.4　九江长江经济带区域航运中心主要建设举措

1. 建设以长江和赣江为主轴、九江港为核心的综合交通运输中心

进一步完善地域周边铁路、高速公路，畅通港区与外部通道的联系，加强港区码头、物流园区、工业园区之间的道路网络建设，打通铁路、公路进港"最后一公里"，形成无缝衔接的港口集疏运体系。科学编制港口规划，加快港口集群建设步伐，积极推进九江港与南昌港统一规划、统一建设、统一管理，按照合理分工、优势互补、竞争有序的方式联合开发。

2. 建设以铁水联运、江海直达为核心的多式联运中心

统筹铁、公、空、水等运输方式发展，完善多式联运物流信息化平台建设，培育壮大多式联运主体，大力发展江海直达运输体系，加快集装箱运输和专业化运输发展，建立健全多式联运协调机制，大力提升货物中转能力和效率，统筹推进中转业务发展。

3. 建设以航运交易、信息服务为核心的现代航运服务中心

筹建集航运资讯、航运交易、航运金融等功能于一体的九江航运交易所，和武汉一同构建长江中游地区航运交易市场，同步推进九江航运交易综合信息（物流）服务平台建设，逐步实现与上海、重庆、武汉等航运中心信息互联互通，为航运企业、港口企业、代理企业、物流企业提供航运交易信息服务。推动"互联网＋航运"发展，搭建电子口岸平台，集中海关、检

验检疫、边防等相关业务部门，为航运企业提供一站式服务。扩展江海运输、干支直达服务范围，强化各种运输方式衔接，提高综合运输服务一体化水平和集散效率。

4. 建设以开放口岸、综合保税区为核心的对外开放平台

积极引导从事航运、金融、代理、报关、航运结算方面企业聚集，吸引国内外物流、航运、贸易、加工企业入驻九江。加强长江经济带口岸区域通关合作和检验检疫合作，促使多口岸"进口直通、出口直放"，促进检验检疫通关一体化，加快国际贸易"单一窗口"建设，加快推进"三互"大通关建设，提高贸易便利化水平。

5. 建设以沿江产业、港口物流为核心的产业集聚平台

发挥沿江港口优势，以特色产业园区为载体，围绕装备制造、石化、汽车、电子信息、钢铁、新材料等重点产业，形成一批主业突出、产业链完整、特色鲜明的产业集群和产业密集区。积极培育壮大港口龙头企业，鼓励港航企业兼并重组，促进集装箱和大宗货物业务快速发展。

大力推进临港服务业发展，联合物流龙头企业，着力打造集仓储、配送、包装、加工、贸易等功能为一体的智能化物流服务平台。吸引有实力的国际货代企业设立分支机构。积极培育航运金融保险、仲裁、公正评估、信息服务、船舶交易租赁等高端航运服务业，加快航运信息、资金、技术、人才等要素集聚速度（2017~2021年九江市航运相关政策梳理见附件4）。

4.3.5 南京长江航运物流中心主要建设举措

1. 建设畅达的综合交通枢纽

充分发挥12.5米深水航道和三条国家铁路干线交会优势，聚焦基础设施薄弱环节和瓶颈制约，重点推进公共服务属性较强、辐射带动效应显著的枢纽设施建设，确保三年内重要基础设施基本建设到位，建成完善以港口为核心的联网畅通的多式联运体系。集疏运体系重点建成龙潭港区铁路专用线、龙潭港集疏运快速通道和西坝港区铁路专用线扩能改造，打造深水航道南北两大公铁水联运系统。推进龙潭、七坝及江宁滨江海港枢纽经济区集疏运公路建设，实施秦淮河航道整治工程，全面完善海港枢纽经济区集疏运体系。主枢纽港重点推进龙潭港区商品汽车滚装码头、龙潭港区七期工程、七坝港区江苏远锦码头工程等项目建设，启动龙潭港区六期集装箱码头工程前期工作，推进龙潭港综合执法基地及公用锚地设施建设，进一步提升港口码头运输通道支撑能力。物流园区重点推进四方源物流科技产业园、南京康泉电商物流园区、南京江北海港枢纽经济区保税物流中心（B 型）等建设，提升海港枢纽经济区物流服务功能承载能力。

2. 打造开放的交通运输体系

参与江苏省港口一体化改革，提升南京港在区域港口群中的龙头作用，建设与全球物流链便捷对接、服务长江中上游的江海转运枢纽。一是推动区域港口群一体化发展。依托江苏省港口集团国资平台，以南京港集团为主体，以资本为纽带，实施"集装箱、煤炭矿石和石油化工"等重点货种资源整合，实现"一市一港"；依托上市公司平台，通过增资扩股、股权置换等方式，推进宁镇扬常泰区域港口一体化发展。二是完善集装箱运输网络。省港口集团与南京共同推进区域性航运物流中心建设，整合周边港口集装箱航线航班资源，推动南京港成为长江流域重要的集装箱近洋航线及内贸干线始发港；加密长江中上游及内河集装箱支线，促使长江中上游及内河沿线地区集装箱在南京港进行中转。发挥龙潭、西坝港区铁公水联运功能，提升南京至中亚、欧洲等集装箱班列运行效率并延伸服务，强化辐射带动效应。三是完善物流节点布局。加强与港口、航运、物流等相关企业联动合作，在长江沿线及主要支流、铁路沿线及苏北运河等重要腹地布设内陆港，建立布局合理、便捷高效的综合物流服务体系。

3. 构建完善的航运服务功能

建设长江航运物流服务集聚区，集聚港航物流资源，完善航运服务，强化与城市配套产业融合发展。加快长江航运物流服务集聚区（一、二期）建设，推进海关、国检、海事、边防等口岸单位入驻口岸服务窗口，吸引港口、航运、物流领域支柱企业和从事船舶管理、航运经纪、海事法律、咨询、金融、保险、商务等航运配套服务企业进驻，集聚航运服务功能性机构。在航运服务完善基础上，完善南京航运交易中心、南京电子口岸平台，增强船舶交易、货运交易、航运金融线上线下交易功能，打造航运交易市场体系，建设长江流域重要的口岸服务、航运总部经济、航运综合服务、航运物流交易和航运人才交流五个中心，提高航运服务资源配置能力。在航运功能融合发展上，发挥南京区域金融中心作用，完善金融服务，发挥省会城市信息、法律、教育等配套服务资源丰富及长江流域传统航运集聚地等优势，通过政策引导、平台运作等方式，加快航运功能集聚发展。

4. 营造优质的营商发展环境

发挥政府引导与市场主导作用，强化协同合作，进一步优化口岸、信息及政策环境。在口岸环境优化上，遵循枢纽经济开放发展规律，积极完善七坝、江北海港枢纽经济区外贸口岸功能，充分发挥南京综合保税区（龙潭片）政策优势，协调推进江北海港枢纽经济区保税物流中心建设，构建南北共同开放发展格局。全面推广应用国际贸易"单一窗口"国家标准版，让企业享受单一窗口申报便利，加快推进南京电子口岸特色化应用项目建设，积极探索智慧口岸建设。与口岸监管部门加强协调对接，继续深化通关便利化改革，进一步压缩通关时间、减少通关手续、提升通关效能，降低企业通关成本。在智慧港口发展上，推动"互联网＋"技术与港航生产服务深度融合，继续推进南京航运交易综合信息管理平台和南京港集团智慧港口示范工程建设，全面提高海港枢纽经济区智慧发展水平。在政策支持上，落实部（委）、省、市针对码头搬迁整合、集疏运设施建设、产业转型升级、港口绿色智慧发展等给予的资金补助、税费减免和用地保障等支持政策，优化海港枢纽经济区发展环境。

5. 创建融合的港产城发展格局

按照"前港—中区—后城"模式，加快打造高附加值临港产业集群，并以试点示范为引领，从统筹布局、功能联动、绿色生态等层面推进港产城融合发展。一是构建现代产业集群。加快引进和培育具有国际先进水准的龙头型、基地型项目，打造具有核心竞争力的高端产业基地。重点培育中兴通讯智能制造基地等新型电子信息产业向产业链高端发展；扶持知行（FMC）纯电动汽车产业园、晶能新能源智能汽车制造等绿色智能汽车产业发展；吸引博世智能助力器项目等高端智能装备业向临港地区集聚；发展贺利氏贵金属综合利用、聚氨酯新材料等生物医药与节能环保新材料产业。鼓励企业加大研发投入资金、设立企业研发中心，推动产业高端化、链条化发展。发挥南京科教资源丰富优势，推动新型研发机构落地，并强化港区与企业、高校、科研院所之间的合作，加快科研成果转化落地，促进产学研融合发展。二是培育港产城融合示范项目。创新港产城一体化发展体制机制，推动港口与开发区、综合保税区、城市功能区联动发展。启动邮轮码头建设研究工作，以龙潭新城建设、南京华侨城大型文化旅游综合项目为抓手打造港产城融合示范项目。三是优化货种结构。结合港口资源整合和铁路等集疏运体系建设，加快多式联运发展，积极发展集装箱、商品汽车等绿色环保、高附加值货物运输，完成浦口港区功能转移，大幅压缩散货特别是煤炭运量。四是发展高端港航物流市场。依托四大临港物流园区等平台，推动南京综合保税区、国家级示范物流园区——南京龙潭综合物流园区等发展综合保税、期货交割、电商物流、供应链管理、供应链金融等物流服务功能，延伸物流产业链，实现现代物流与高端商务商贸等物流服务全面发展。五是加快绿色发展。落实《关于推进长江经济带绿色航运发展的指导意见》《"两减六治三提升"专项行动方案》等部、省、市出台的关于港口绿色生态发展系列文件要求，持续推动港口粉尘综合治理，加大港口船舶污染物防治力度，积极采用新技术、新工艺、新材料，大力推动岸电、LED、太阳能等节能技术在港口、航道和船舶上的使用，进一步促进节能减排。完成80家港口码头生产污水、生活污水收集处理设施建设和"三无"船舶整治任务。坚持推动绿色循环低碳发展，强化港口节能减排设施和石化码头油气回收设施建设应用，有序推进港口绿化美化等工作，推动建设枢纽型、综合型、生态型、智慧型、创新型"五型港口"，助力南京建设生态城市（2017～2021年南京市航运相关政策梳理见附件5）。

4.4 本章小结

通过梳理国内外内河航运中心政策，发现科技兴港、多式联运、绿色环保、优惠补贴、激励方案、交通安全、协同管理是各地政策的重点内容，从一定程度促进了当地航运物流中心和航运交易综合信息（物流）服务平台的快速发展。借鉴成熟经验为岳阳航运物流中心建设制定相应时间节点上的政策不失为他山之玉。另外，需要清醒地看各地特别是国内省市的航运物流相关政策大多是从自身实际情况出发，并未充分从整个水运体系角度考虑并制定相关政策。大多数政策多关于港口、水运物流中心建设，港口彼此间可能形成竞争性建设，造成吞吐能力过剩，形成恶性循环，更不利于内河航运的发展。

当前，我国内河航运政策重点从水运基础设施投资慢慢开始向铁水联运等多联运输系统性基础设施投资发展。经过一段时间的建设，我国铁路、公路体系日趋完善，各主要地区交通瓶颈基本得到消除，内河航运对经济发展的带动力已经强化。目前，面临的主要问题是内河航运的比较优势未能充分发挥，内河航运与多种运输方式的衔接不够紧密。以建立跨区域智慧、绿色、低碳、高效、多联的综合交通体系为目标，将内河航运开发纳入整个交通网络的开发中是政策制定的关键。基于建设综合交通体系的考虑，建议政府的扶持资金，除了加大对基础设施投资建设外，要更加注重培育内河航运的市场竞争力，提高内河水运在整个运输体系中的竞争优势，促进交通领域的可持续发展。

第 5 章　长江中游主要港口
发展情况

交通运输部发布《关于发布中国主要港口名录的通知》中明确表明，湖北省、湖南省和江西省是长江中游地段流经的三个主要省份，包括八个主要港口：武汉港、宜昌港、荆州港、黄石港、九江港、南昌港、长沙港及岳阳港[54]。长江中游水流平缓、流速锐减、有众多支流汇入，为港口的发展创造了天然的地理优势。

5.1　湖北省主要港口发展状况及其背景分析

5.1.1　港口状况

湖北省内长江中游主要港口包括黄石港、宜昌港、武汉港、荆州港。

宜昌港位于长江中、上游的结合处，处于我国中、西部两个经济区的双重覆盖区域，冠有"川鄂咽喉"之美誉。现宜昌港口岸线达78.34公里，东接荆州，北邻襄樊和神农架，南及西南毗邻湘西和鄂西自治州，西接长江三峡，溯流直达巴蜀。港口共包含6个港区，分别为主城港区、秭归港区、宜都港区、长阳港区、枝江港区以及兴山港区，目前已形成集旅游观光、滚装、煤炭、集装箱以及件杂货等57座现代化的专业码头，拥有21公里的专用铁路线。同时，还具备了全国内河最强的磷矿石储运能力。宜昌港拥有良好的集疏运条件、配套的基础设施、完善的物流服务等综合性功能的大型现代化港口[55]和国家水运口岸，每天发班国际集装箱班轮，可一次报关装箱直接出口。宜昌港具有的主要功能有装卸储存、中转换装、临港产业开发、滚装运输、商贸、现代物流平台、旅游客运等。

荆州港地处湖北省的中南部，处于江汉平原腹地，是长江中游地区的重要港口以及交通枢纽。顺流而下476公里抵武汉、1603公里抵上海，溯长江而上148公里抵宜昌、796公里抵重庆，北邻襄樊、荆门等市，南经虎渡河可通湖南湘、资、沅、澧四水，与湘北数县相接。该港区由荆河及长江两大部分组成，该港区的自然岸线长12公里，水域面积为1062万平方米，陆域面积为59万平方米；59个码头泊位，总延长了2792米，最大靠泊能力为2000吨级；仓库总面积共1.41万平方米，其中候船室面积占500平方米，堆场面积占19.8万平方米；装卸机械共264台，其中有22台起重机，最大的起重能力高达16吨。其主要承担着矿建、煤炭、石油、粮食、钢铁、轻纺、机械和化工等内外贸易①。

武汉港处于长江干支流水系网的中枢，位于湖北省东部长江和汉江交汇处，汉江在此汇入长江。从溯长江西上1278公里抵重庆，顺流而下1102公里到达上海，溯汉江而上532公里至襄樊，再往上经过丹江口库区通向陕西。武汉港地处于长江的中游，交通部将其定为水铁联运的主枢纽港，在国家长江经济带高质量发展战略、中部崛起战略以及武汉航运中心建设中具有极其重要的地位。该港的靠泊能力最高达12000吨级，一次系泊能力为70万吨，设备最大的起重能力为50吨，集装箱吞吐能力达到50万标箱，货物吞吐能力达到3000万吨。武汉港是国家一类对外开放口岸，是全国内河主要港口之一，主要承担的任务是华北、华中、华东、西南地区的集装箱以及煤炭、钢铁、矿石、粮食等进出口和中转，以及通向亚洲的外贸运输②。

黄石港区地处中纬度，位于湖北省黄石市、长江中下游南岸，是长江湖北段的东南门户和水陆交通枢纽，上距武汉143公里，为中国内河主要港口之一。港辖区上起鄂州市三口江，下至蕲春市蕲州镇，岸线长15.136公里；主要经济腹地为黄石市、大冶市、阳新县及鄂州、黄冈、咸宁三市的部分区域；主要承担黄石、黄州、阳新、武穴、团风、浠水、蕲春、黄海、大冶等

---

①② 石斌. 荆州市荆州港荆州开发区工业综合码头新建工程［R］. //湖北交通运输年鉴［M］. 北京：人民交通出版社股份有限公司，2020，223－224.

港口集装箱的集疏运。打通了东连沿海、西接西南的铁水联运线路。黄石新港多式联运站场于 2018 年 9 月建成，山南铁路新港货运支线全线通车，黄石成功获批国家第二批多式联运示范项目。

　　根据交通运输部公开发布的政务信息，2020 年湖北省港口货物吞吐量为 37976 万吨，与上年同期上升 23.9%。其中外贸货物吞吐量 1832 万吨，下降 7.1%。排名前四依次是武汉、宜昌、黄石和荆州。武汉港口货物吞吐量达到 10539 万吨，比上年增长了 15%，其中外贸货物吞吐量 1045 万吨，同期下降 14.7%；宜昌港口货物吞吐量为 8119 万吨，比上年增长 1.9%，其中外贸货物吞吐量 60 万吨，同期下降 18.9%；黄石港口货物吞吐量为 4713 万吨，比上年增长 4.5%。其中外贸货物吞吐量 689 万吨，同期增长 9.7%；荆州港口货物吞吐量达 3556 万吨，较上年增长了 3%。其中，外贸货物吞吐量为 38 万吨，同期下降 14%。2020 年湖北省集装箱吞吐量为 229 万标箱，比 2019 年增长 9.8%。如图 5-1 所示，湖北省排名前四的港口依次是武汉、宜昌、荆州和黄石。2020 年，武汉港口集装箱吞吐量为 196 万标箱，比 2019 年增长 15.2%；宜昌港口集装箱吞吐量 13 万标箱，比 2019 年下降 28.3%；荆州港口集装箱吞吐量 12 万标箱，比 2019 年增长 5.4%；黄石港口集装箱吞吐量 6 万标箱，比 2019 年下降 21.1%。

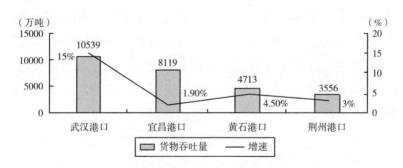

图 5-1　2020 年湖北省主要港口货物吞吐量情况

资料来源：笔者根据交通运输部公开发布的信息绘制。

5.1.2　港口发展背景

宜昌市政府根据湖北省航道发展规划以及"十三五"水运发展规划，在其港口规划布局中,充分地考虑提升香溪河、清江、黄柏河等支流航道的规划等级,并努力构建长江干流以及支流、高效衔接的港口布局体系。根据矿产旅游资源的分布特征以及腹地旅游发展需求,进行了合理的规划布局,并研究论证了适应干流、支流通达的客货运船型,以达到促进沿江区域的社会经济发展。同时,宜昌中心城区范围内岸线坚持以保护优先的原则,采取多种有效措施,保留了客运、工作船、加油站、锚地岸线等具有公共服务功能,货运功能逐渐外迁,并不再增设新的港口岸线。

"十四五"发展规划针对宜昌港现代化港口、旅游航道、多式联运体系示范建设以及配套现代航运服务等问题,指出宜昌市要抢抓交通强国机遇,抓好内河航运发展,加强统筹指导,扎实推进好"十四五"内河航运发展规划等相关工作。全方位、多层次推进铁水联运、管水联运、水水中转,提升航道治理能力与水平,依托三峡独特的区位优势,更好地推动水运高质量发展,促进宜昌临港经济发展。2020 年,《宜昌港总体规划(2035年)》获得交通运输部和湖北省人民政府联合批复,《宜昌港总体规划(2035 年)》将宜昌港划分为六个港区,即主城港区、秭归港区、宜都港区、兴山港区、枝江港区和长阳港区,并明确指出,该港将向以"翻坝转运""工业输出""西部出海"以及"三峡旅游"四大发展目标为主线的现代化综合枢纽港加快转型[56]。同时,《宜昌港总体规划(2035 年)》为宜昌港的建设和管理提供了规划依据和技术支撑,可以有效引导宜昌港口资源的合理利用,并加快长江经济带的整体发展。凭借长江中游城市群建设等多种国家发展战略为契机,将绿色航运保障、推动港口集约化、一体化发展以及构建水、公、铁、管三峡翻坝多式联运体系为发展目标,促使宜昌港加快完善其综合交通运输体系,扩大港口的辐射功能。2018 年,宜昌被赋予"港口型国家物流载体城市"的定位,在国家物流网络中的作用更加突出。

荆州港现有各类生产性泊位 201 个,但总体而言,港口基础设施仍有较大提升空间,还需要进一步完善,除了荆州市的盐卡、柳林等少数港区设施相对完善,其他港区的现代化程度依然较低,临时性码头设施设备简陋的现象仍旧存在。码头泊位分散、规模较小的问题仍旧突出,无法充分发挥出港口的规模化优势，同时也会造成岸线资源的极大浪费。荆州港下设的部分港区配套基础设施、集疏运条件有待进一步完善。截至 2014 年，荆州港开发利用的实际岸线长度约 93 公里，岸线利用率为 15.6%，低于长江下游各省的平均利用水平，存在较大的开发空间。从岸线利用的分布看，存在一定的不平衡问题：荆州港主城区包括沙市区以及荆州区，其岸线资源的利用程度较高，沙市区的岸线利用率高达至 76.5%，远高于其他县市岸线的利用程度。另外，一些的岸线开发方式较为粗放，未能将其岸线资源充分利用。在荆州市沿江产业迅速发展的态势下，其他港区的发展受限，例如位于城区范围内的原荆州港柳林、盐卡、学堂洲等港区。按照荆州市的发展规划要求，未来，主城区内岸线的开发重点将集中于民用和生态景观等方面，新增的货运功能逐步转移到主城区段以外的江陵、公安、松滋等地区，而荆州港的每个港口都面临着功能调整的需求。荆州港现有港口设施布散于由荆州市管辖的 8 个行政区范围内，协同管理难度较大，这类港口功能重叠，可能会加剧无序竞争。因此，要立足于荆州港的视角，对港口进行统一、合理的规划。[57] 2019 年《荆州港总体规划（2035 年）》获得交通运输部和湖北省人民政府联合批复。根据《荆州港总体规划（2035 年）》，荆州港将会形成"一港九区"总体规划格局，其中"一港"为荆州港，"九区"为沙市、江陵、松滋、洪湖、荆州、公安、监利、盐卡、洪湖湿地。《荆州港总体规划（2035 年）》为荆州市港口的建设和管理提供了明确的规划依据以及技术上的支撑，对荆州港口资源的保护和开发具有重大指导意义，对于推动打造"万里长江美在荆江"新画卷具有十分重要的作用。

2014 年 10 月，武汉市委、市政府印发了《关于加快长江中游航运中心建设工作的意见》，其中明确提出要将武汉长江中游航运中心打造成具有完善的港口基础设施、发达的港口航运、高度集聚的港航要素和相关产业、且能够带动我国中西部地区、并且面向国内、国际市场的现代化、规模化、国际化的绿色、智慧化的内河航运中心。《关于加快长江中游航运中心建设工作的意见》中明确提出，加快建设武汉航运中心是贯彻落实国家实施长江经济带发展战略，充分发挥长江黄金水道作用，带动长江流域经济全面、协调、联动发展的战略举措；是推进武汉城市群"两型社会"建设和长江中游城市群发展，加快打造中部崛起经济增长极的重要内容；是强化武汉综合交通运输枢纽地位，加速产业集聚和转型升级，助推武汉建设国家中心城市的必然要求。明确了五项重点任务：一是要加快完善航运的基础设施建设。丰富港口功能，并对新城区港区进行合理规划、布局，提高中心城区港口的航运服务能力，完善港口功能和配套的基础设施。提升通航能力，尽可能争取国家的政策以及资金支持，积极推进武汉—安庆 6 米水深航道的建设，增加配套资金的投入力度。二是建设综合交通运输。加快构建并完善网络集疏运体系，有效解决疏港道路"最后一公里"及衔接节点的问题。完善多式联运体系，提升航线服务水平，建设陆地港，运行铁水联运项目，稳步推进空水联运；大力发展临港物流。三是构建现代化的航运服务体系。打造航运服务的重大平台，建设武汉航运交易所、阳逻港综保区以及航运公共信息平台。增加对航运金融业务的投入，促进航运金融业发展。四是加快形成临港产业集群。建设航运产业"特区"，形成航运服务中心区；促进船舶工业加速发展，优化布局规划，加快发展配套产业；支持临港产业集群式发展。五是做大做强市场主体。加快培育和发展大型港航企业集团，在长江流域形成具有影响力的市场主体，拓宽其投、融资渠道，并支持港口企业快速进入资本市场。

黄石港的鄂东滨江新区是根据湖北省委、省政府《关于长江经济带新一轮开放开发的决定》精神成立的跨江联合开发区。随着大冶湖核心区、黄石新港的加速发展以及大冶湖高新区成功晋升国家级高新区，新老城区、阳新、大冶联动发展、一体化发展的格局全面拉开，形成了开发区、黄石新港、大冶湖高新区以及未来将要打造的临空经济区四大主战场。黄石新港大力发展铁水联运的运输方式，拓展了港口的辐射能力，扩大幅至沿铁路线 1000 千米以上，业务半径覆盖长江经济带沿线的 11 个省市，其中包括上海、江苏、浙江、重庆、四川等。2020 年 11 月，交通运输部长江航务管理局和黄石市人民政府签署了双方战略合作协议，建立了双方战略合作伙伴关系。协议表明，深入贯彻"生态优先、绿色发展"的原则，以高质量发展为主线，坚持"相互支持、加强合作，共同发展、共同繁荣、共享发展成果"的合作理念[58]。黄石市人民政府大力支持长江航运转型升级和高质量发展，黄石港的航运发展多了一个支撑点。2020 年，交通运输部和湖北省人民政府联合批复了《黄石港总体规划（2035年）》。其中明确体现了黄石港"一核两翼三港区"的总体规划，棋盘洲港区为核心，城区港区、阳新港区为两翼，三大港区功能互补、分工明确、协同发展[59]。《黄石港总体规划（2035年）》带动了黄石市及周边地区经济发展、对外贸易以及城市建设，加强了港口与城乡建设、产业发展布局、生态环境保护、水利防洪的有效衔接。黄石港朝着绿色、经济、安全、高效的现代化一流综合枢纽港大步迈进。

2019年8月，交通运输部印发了关于《深入推进长江经济带多式联运发展三年行动计划》的通知，并编修了《全国内河航道与港口》，促进区域港口一体化运营。湖北省委、省政府深入贯彻落实关于打造中部地区枢纽港、加快武汉长江中游航运中心建设的重大决策部署，增进沿江港口企业、集装箱航运企业沟通合作，群策群力，携手力推"武汉—荆州—宜昌"集装箱航线班轮化、联盟化运营，发展沿江捎带，推动物流提质降费增效[60]。

5.2　江西省主要港口发展状况及其背景分析

5.2.1　港口状况

江西省内长江中游的主要港口是九江港和南昌港。

九江港隶属于江西省九江市，位于长江与鄱阳湖的结合处，距离上海856公里，距离武汉269公里。九江港是长江五大主枢纽港的重要组成部分，该港口下设瑞昌、城西、城区等五个主要港区。九江港是长江中下游发展较好的港口，同时也是水陆联运的国家级的主枢纽港，建设33座仓库，沿江共有码头泊位279个，其中，有225个生产经营性泊位，60个5000吨级及以上泊位，高达9000多万吨的年设计通过能力。九江港总面积为4.94万平方米，堆场面积共19.62万平方米，九江港共有121台装卸机械设备①。九江港主要货种结构为矿建材料、煤炭、铁矿石和非金属矿石、石油原料及其制成品。

---

① 国航国际海运有限公司官网对九江港的港口信息专栏。

南昌港位于江西省南昌市，地处鄱阳湖之滨，赣江之畔，"襟三江而带五湖"，其以上海国际航运中心为依托，以长江为纽带，以赣江为主通道，以赣、闽、湘为经济腹地，是中国 28 个内河主要港口之一。南昌港包含 10 个港区，分别为市汉港区、厚田港区、姚湾港区、城区港区（以外环高速公路为界）、南新港区、樵舍港区、龙头岗港区、北郊港区、昌东港区和进贤港区。南昌港主要涵盖了机电、钢铁、造船、化工、轻工、棉纺织品、家电、汽车、建材、油料以及粮食等产品。该港的间接腹为赣江两岸和铁路、公路沿线的赣中、赣南等区域。其中，赣南的金属矿石、木材等货物大多经由南昌港进行中转或集散，货源充足并且稳定。根据交通运输部公开发布的政务信息，2020 年，江西省港口货物吞吐量为 18755 万吨，比 2019 年同期上升17.4%。其中外贸货物吞吐量 379 万吨，比 2019 年同期下降 1.7%。九江港口货物吞吐量为 12047 万吨，比 2019 年增长了 6.1%，其中外贸货物吞吐量为 378 万吨，比 2019 年增长 6.8%；南昌港口货物吞吐量为 4866 万吨，比2019 年增长 27.2%；2020 年，江西省集装箱吞吐量为 75 万标箱，比 2019 年增长 6.2%。九江港口集装箱吞吐量 61 万标箱，比 2019 年增长 17.2%；南昌港口集装箱吞吐量 14 万标箱，比 2019 年下降 25.8%，如图 5 - 2 所示。

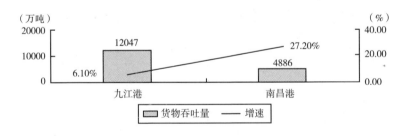

图 5 - 2　2020 年九江港、南昌港货物吞吐量情况

资料来源：笔者根据交通运输部公开发布的信息绘制。

5.2.2　港口发展背景

九江港管理局联合九江政府各分支机构，高度重视九江港腹地的建设，在促进九江港的发展过程中，紧抓与内陆城市之间的项目合作，吸引更多的货物进出九江口岸，提高九江港的整体效率。政府鼓励企业积极参与码头、铁路和公路等交通系统的建设。通过采取有效措施应对社会新出的各种问题，发挥其积极因素，鼓励大中型企业的业务扩张，制定相应的政策辅助其快速发展；并努力向周边地区转移，加大投资力度，扩大对外贸易。在九江港贸易的发展过程中，整个运输体系要积极配合九江港的发展趋势，提升该港的总体承载能力，选择恰当的货运路线，让九江港作为世界各地的中转站，九江港作为江西省唯一的对外开放口岸，江西省要充分意识到九江港的区位优势，并将其优势进行充分发挥。与此同时，为了促使九江港得到迅速发展，就应加大对该港的宣传，让江西省政府以及各分支机构明确九江港在促进江西省经济发展以及实现中部崛起战略中的重大作用。加深政府和企业对九江港发展港口物流的重要性的认识。物流成本是发展港口物流最核心的竞争力。因此，要正确认识港口物流的成本优势[61]，只有具备一定的客观条件、规模效益，才能够提高九江港的利用率，从而进一步促进九江港的经济发展。

南昌市尤为重视水运事业的高质量发展，始终贯彻"生态优先、绿色发展""共抓大保护、不搞大开发"的发展理念，坚持以"规划引领、项目为王、形象提升"为发展目标，将港口资源整合视作其重大突破口，统筹兼顾、真抓实干，切实推动水运事业的发展，从而取得显著成效。利用相关政策助力港口的规划与发展，依托国务院发布的《关于依托黄金水道推动长江经济带发展的指导意见》《南昌港总体规划（2035 年）》等文件及其相关支持政策加强与周边内陆及沿海港口的建设发展经验的合作与交流，并在省内加强与各县的城市规划有效链接。按照新修订的《南昌港总体规划（2035 年）》中"优化中心、两翼齐飞"的发展思路，优化治理中心城区，突出发展南北两翼，南昌港下设为 10 个港区，分别为市汊、城区、姚湾、南新、厚田、樵舍、北郊、龙头岗、昌东和进贤[62]。南昌港重点突出发展大宗散货、件杂货、集装箱以及商品汽车滚装运输，同时也具有旅游客运的功能，向港口借势，大力发展多式联运、临港工业以及现代物流业，逐步向设施先进、运行高效、安全环保、服务便捷、功能完善的现代化综合型港口。

2017 年，江西省政府召开了有关于加快全省水运建设的会议，并出台了《关于加快水运建设的实施意见》。聚力补齐水运发展的短板，将"两江两港"（赣江、信江，九江港、南昌港）视为发展重点，全力推进"两横一纵"
（长江江西段、信江、赣江）高等级航道的建设。到 2019 年底，基本实现赣
江全线三级航道的通航；到 2020 年底，实现信江三级通航，为江西省的水运
发展奠定了坚实基础。为进一步发展江西省内河水运，2019 年 6 月，江西省
政府印发了《江西省港口资源整合工作方案》，其中明确表示要将"政府指
导、市场运作、合作共赢"作为其发展原则，对两个全国性主要港口（九江
港、南昌港）以及五个区域重要港口（赣州港、吉安港、宜春港、上饶港、
鹰潭港）的货运码头进行资源整合[63]。

5.3 湖南省主要港口的发展状况及其背景分析

5.3.1 港口状况

湖南省内长江中游的主要港口是长沙港和岳阳港。

长沙港位于湘江干流下游、长沙市境内，是全国内河主要港口之一，是
我国中部地区对外物资交流的重要口岸。长沙港由霞凝港区、铜官港区、靖
港港区 3 大货运港区，以及若干客货运、支持系统等码头港点组成。长沙港
建设有 149 个货运泊位，具备比较完善的货物集疏运体系，并且直接或间接
辐射了整个湖南省近六成地区的生产总值。长沙新港规划建设 14 个货运泊
位，千吨级泊位 11 个，其他泊位共 3 个，港口年吞吐量 20 万吨，件杂重件货
物为 500 万吨，规划用地为 1500 亩，建设港区铁路专用路线。港区建设工程
共分三期完成加之配套物流园建设的项目，港区工程概算总投资 7 亿元。长
沙新港建成后将成为中国内河具有现代化水平的主枢纽港口。目前，第一、
第二期工程已完工。2020 年长沙新港完成货物吞吐量 1115 万吨，同比增长
16%，成为中部第一个千万吨级内河港区。

岳阳港位于湖南省岳阳市，地处长江中游南岸，是全球港口 50 强，下辖
的湖南岳阳国际集装箱港为"长江八大良港"之一。岳阳港口岸线为 37.2 公
里，岳阳港下设 8 个港区，分别为城陵矶港区、华容港区、君山港区、云溪

港区、湘阴港区、临湘港区、岳阳县港区和汨罗港区。华容河、新墙河等多个支流航道散布着码头作业点。目前，岳阳港已发展成为全国第九大内河港口。岳阳港港口共有 152 个码头泊位，其中共有 33 个 3000 吨以上的泊位，最大泊位为 5000 吨级。岳阳港主要以干散货装卸运输为主，2021 年该港口货物吞吐量达 9300 万吨，为全省第一。

2020 年湖南省港口货物吞吐量为 13580 万吨，比 2019 年同期下降了11.5%；其中外贸货物吞吐量 515 万吨，较 2019 年增长了 0.6%。长沙港口货物吞吐量达到了 1350 万吨，较 2019 年增长了 6.9%；其中外贸货物吞吐量95 万吨，比 2019 年下降 8.1%。岳阳港口货物吞吐量为 8748 万吨，比 2019年下降 19.1%，其中外贸货物吞吐量为 420 万吨，比 2019 年增长 2.7%；2020 年湖南省集装箱吞吐量为 67 万标箱，比 2019 年下降 2.6%。长沙港口集装箱吞吐量 15 万标箱，比 2019 年下降 12.3%；岳阳港口集装箱吞吐量 51 万标箱，比 2019 年增长 0.4%，如图 5 - 3 所示。

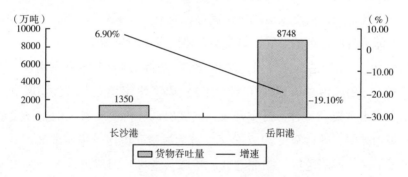

图 5 - 3   2020 年长沙港、岳阳港货物吞吐量情况

资料来源：笔者绘制。

5.3.2   港口发展背景

长沙市一直致力于打造国家交通物流中心，深入实施省委"创新引领、开放崛起"战略，加快补齐水运发展短板，将长沙港打造成长江中游城市群发展的新动力、长沙开放型经济的新门户的重大发展战略[64]。《长沙港总体规划（2015—2030 年）》于 2007 年开始编制，2015 年获批。对于该规划的编

篡，长沙市市长强调，要加快对长沙港的规划修编，聘请最专业、最权威的规划设计团队，牵头对捞刀河、浏阳河等靠近湘江段的港口、陆地、岸线、水域等进行整体谋划，合理布局长沙港未来的整体结构，完善长沙水运发展与公路、铁路、航空等主要交通运输网络的互联互通，尽快打造通江达海的综合立体交通体系；明确其功能的定位。按照长沙港岸线资源的分布特征以及沿江产业的特点等，优化港口整体功能布局，实现长沙新港与潼关港的"双港"联动，重点打造我国内河主要港口、多式联运枢纽以及生态旅游新名片。创新建设和运营模式。大力引进经验丰富的国有企业并使其参与建设和经营管理，鼓励大量社会资本的加入，实现共建共享，加快信息化建设，全面提升现有管理模式。加强航道建设，推进长沙枢纽至城陵矶湘江航道改扩建工程。推进项目的整体进度，严格按照时间节点推动已有的港口基础设施与配套项目建设。这一系列的操作都是希望提升长沙港在全市乃至湖南省建设国家交通物流中心的重要地位，进一步推进开放崛起战略，增强高质量发展的意识，凭借长江黄金水道的区位优势，充分发挥其辐射功能，带动长沙、株洲、湘潭等省内地区的发展，最终实现协同发展的目标。

2020年，《岳阳港总体规划（2035年）》获得交通运输部和湖南省人民政府的批复，《岳阳港总体规划（2035年）》以"生态优先、绿色发展"为主题，重点突出"资源整合、提质升级、港城协调、科学发展"的整体发展要求。该规划表明，港口全长32.7公里，分为城陵矶港区、华容港区、君山港区、云溪港区、湘阴港区、临湘港区、岳阳县港区、汨罗港区8个港口。城陵矶港区是服务于全省经济发展以及对外开放，具有铁路、公路、水路多式联运功能的综合性港区，主要发展件杂货、商品汽车滚装、集装箱、散货运输，同时，兼有旅游客运；华融港区以杂货和散货运输为主，是铁路煤炭通道的重要转运港[65]。《岳阳港总体规划（2035年）》的获批，为岳阳市港口的建设和管理提供了规划保障和科学指导，可有效引导港口资源的合理利用与开发。

2021年1月15日，中国共产党岳阳市第七届委员会第十一次全体（扩大）会议通过了《岳阳"十四五"规划建议》。该规划提出，重点推进以城陵矶港为龙头的八大港区建设，疏浚湘江干线岳阳段，加快三荷机场的改扩建和航空口岸的申报，按照"南客北货"的战略定位，着力建设临空经济区，完善公、铁、水、空多式联运的综合交通运输体系。同时，实施国家物流枢纽城市建设的重点工程，合理规划布局物流园区，吸引更多头部物流企业在岳阳设立总部或区域运营中心，突出航运物流、跨境电商、保税、仓储、冷链等现代物流业的发展，做强枢纽经济，推动其加快形成"通道＋枢纽＋产业"的物流业整体发展的总体布局，打造成为国内重要的物流集散、中转以及分拨中心。

湖南省致力于推动长沙霞凝港和岳阳港打造城陵矶港—霞凝港双港联动发展模式，湖南省人民政府出台了《关于进一步加快水运发展的实施意见》。多个市、州人民政府把发展内河水运作为提升本地制造业竞争力，加速当地经济更全面、更深入地参与国内外经济合作的重要切入点来审视，依托长江、湘江、沅水等水运大通道谋篇布局，提出了很多沿江开发、产业布局、临港园区发展等设想；通过实施以港兴市、港园联动发展战略，带动当地经济发展和产业升级。

根据湖南省人民政府办公厅印发的《湖南省"十四五"现代化综合交通运输体系发展规划》，湖南省将加快构建以"一江一湖四水"为骨干的航道网，以及"一枢纽、多重点、广延伸"的全省港口体系，加强水运与其他交通运输方式的有效衔接，进一步发挥水运比较优势。"一江一湖四水"航道网——积极对接并推动长江黄金水道建设工程。以洞庭湖为中心，加快畅通"四水"尾闾航段，建设松虎、澧资等湖区骨干航道，实现湖区高等级航道成网、通江达海。实施"四水"骨干航道畅通与延伸工程，推进重要航段治理，畅通梯级枢纽等瓶颈节点，打造干支衔接的航道网络，沟通纵深腹地。因地制宜，依托自然旅游景观、城市沿河景观及人文旅游景观，建设一批高品质、精品化的特色旅游航道。深入推进湘桂运河规划研究，做好前期论证。"一枢纽、多重点、广延伸"港口体系——构建形成以岳阳港为枢纽，长沙、常德、湘潭、株洲、衡阳、益阳等港口协同发展的港口格局。突出岳阳港中国（湖南）自由贸易示范区及通江达海的枢纽港地位，打造长江中游综合性航运物流中心及内陆临港经济示范区。积极推动其他港口的重点港区规模化、标准化发展，形成以港口为依托的区域货物运输重要节点。延伸发展其他港区，增强港口对产业的辐射范围和服务能力。完善内河主要港口、地区重要港口的集疏运系统，推动港口多式联运发展。

5.4　本章小结

　　港口是水运和陆运的重要枢纽。将市场配置资源的基础性作用充分发挥，降低各类资源和物流成本，增强区域的综合竞争优势，进而促进产业集群，促进整个区域的协调发展。长江中游地区各省份高度重视港口发展，积极响应国家政策，出台系列政策，致力于宜昌港、荆州港、武汉港和黄石港，九江港和南昌港，长沙港和岳阳港的发展。港口的发展反映了港口经济的发展，港口经济的发展已经成为带动区域经济增长的重要引擎，港口经济本身的强大产业功能带动第三产业的发展。

第6章 长江中游地区——湖南省内河港口航运发展的现实考察

湖南省位于长江中游地区,作为长江经济带内河航运发展的重要一环,其本身内河航运优势明显,湖泊星罗棋布,大小河流密布。针对湖南省航运发展的现实考察,在依托优越内河航运条件基础上,从航道建设、港口发展以及与港口密切相关的锚地发展现状入手,剖析目前湖南省内河航运发展态势;通过分析港口航运建设发展环境,对港口资源整合进行深入分析。

6.1 湖南省航运发展现状

6.1.1 航道建设现状

湖南省的内河航道资源丰富。湘、资、沅、澧四条主要河流和其他支流贯穿整个省。先后汇入洞庭湖后,再通过城陵矶港流入长江;长江干流由岳阳市五马口至铁山咀,全长 161 公里。目前,全省通航河流 373 条,通航里程 11968 公里(含长江),占全国内河航道总里程的 8.5%,居全国第三位。根据区域分布,全省水路可分为四大水系和洞庭湖区,连接全省 80% 以上的县。其中,湘江水系河道里程 2862 公里,资水水系河道里程 1365 公里,沅水水系河道里程 2891 公里,澧水水系河道里程 940 公里,洞庭湖区(包括长江)河道里程 3783 公里。省级航道 4219 公里,其中三级及以上航道 1209 公里，占总里程的 10.1%①。各级内河航道通航里程：二级航道 535 公里，三级航道 674 公里，四级航道 274 公里，五级航道 94 公里，六级航道 1479 公里，七级航道 1163 公里[66]。

6.1.2 港口发展现状

1. 港口水运货运量现状

第一，货运吞吐量下降趋于稳定。

如图 6-1 所示，2020 年湖南省完成货运量 19844 万吨，较 2019 年下降 1.2%，货物周转量为 395 亿吨公里，较 2019 年下降 6.2%。其中，内河运输货运量 19728 万吨，货运周转量 337 亿吨公里；沿海运输完成货运量 29 万吨，货物周转量 4 亿吨公里；海运货运量 87 万吨，货物周转量 54 亿吨公里。"十二五"期间湖南省货物吞吐量总体趋势偏好，稳中有进。但"十三五"伊始由于环境整治，占比高达 74% 的砂石、采矿行业受到很大冲击，2017 年占比降至 50% 左右，到 2020 年占比仅有 22.61%。虽然短期内货物吞吐量的下降会对国际水运通道的建设造成一定程度的影响。但从长期看，高附加值货物带来的是更高的利润转化率与更高标准、更国际化的运输条件，因此砂石货物种类水运量下降带来的货物运输总量下降实际更有利于国际水运通道的长远发展。

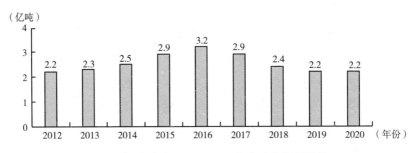

图 6-1 湖南省 2012~2020 年水路货运量趋势

资料来源：笔者绘制。

---

① 数据来源于湖南省交通运输厅 2021 年 7 月 16 日公开的《2020 年湖南省公路水路交通运输行业发展统计公报》。

第二，港口外贸吞吐量稳中求进。

如图6－2所示，2020年，湖南省港口处理515万吨外贸货物，比2019年增长0.6%。2021年8月，规模以上港口完成外贸货物吞吐量38.57万吨。2021年1~8月，规模以上港口完成外贸货物吞吐量317.57万吨，同比增长100.63%。从增长趋势来看，从"十二五"到"十三五"，外贸吞吐量稳步上升。"十三五"中后期阶段，面对国内外的严峻形势和新冠肺炎疫情的严重冲击，湖南省港口外贸货物实现逆势增长，港口外贸吞吐量基本恢复。且2016年至今，湖南省政府高度重视开放型经济的发展，这也为外贸吞吐量稳中求进提供有利的政策支持，为国际水运通道建设营造更有利的外部环境。

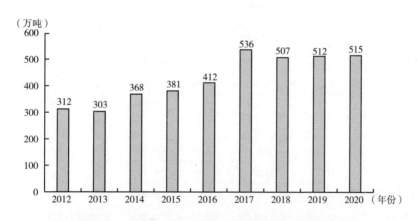

图6－2 湖南省2012~2020年港口外贸货物吞吐量

资料来源：笔者绘制。

第三，货物种类进一步优化。

就货物结构而言，湖南省水路货运量以金属矿石为主，其次是煤炭及制品、矿山建筑材料、石油、天然气及制品和钢材。2020年，湖南省港口完成货物吞吐量21911万吨，比2019年下降0.6%。其中，湖南省港口完成煤炭及产品吞吐量4115万吨，比2019年下降20.8%；石油、天然气及产品吞吐量965万吨，比2019年下降25.0%；金属矿石吞吐量5288万吨，比2019年下降11.7%。

2020年，湖南省港口集装箱吞吐量67.3万标准箱（TEU），比2019年下降 2.6%。2021 年 1~8 月，规模以上港口完成集装箱吞吐量 55.46 万标准箱，同比增长 144.46%。其中，岳阳港集装箱吞吐量 5.5 万标准箱，长沙港集装箱吞吐量为 1.8 万标准箱[①]。

2020 年受新冠肺炎疫情影响，湖南省港口货物吞吐量中的散、杂件货物吞吐量均大幅下降，但滚装船汽车吞吐量逆势上涨 97.2%。在集约化运输方面，湖南省港口取得了一些进展，多式联运、城市绿色配送等新业态、新模式发展迅速，港口资源整合能力明显提升。2019 年，规模以上港口分类吞吐量见表 6-1。

表 6-1　　　　　　　　规模以上港口分类吞吐量（2019 年）　　　　　　单位：万吨

货物种类	总计	外贸	出港	外贸	进港	外贸
总计	16254.91	512.16	5025.16	270.14	11229.74	242.02
1. 煤炭及制品	4291.67	0.00	1422.80	0.00	2868.87	0.00
2. 石油、天然气及制品	1236.76	2.60	173.82	2.54	1062.94	0.06
其中：原油	689.94	0.00	0.00	0.00	689.94	0.00
3. 金属矿石	5368.19	3.26	1829.34	1.44	3538.85	1.83
4. 钢铁	929.76	3.33	439.60	2.96	490.16	0.37
5. 矿建材料	2456.83	1.66	351.56	1.05	2105.27	0.61
6. 水泥	25.79	0.00	0.00	0.00	25.79	0.00
7. 木材	128.08	0.52	8.36	0.31	119.72	0.21
8. 非金属矿石	581.76	2.84	369.87	0.12	211.89	273.00
9. 化肥及农药	11.56	1.04	0.28	0.07	11.29	0.97
10. 盐	13.38	0.01	0.01	0.01	13.37	0.00
11. 粮食	224.74	0.01	3.59	0.00	221.15	0.01
12. 机械、设备、电器	14.56	13.31	8.54	8.33	6.02	4.98
13. 化工原料及制品	123.34	25.57	46.30	21.90	77.03	3.67
14. 有色金属	1.83	1.62	1.42	1.41	0.41	0.21

①　数据来源于湖南省交通运输厅 2021 年 7 月 16 日公开的《2020 年湖南省公路水路交通运输行业发展统计公报》。

货物种类	总计		出港		进港	
		外贸		外贸		外贸
15. 轻工、医药产品	22.72	15.64	8.79	7.71	13.94	7.93
16. 农、林、牧、渔业产品	29.98	4.14	2.41	2.28	27.56	1.87
17. 其他	793.96	436.60	358.47	220.03	435.48	216.57
其中：集装箱重量	751.54	436.60	348.86	220.03	402.68	216.57

资料来源：《湖南省 2019 年度交通运输行业统计公报》。

2. 港口生产设施情况

近年来，湖南省港口基础设施的发展与港口的生产经营活动呈现出同步发展的良好态势。到 2020 年底，湖南省港口 1000 吨及以上泊位 114 个，比上半年末增加 2 个。其中，专业化泊位 44 个，减少 1 个；通用散货泊位 18 个，增加 1 个；通用件杂货泊位 34 个，增加 1 个；多用途泊位 13 个，增加 3 个；其他泊位 5 个，减少 2 个，详见表 6-2 和表 6-3。

表 6-2　　　　　　湖南省千吨级及以上构成（按泊位用途分）　　　　单位：个

泊位用途	2020 年	2019 年	比 2019 年增加
专业化泊位	44	45	-1
集装箱泊位	13	13	0
煤炭泊位	4	4	0
金属矿石泊位	2	2	0
原油泊位	11	11	0
成品油泊位	5	6	-1
液体化工泊位	5	5	0
散装粮食泊位	1	1	0
通用散货泊位	18	17	1
通用件杂货泊位	34	33	1
多用途泊位	13	10	3
其他泊位	5	7	-2

资料来源：《湖南省 2020 年度交通运输行业统计公报》《湖南省 2021 年度交通运输行业统计公报》。

表 6-3 港口生产码头泊位拥有量（按行政区域分）

地区	泊位长度/米		生产用码头泊位/个		其中：千吨级泊位/个	
	总长	公用	总数	公用	总数	公用
湖南省	50847	38054	1112	897	112	77
长沙	1443	998	20	13	12	11
株洲	10084	4986	213	125	9	5
湘潭	3380	3380	59	59	15	15
衡阳	2125	906	49	30	8	4
邵阳	1929	1848	52	50	—	—
岳阳	6895	3921	71	40	53	29
常德	2570	2155	45	37	11	10
张家界	250	250	7	7	—	—
益阳	3673	2480	80	56	4	3
郴州	1257	1257	63	63	—	—
永州	6560	6510	185	184	—	—
怀化	7330	7085	167	162	—	—
娄底	2194	1121	68	38	—	—
湘西	1157	1157	33	33	—	—

资料来源：《湖南省 2020 年度交通运输行业统计公报》。

3. 湖南省港口发展特点

第一，港口发展水平差异较大。

据统计，目前湖南省 14 个市州的 9 个市州中心城区，80% 县城位于湘、资、沅、澧"四水"及洞庭湖区，导致各港口的基础设施状况和发展水平相差较大。湘、资、沅、澧等干流航道的上游及其支流航道的通航条件普遍较差，相应地沿江沿河产业发展水平较低，港口装卸及水运需求量较少，港口发展速度相对缓慢。而长江干线及湘、资、沅、澧干流中下游航段的航道通航条件普遍较好，发展速度相对较快。

第二，旧港区改造升级与新港区同步建设。

随着城市规模的不断扩大和老城区功能的优化，长沙、岳阳、株洲、益阳等港口城市加快了位于主城区老旧码头的拆除调整及功能升级，将老港区改造升级与新港区规模化建设有效结合起来，相继在沿江沿河产业聚集区建成了一批专业化、规模化港区。湖南省港口走出了一条老港区改造升级与新港区规模化建设相结合的新路子，长沙港霞凝港区、岳阳港城陵矶港区等建设尤为突出。

4. 对湖南省港口发展的解读

第一，政策。

2014 年 9 月，《国务院关于依托黄金水道推动长江经济带发展的指导意见》中提到，充分发挥长江运力大、能耗低、成本小的优势，加快重大航道整治工程，提升支流航道等级，加速岳阳等港口建设，将长江干线与有机连接的支线网络形成加强集散体系建设，发展江海联运和干支直航，畅通、高效、安全、绿色黄金水道。

2016 年 9 月，《长江经济带发展规划纲要》正式印发，推进干线航道综合系统化管理，进一步提高干线通航能力，加快船型标准化，加大相关资金投入，加快长江船型标准化进程的同时进一步拓宽融资渠道。发展现代航运服务，与此同时推进国际航运中心建设，积极培育高端航运服务，大力发展内河航运服务。

2018 年 4 月，习近平总书记主持召开深入推动长江经济带发展座谈会，重点落实长江经济带发展战略，推进供给侧结构性改革，在发展长江经济带的基础上，促进长江经济带发展动能的转变，推动经济高质量发展。

2021 年 3 月，《关于建立健全长江经济带船舶和港口污染防治长效机制的意见》中指出，到 2022 年底，初步建立运行高效、衔接顺畅、布局合理、监管有力的船舶和港口污染控制模式。2023 年后，向正常运营过渡，推动长江航运绿色转型，为实现我国"碳达峰"和"碳中和"目标作出积极贡献。

第二，要求。

湖南省必须发展外向型经济，加强对外经济联系，全面提升湖南省在国家交通运输结构中的核心地位[67]。低成本的水运可以增强出口产品的竞争力，为湖南省营造良好的投资环境，从而可以实现资源优势互补，提高湖南经济竞争实力。

外贸总额快速增长。2020 年，湖南省对外贸易实现逆势增长，进出口48745 亿元，增长 12.3%，据长沙海关统计，仅 2020 年上半年，湖南进出口总额达 2603.5 亿元，同比增长 28%。其中出口 1755.5 亿元，增长 33.2%，进口 848 亿元，增长 18.5%[①]。

对外贸易在全国排名中稳步上升。2021 年上半年，湖南省进出口总额在全国排名第十二位，中部地区排名第三。与主要贸易伙伴的进出口情况良好，东盟继续为第一贸易伙伴。东盟贸易额 4062 亿元，增长 20.8%；美国贸易额 3683 亿元，增长 105.9%；中国香港的贸易增长 1.3%，达到 2373 亿元[②]。

民营企业活力不断增强，国有企业发展迅速。2021 年上半年，民营企业进出口 1936.3 亿元，增长 22.4%。国有企业进出口总额 406.1 亿元，增长 85.4%，占比 15.6%。外商投资公司进出口总额 259.1 亿元，增长 13.1%，占比 10%[③]。

出口商品多为机械产品和劳动密集型产品、电子零件和电气设备等。2021 年 1~6 月，出口机械产品 789 亿元，增长 38.1%，占全省出口总额的 44.9%。电子零件出口 77.6 亿元，增长 51.1%；电机出口 75.9 亿元，增长 90.3%。劳动密集型产品出口 408.9 亿元，增长 41.4%[④]。

湖南省电动机械和高科技产品的进口减少，矿砂和食品进口大幅增长。2018 年上半年，进口电机产品 266.6 亿元，下降 13.4%。高新技术产品进口 189.38 亿元，下降 6%。金属矿石和矿石及砂的进口 199.2 亿元，增长 60.9%；进口粮食 75.1 亿元，增长 130.7%[68]。

区域经济发展战略及适合水运的产业发展，对湖南省水运发展提出了更高的要求，因此建设国际水运通道变得至关重要。随着长江、湘江及洞庭湖航区等主要航道通航条件的不断改善，国际水运通道将在湖南省的上述相关产业发展及其原材料及产成品物资运输中发挥越来越重要作用。

6.1.3　锚地发展与规划情况

湖南省现有锚地 113 处，大部分依靠港口或枢纽工程，主要包括港口锚地、枢纽锚地和封闭式水库锚地。港口锚地 70 个，其中化学危险品锚地 7 个，客运锚地 5 个，普通货物锚地 58 个，主要分布于长江、湘江和沅水，其

---

①②③④　数据引自 2020 年 1 月 19 日，湖南省政府新闻办召开的新闻发布会，长沙海关关长发布的 2020 年湖南省外贸进出口情况。

他水域很少或基本没有根据湖南省商务厅的锚地总体布局规划，"十二五"期间，计划完成投资 5.38 亿元，其中改建锚地 20 处，新增锚地 30 处。截至 2030 年，共计规划 A、B、C 三个等级锚地 328 处，其中改建 107 处，并按其建设标准和配套设施情况，分为三个等级：综合锚地、普通锚地、简易锚地。各类型锚地规划数量见表 6 - 4。

表 6 - 4　　　　　　　　　湖南省锚地规划数量表　　　　　　　　单位：处

锚地分类	锚地分级	规划总数	保留数量	改建和新建数量
港口	综合	1	0	1
	普通	17	0	17
	简易	142	15	128
航道避险	综合	1	0	1
	普通	28	0	28
	简易	24	3	21
枢纽	综合	4	0	4
	普通	41	0	41
	简易	74	0	74
封闭库区	综合	2	0	2
	普通	1	0	1
	简易	9	0	9
合计		344	18	326

资料来源：2015 年 7 月 9 日湖南省水运事务中心官网发布的《湖南省锚地总体布局规划》概要。

6.2　湖南省港口航运建设的环境分析

6.2.1　政治环境

1. 国家层面

2011 年，国务院发布了《关于加快长江等内河水运发展的意见》，明确提出要建设畅通高效的内河运输体系。同年，为贯彻落实文件精神，湖南省印发了《湖南省人民政府关于进一步加快水运发展的实施意见》，提出要形成以岳阳港、长沙港为核心,其他一般港口为补充的现代化港口,建立以港口为基础的区域性物流中心。以长株潭港群、岳阳港群为枢纽,有效对接其他运输方式。2014 年,国家发布了《国务院关于依托黄金水道推动长江经济带发展的指导意见》,其中岳阳港、长沙港被列为加快建设长江的重点港口。

2. 省级层面

2017 年 12 月 28 日,《湖南省实施开放崛起战略发展规划(2017—2021年)》中提到,为形成开放型经济新格局,建设重点要集中在口岸建设上,"巩固提升平台通道支撑能力,发挥释放口岸开放平台通道效能。完善口岸立体开放体系,巩固提升岳阳水运一类口岸地位,打造全省通江达海新增长极";主要任务是"推进岳阳城陵矶水运港、长沙、张家界三个国家一级口岸功能拓展、提质以及升级,加强指定口岸建设";在开放格局上需要"以岳阳市为核心,带动洞庭湖生态经济区开放发展",同时需要"谋划推进全球布局"。2019 年 1 月25 日,湖南省人民政府办公厅关于印发《湖南省推进运输结构调整三年行动计划实施方案》的通知中指出,要完善内河水运网络,统筹优化长江干线湖南段和"一江一湖四水"内河集装箱等专业运输系统布局;推进集疏港铁路专用线建设;大力发展江海直航和江海联运;促进散货集散港运输向铁路和水路的转移。2021 年 8 月 23 日,湖南省人民政府办公厅印发了《湖南省"十四五"现代化综合交通运输体系发展规划》,提出要加快建设具有竞争力的通道网络以"一河一湖四河"7 条为骨干航道网,形成"一枢纽、多重点、宽延伸"的省级港口体系,加强水运与其他运输方式的有效衔接,进一步发挥水运的比较优势。

3. 市级层面

2016 年 12 月 8 日,《岳阳市人民政府关于进一步加快开放型经济发展的意见》中提到,重点引进一批涉水型、亲水型大型装备制造业;为提高港口开放水平,促进岳阳港扩建和功能提升,加快铁、公、水、空立体港建设和集疏运体系建设;按照"强化水港、激活空港、双港驱动"的思路,做强新港区,探索新港区、综保区、航空区"三区联动"的新发展模式[69]。2020 年 12 月 1 日,《岳阳港总体规划(2035 年)》正式获批,该规划认真贯彻落实习近平总书记关于推动长江经济带高质量发展的重要战略思想，为深入贯彻"生态优先、绿色发展"的理念，提出了"资源配套、质量改进、科学发展"的要求。

6.2.2　经济环境

2020 年，湖南省对外贸易逆势增长，进出口总额 4874.5 亿元，创历史新高，总量居于全国第 14 位，比 2019 年上升 1 位，同比增长 12.3%，高于同期全国进出口增速 10.4%。2020 年 1~11 月，岳阳市完成外贸进出口 376.2 亿元，同比增长 19%，高于湖南省平均增速 10%，进出口总值跃居全省第二位，新冠肺炎疫情形势下，岳阳进出口已连续 11 个月保持两位数高速增长，自 2016 年开始连续 4 年入榜"中国外贸百强城市"①。

6.2.3　社会环境

2014 年湖南省委经济工作会议上，省委书记说："岳阳充分发挥了融入湖南省长江经济带的'桥头堡'作用，响应'长三角'，将焦点放在'中三角形'上，连接长株潭，将岳阳发展成湖南省通江达海新增长极。"2017 年 12 月，"强力打造内陆港与建设开放强省"高峰论坛在岳阳召开，全国多名专家学者建言献策，形成促进城陵矶发展的良好社会氛围。2018 年 4 月 3 日，创建岳阳港绿色港口示范项目建设推进会在城陵矶新港举行，会议称，绿色发展是港口规划、建设和运营践行任务，将为湖南省水运的高质量发展指明方向，湖南省政府 2021 年工作报告中"推进自由贸易区示范条例的制定、国际规则的联系、巩固与东盟的开放合作"，加快岳阳自由贸易试验区建设，积极推进岳阳创新的一体化、体系化改革探索。

6.2.4　技术环境

2015 年，岳阳港建设绿色港口试运行后，完成了 16 个重点项目的实体工

---

①　数据引自湖南省财政厅官网 2020 年 12 月 23 日发布的《岳阳财政：用好"三板斧"推动外贸经济逆势上扬》。

程建设任务，通过停泊船舶、普及岸电技术、污水处理和高效节能等技术的应用，提高了港口的智能化、信息化水平，有效贯彻了绿色发展理念[70]。

岳阳绿色港口示范工程2018年度计划收尾的项目包括十二个。其中包括港口高效节能应用项目，停泊船舶利用海岸电气技术实现海岸电气设施的更新，港区设备电机变频调速及势能回收综合节能技术（该项目实现了场桥变频器维护及PLC更新改造与场桥势能回收改造），港口智能运营信息系统的应用方案由模拟视频监控转向数字监控，港口能源管理信息系统应用项目对前端设备、机房设备、软件开发、精密空调进行有效配置等，港区绿化技术应用项目：补种植绿化、草皮铺盖及养护，集装箱防碰撞系统预应用，港口能源管理体系建设，推广海联运与肉类口岸，等等。

在经济和社会发展的同时对水运和水运的需求呈上升趋势。湖南省将更好地实施对外开放政策，提升对外依存度，水运也将伴随着湖南省对外开放的加快更加有用武之地。湖南作为中部欠发达省份，未来较长一段时间内，国民经济仍然要维持较快的增长速度，水运的发展稳步前进，跟上经济发展的步伐，获得持续的发展动力。

从国家发展战略看，城陵矶港区建成湖南省国际水运通道的决策是完全正确可行的，这也是长江黄金水道承载国家、省、市发展战略的重要组成部分，是省委、省政府高瞻远瞩、科学决策，市委、市政府抢抓机遇、顺势而为，各相关方紧密配合、精诚合作的结果。

6.3　湖南省港口资源整合分析

6.3.1　湖南省港口资源优化配置的必要性

1. 贯彻新时代关于水运和港口发展重要讲话精神的需要

水运和港口发展一直是习近平总书记关注的焦点之一。2005年12月，时任浙江省委书记的习近平在浙江提出全力加速宁波与舟山一体化，加快浙江港口资源整合①。2013 年 7 月，习近平总书记考察武汉时指出，长江流域应加强合作，把整个流域建成黄金水道②。2013 年 11 月，习近平总书记考察湖南时强调，湖南省水运在承接产业转移、促进区域经济和对外开放中发挥着重要的支撑作用。2018 年 4 月，习近平总书记在长江经济带发展座谈会上指出，生态环境、产业空间布局、港口岸线开发利用、水资源综合利用等方面必须明确"要什么、弃什么、禁什么、干什么"③。2020 年，习近平总书记考察浙江时提出，坚持一流标准，建设好港口，搞好港口，努力建设世界级强港，为国家发展作出更大贡献④。整合港口，发展水运，支持湖南省对外开放，促进经济社会的高质量发展，是贯彻落实习近平总书记重要讲话精神的有效措施。

2. 对接交通强国等重大国家战略的需要

《交通强国建设纲要》提出优化运输结构，促进大宗货物和中长途货物运输向水运有序转移，促进铁水、公水等多式联运发展，建设现代优质综合立体交通网络。《内河航运发展纲要》提出进一步推进港口一体化，逐步完善港口布局。强化港口辐射功能，促进港口产业与城市协调发展，有效促进区域港口一体化发展，形成层次分明、功能互补、竞争有序的新发展格局，建设集约高效、功能齐全的现代化港口。《建设世界一流港口指导意见》要求加强资源整合，有序推进港口一体化改革，促进港口资源集约利用、运营一体化、有序竞争和服务现代化。湖南是交通强国建设试点省份。整合港口、发挥港

---

① 2005 年 12 月 20 日，时任浙江省委书记的习近平在宁波—舟山港管委会挂牌仪式上的讲话。原文如下：港口建设将是浙江省经济发展中的大手笔，港口建设的重点在宁波、舟山港一体化。中国新闻网，https://www.chinanews.com/gn/2018/08 - 10/8596134.shtml。

② 2013 年 7 月 21 日，习近平总书记考察武汉时的讲话。原文如下：要大力发展现代物流业，长江流域要加强合作，充分发挥内河航运作用，发展江海联运，把全流域打造成黄金水道。人民网，http://politics.people.com.cn/n1/2019/0903/c1001 - 31332565.html。

③ 2018 年 4 月 26 日，习近平总书记在深入推动长江经济带发展座谈会上的讲话。原文如下：在生态环境、产业空间布局、港口岸线开发利用、水资源综合利用等方面明确要什么、弃什么、禁什么、干什么，在这个基础上统筹沿江各地积极性。人民网 - 中国共产党网，http://cpc.people.com.cn/n1/2019/0831/c64094 - 31329527.html。

④ 2020 年 3 月 29 日，习近平总书记在考察浙江时的讲话。人民网 - 中国共产党新闻网，http://cpc.people.com.cn/n1/2020/0402/c64094 - 31658252.html。

口枢纽作用、促进水运高质量发展，是湖南省实施重大战略的要求。

3. 服务湖南省实施"三高四新"战略的需要

湖南省北邻长江经济带、南靠粤港澳大湾区，区位优势明显。城陵矶港作为湖南省对外开放的"桥头堡"，是长江黄金水道、汉湘桂运河"一纵一横"国家水运主通道的交汇点，具有通江达海的优越条件。完善以城陵矶港为航运枢纽的港口布局、打通"一湖四水"水陆中转的节点、构建湖南运输新通道，对建设自由贸易试验区，吸引先进制造业沿江沿港布局，促进产业转型升级，增加湖南省经济开放度，打造内陆地区改革开放高地，服务"三高四新"战略具有重要意义。

4. 充分发挥湖南省水运资源优势的需要

湖南省水运资源丰富，通航总里程约 12000 公里，居全国第三位。截至 2021 年，占全国内河航道总里程的 9.6%。但湖南省水上货物运输量仅占 8.2%，比全国平均水平低 15.87%，比周边省份平均水平低 19%。水运是湖南省综合交通体系的薄弱环节，其比较优势没有得到充分发挥。加速港口整合，加快高等级航道建设，促进运输方式由公路、铁路向水路转变，大力发展多式联运，对补齐水运短板、完善综合立体交通网、降低物流成本、服务产业发展、提高湖南省综合竞争力具有重要作用。

6.3.2 湖南省港口资源配置中存在的不足

1. 港口规模小、数量多，"一城多港"，竞争无序

交通运输部倡导"一市一港"，旨在促进区域港口一体化发展，规范港口建设管理，避免港口同质化发展所导致的恶性竞争问题。目前，湖南省省级港口布局规划已经形成，一些市（州）、县也根据湖南省重要内陆港口的布局编制了自己的港口规划。但市政港口（城区）与县级港口规划整体协调不足，功能布局未实现，片面追求"小而全"，重复建设、无序建设等问题更加突出[71]。现有的资源整合大多以地方政府的行政干预为导向，侧重于港口整合可能提高的货物吞吐量总量，但往往忽视了合作互助、信息共享、资源共享，提高港口之间的整体竞争力。以岳阳港为例，现有 11 个港口。其中，华容、君山、城陵矶、道仁矶、临湘属于沿江港区。城陵矶港区还包括旧港和新港，由不同的港口运营商管理。现阶段，岳阳县及沿江、湘江城市重点建设港口码头。沿长江海岸线建设的有华容塔市驿、君山靖江门、彭家湾、道仁集、云溪区和临湘雅兰。建成后，这些港口码头有可能与现有港口码头形成恶性同质竞争，使城陵矶港生活环境恶化。

2. 港口码头同质化发展严重，重复建设竞争无序

与沿海省份港口相比，湖南内河港口货运总量不大，按照省港务集团的计划，将规划岳阳港八大重点作业区，谋划全省公用码头资源整合，2025 年形成以岳阳港为核心，以长沙港、常德港、衡阳港为三极，联动发展各市州港口的"一核三极多点"港口布局，实现企业资产规模 100 亿元，营业收入 15 亿元，货物吞吐量 2 亿吨，集装箱吞吐量 200 万标箱的发展目标。但目前来看，要实现目标将遇到很多困难。因为，与北方各省公共码头经营主体相对集中的特点不同，湖南省港口建设的经营主体多元，码头经营的集中度不高。从经营成效来看，码头间的同质化恶性竞争较为激烈，致使港口费率偏低，各港区生产能力难以达到合理规模。同时，单位成本偏高，既增加了口岸配套、港口集疏运体系建设的成本，又严重削弱了港口的影响力及竞争力。公共港口的首要功能是支持属地经济的发展，恶性竞争极大削弱了湖南省公共码头经营企业的发展规模，除岳阳和长沙外，其余市（州）的港口企业都无力发挥当地公共码头建设主力军的作用。湖南省拥有 13 个内河市州，港口主体众多，也加大了全省港口资源的整合难度。省内各市（州）从不同的利益角度出发进行港口建设，其中重复建设、无序开发问题仍然存在，码头集约化、规模化、现代化程度仍然较低，港口各自为政、多头管理、过度竞争的现象依然存在。

3. 港航龙头企业虚位，无法做大做强岳阳枢纽港

湖南省实行"一省多港，一市多港"，各市州港口距岳阳港 100 多公里，

岳阳港的辐射驱动作用有限。港口不是集中、分散的竞争，而是各自为政。他们都想扩大内地的辐射范围，300吨以上的船舶也可以直航上海，如果岳阳港提供的服务等不方便、不优惠，单靠行政命令难以持续发展。要实现可持续健康发展，必须以资本为纽带，实现港航资源的有效整合，培育龙头港航企业，引领岳阳港做大做强。根据湖南省现有港口企业的相关情况，虽然湖南城陵矶国际港务集团有限公司整合了岳阳和长沙两个主要集装箱码头，拓宽了集装箱业务的辐射影响范围，但对湖南省散货、散货、液货等主要水路货源码头影响不足，距离成为省级龙头港口企业还有较大差距。根据湖南省航运企业的相关情况，2016年，湖南货运船舶运力仅占全国内河船舶运力的2.9%，完成内河货运量仅占全国内河货运量的6.5%。因此，湖南内河船舶运力难以满足该省繁忙的水运需求[72]。

6.3.3 优化湖南省港口资源配置的对策

1. 促进港口与城市经济的融合发展

促进港、产、城一体化发展，发挥城陵矶港通江达海的作用，进一步营造良好的投资环境，构建大规模区域合作新格局。进一步挖掘湖南省自由贸易区、三荷机场等基础设施潜力，打造互联互通综合枢纽平台。进一步加强与长江中游各城市的互联互通，积极建设综合性航运和物流中心。加强与非洲的合作，使其努力成为推动湖南省中非经贸合作的桥头堡。努力把湖南建设成中国与"海上丝绸之路"沿线国家和地区经贸文化交流的重要平台。

2. 推进全省港口资源综合整合，实现全省港口一盘棋

港口产业园区城市综合发展，公铁水空综合联动。构建现代物流实体平台，推进货港运一体化经营，构建长江大进出、"一湖四水"快速进出的港口航运体系，有效降低全省港口航运物流综合成本，全面服务全省经济社会发展。

3. 促进港口区域联盟的发展

港口物流业的竞争归根结底是港口企业核心竞争力的竞争。战略联盟是

提升港口竞争力的重要战略举措。因此，湖南省应发展港口区域联盟，构建湖南与长江经济带的港口物流合作机制，在港口建设、航线开发、物流信息、航运人才等方面开展合作与交流。横向联盟包括合作、合资、收购、兼并等。

4. 坚持市场导向，搭建资源整合平台

资源优化配置一定是市场主导，政府引导。政府只能是高度重视，推动市场化手段配置资源。一是将湖南省水运建设投资集团有限公司吸收进湖南省港务集团。湖南省港务集团主要负责全省港口涉及公共利益部分的航道疏浚等基础设施投资建设；湘水集团成立子公司，负责统筹全省经营性码头等经营性资产投资。二是进一步建设湖南省航运交易中心。督促岳阳市政府加快完善湖南省岳阳航运交易中心建设，对湖南省港务集团来讲，直接的竞争者为武汉港务集团、九江港务公司，在业务范围上存在着同质化竞争，区域上存在交叉竞争，特别是武汉港务集团定位为"长江中游区域性航运物流中心"，提出要巩固在长江航运中的主枢纽地位。因此，应关注跨地区的港口业务运营能力的打造，武汉港务集团对湖南省港务集团未来业务的开展形成直接竞争关系，在集装箱、煤炭、钢铁等业务方面存在同质化竞争，在航道联通、水上运输、港口合作方面具有合作机会，湖南省港务集团应做好差异化细分，平衡好与长江中游区域港口企业的竞争与合作。

6.4　湖南城陵矶港航服务体系建设

就目前世界大港的发展趋势而言，大港的竞争力并不是以吞吐量等实体物流指数来表现的，而是反映在布局合理、功能完备、优质高效的服务体系上。湖南城陵矶港作为湖南省开放崛起的"桥头堡"、创新引领的"最前沿"，在建设长江中游地区航运物流中心的征途中取得了许多瞩目成就，已具有较强的产业发展承受力、要素集聚力和经济发展辐射效应。但不容忽视的是，城陵矶港建设时间短、服务功能单一、信息化水平不高，导致滞后的港航服务体系与高速增长的货物吞吐量严重不协调。因此，建立优质高效的港

航服务体系，完成"规模增长"向"服务增值"转型，实现港航服务全面升级势在必行。

6.4.1 基础条件与优势

随着我国港口竞争形势向深层次发展，货运吞吐量早已不再是内陆港口综合竞争力的唯一衡量指标，而临港服务型行业的成熟高端化也早已变成了确定港口综合竞争力的核心内容要素，在临港服务型行业方面的完善是建立在日趋完善的口岸硬件、蓬勃发展的临港产业和顺畅通达的物流网络基础之上的。从这一层面而言，城陵矶港具备一定的优势与条件。

1. 口岸建设日趋完善

湖南城陵矶港为中国长江八大良港之一，国家一类开放性口岸，有千吨级以上泊位 77 个。松阳湖港主营集装箱吞吐量，设计年集装箱吞吐量能力 100 万标箱、整车通货力量 2600 万吨。一期建成 5000 吨集装箱吞吐量以上泊位 3 个，设计年集装箱吞吐量能力 33 万标箱。二期建成 5000 吨之上大型集装箱泊位 4 个、大件杂货泊位 3 个。城陵矶港重点为散货、大件杂货，共有港口泊位十二个，包括 5000 吨之上外贸码头 2 个。已启动了海关综合监管区、保税物流中心及进口肉类指定港口综合查验平台、H986 大型集装箱机检中心等综合监管基础设施及配套工程。新港二期建设顺利推进，海泊系统运行高效，作业效率不断提高。集装箱吞吐增幅曾持续多年名列长江内陆水运港口首位。同时，岳阳航运交易中心正式挂牌上线，湖南省港务集团筹备工作顺利推进，港航服务中心已纳入筹建日程，这些都为口岸硬件建设、软件资源整合奠定了良好基础。

2. 港口航道功能日益丰富

湖南城陵矶港开辟了城陵矶至宁波、南通、太仓、上海四个"五定"的始发班轮及对外贸易航道，并完成了城陵矶与中国香港、新加坡之间的对外贸易货物集装箱水运常态化直航；与上港集团协作，开辟了 21 世纪水上丝绸之路岳阳—东盟、岳阳—澳大利亚的接力线路，并开辟了岳阳至日本、朝鲜等周边国家和地区的线路。由此，形成了长江中部区域航运物流枢纽港、对外开放的龙头港的战略地位。

3. 航运服务整体素质良好

湖南城陵矶国际港务集团有限公司作为港航服务的龙头企业通过不断优化集装箱作业流程、更新码头装卸设备、完善堆场规划、提前安排中转计划四项措施大力提升服务能力与效率。同时，进一步提高对大型集装箱、件杂货等的交通运输和管理水平，积极蓬勃发展以大型集装箱配送服务为主的现代港口物流业，积极推进集装箱运输服务公共信息的网络平台建设和空箱资源建设，构造完备的国际集装箱运输链。新港区政府将根据航运服务业蓬勃发展，积极布置航运服务业集聚区，重点推动航运保险、航运贸易、船务经纪、航运国际仲裁等航运资源整合。

4. 产业平台与产业体系逐步形成

城陵矶综合保税区建设成效明显，"两区一港四口岸"的综合发展平台优势地位突出，形成了功能齐全、通关快捷的开放港口。平台配套建设加快实施，新港区已成功晋升为国家级产城融合示范园、国家级高新科技开发区，是全省首批示范现代物流园区和湖南军民融合产业基地。以北斗卫星导航定位为龙头的电子信息产业、与国家水电八局等为重点的现代装备制造产业、以际华 3517 等项目为基础的新材料产业、以岳阳海吉星农产品物流产业园为代表的物流产业加速推进，为港航服务体系建立奠定了坚实产业基础，为产城融合顺利推进提供了良好的经济条件。

5. 通关报检服务便捷

湖南城陵矶国际港务集团有限公司在全省首创协同消息互换、监督互认、执行相互促进的"三互"通关管理模式，关检协同一次性申请、一次性查验、一次性放行"三个一"，实现一站式联检。同时，由市口岸办牵头海事、公安、检疫、边防四家联检单元共同协调推进"放管服"制改革，推进海事审批事权落实，并加强了对事中事后检查的监督，新港区推行简政放权、"最多跑一次"改革工作，试行"互联网＋政务服务"平台建设运营。这些通关报检服务的升级完善，进一步提高了政务服务效率。

6. 物流聚集区基本构成

随着物流设施逐步完备，物流配送资源整合工作持续深化，城陵矶新港码头、恒阳化工仓库物流配送、科德纸业仓库物流配送、港龙国际物流配送、宏岳物流配送正常运营，湖南烟草进出口配送基地、上海吉星农产品配送产业园、中粮城陵矶产业园综合物流园区等建设项目不断实施，物流业呈集聚化发展态势，逐步形成了以港口为依托的航运物流集聚区。

6.4.2　发展瓶颈与短板

城陵矶港区虽然拥有较好的港航基础设施条件，港口建设也为发展港航服务制度提供了硬件基础，工业发达、物流集中区域也给港航服务制度发展带来了势能，但整个地区港航服务业整体发展水平相对较低，中高端港航服务制度缺失，市场服务体系并不健全，上述原因在一定时间内仍是制约其形成航运中心地位的主要瓶颈和短板。具体而言有以下短板。

港口服务集聚性不强。湖南城陵矶国际港务集团有限公司目前整合了湖南主要的国际集装箱码头，进一步扩大了国际集装箱行业的辐射影响区域，但对湖南省内大宗散货、小件杂货、液货等重点水运货源市场的影响力仍然不足，离作为全国性的国际口岸龙头企业尚有较大差距。城陵矶港如果只靠行政命令和短期优惠政策难以发挥服务集聚功能。受体制机制、历史沿革等方面的影响，港口岸线经营主体和权属关系复杂，涉及多个不同的央企、省企，统一管理、统一规划、统一开发的港口岸线管理机制尚未形成，163 公里长江岸线码头开发无序，岸线资源闲置、浪费较为严重。同时港口的货运业务也有了集聚园区，但快递公司入驻率并不高，没形成规模和气候，缺乏在长江中游区域有影响的服务企业、市场和平台，比如大宗商品交易平台海吉星发展不够成熟。口岸工业聚集效果不明显，必须提升口岸功能，使其形成一个工业聚集区。

船运中介信息资源欠缺。航运的中间资源包含了船代、货代和船员劳务等。截至 2019 年，岳阳市中心城区现有工商注册水路运输企业 60 余家、货代企业 35 家、仓储企业及其他企业 280 家。较为有代表的公司主要有城陵矶新口岸、城陵矶港务公司、湖南远洋、岳阳外代、岳阳玉松等，主要经营水路货物运输代理和国内外轮船航运代理业务，其数量、实力等都已无法适应国家区域性航运中心建设需求。

港航高端人才缺乏。截至 2019 年，岳阳的航运市场从业人员约 0.6 万人，注册的四级以上船员约 0.1 万人，虽然总量相对较多，但随着船只数量的增长，船员缺口明显。同时，由于缺少高素质的港航服务专业组织与人员，航运经纪、航运保险公司、航运金融与延伸业务等中高端港航服务业也相对单薄。

政务、法务优势尚存不足。一是保税、运输、海关、边检、口岸资源尚未有效融合。目前的保税、运输、海关、边检、口岸资源比较分散，物流的便捷性、经济效益还不够突出，不利于岳阳区域性航运中心建设和外向型经济发展。二是对海事法律有一定服务资源，但目前没有开展海事法律业务的专门律师事务所，与海事法律业务发展比较成熟的其他城市仍有很大差异。

6.4.3　湖南城陵矶港航服务体系建设的路径选择与具体举措

港航服务业的发展一般遵循由港口资源、技术和市场等内部因素驱动到政策因素推动，再到市场因素拉动的发展历程。城陵矶港航服务体系的建设要充分利用天然良港的自然条件，发挥新港区政府的统筹引领作用，在服务功能支持层拓展突进；发掘港航服务企业市场化运作潜能，在港口服务层、船务服务层和服务功能拓展层夯实扩张。总而言之，构建要素齐全、功能完备的港航服务体系需要政府与企业通力合作，交替运用规划与市场两种力量，形成政府引导，市场主导的体系创建格局。在具体路径和举措上可以做到以下几点。

1. 通过湖南省港务集团确立港口间协同发展的服务机制

国民经济的高速发展、经济全球化与国际航运联盟的发展趋势，对交通建设也提出了相应的需求，在区域港口之间建立公平竞争和协作联盟已迫在眉睫。城陵矶港要建设现代化港口、构建功能齐备的港航服务体系、推动港口经济的加速发展，就必须以资本为纽带，整合港口航运各项资源，整治163公里长江岸线码头，对港口码头进行"关、停、并、转"，推动港航服务升级改造，带动引领城陵矶港做大做强，其当务之急就是建立协同发展的服务机制，打造港口经济的服务链条。湖南省政府在《关于加快推进岳阳城陵矶港建设发展有关问题的会议纪要》中明确："协调省内货运量大的工业企业，引导其主要货运从岳阳城陵矶港通行，做大岳阳城陵矶港。"但因为历史原因和行政区划上的因素，湖南地区内河口岸的市场割裂和经济联系减弱等现象在一定程度上依然存在，口岸经济与城市工业发达的联系效果也并不突出，严重限制了区域口岸资源的有效配置和口岸效能的发挥。因此为了促进湖南省快速纳入长江经济带建设，进一步实现湖南省新兴经济增长极的示范作用，需要从全国视野内制定进一步推进协同服务的政策措施，以各大港口城市产业分工来凝聚重要服务要素，加强区域间的分工和协作，以推动地方经济社会总体的协同快速发展。具体措施为：加强地区口岸协同，促进建立以城陵矶为主要集装箱枢纽港，以湖南霞凝港、常德盐关港、衡阳松木港等为主要港口的分工明确的国际集装箱运输体系；形成效益奖惩激励机制，主要涉及形成先进的"利益分享机制"，客观准确地统筹好港口优惠政策与地方优惠政策之间的相互关系，处理好港群经济发展中的公正与平衡等问题；通过建立联席会议管理机制来监督管理与规范各类港口的运营活动，并建立战略协作管理机制。

2. 积极快速推动港航服务中心建设

湖南城陵矶港口和航运部门的服务还面临航运管理机构不集中、航运行业散乱、配套服务功能不完善、企业规模集聚效果不明显等问题。当前应以港航服务中心为载体，建立航运企业集中区，并推动整合市场资源，做全做实航运企业综合业务。建议下设港航服务中心建设办公室，总体协调服务中心建设发展相关事宜，推动港航服务要素集聚。一要加快集聚区功能建设。通过港航服务中心进一步拓展航运物流聚集区域功能，海关总署、质检、长江引航中心、地方海事局、法院等区域性机构在服务中心内设有办事机构，进一步丰富了航运通关的业务环境。二要通过港航服务中心来促进航运关联公司的集中落户。建立航运集聚区建设发展的专项资金制度，以政府办公用房补助、社会资金补偿等多种形式，特别注重吸引国内著名的航运物流公司和航运金融服务、保险等公司。引入一批服务商和物流园区运营商，促进本地的大中型运输公司向综合性服务增值提供商转变，培养一批品牌公司和专业的航运服务经纪企业，以提高市场竞争力。三要积极申报设立湖南长江航运交易所。2018 年 9 月挂牌的岳阳航运交易中心推动了航运产业的向前发展，但其要素不齐备、功能不完善等弊端的呈现也表明要以岳阳航运交易中心为基础，推动湖南长江航运交易所的成立，以做大做实信息化平台、做大做活岳阳航运市场，推动航运产业结构调整。湖南长江航运交易所要立足全国视角，充分整合全国各口岸资源，将城陵矶边境口岸建设为"聚集、便捷、经济、有效"的一条龙专业性公共服务支持系统，以提升通关效能、减少运输成本，并聚集与航运业务有关的港、航、货、代等公司，整合口岸、海关、检疫、边防、融资、贸易、劳动保障、司法业务等要素。

3. 积极引进和培养大中型临港服务企业，以充分发挥对龙头企业的引领功能

城陵矶港集装箱吞吐量增幅已连续几年保持在长江水运口岸首位，但和国内典型港口城市相比，服务水平的发展还有较大差距。城陵矶港区内有湖南远洋、华光源海、湖南华航、捷安达、上港运输、上海泛亚、岳港船务 7 家航运公司，以及新口岸公司、金叶众望、天欣实业等 13 家港口公司，基本构成了中国港口与航运部门公司群体，而经营国际集装箱业务的龙头公司仅有湖南城陵矶国际港务集团有限公司一个，发展数量不足，市场竞争不充分。前面指出，港口龙头企业是港航服务体系中港口服务层和船务服务层的主要提供者，是港航服务水平评价一级指标运营能力的主要体现者，因此港口龙头企业的数量与质量决定着港航服务的水平与整体竞争力，是港航服务发展

的重要推进器。一方面，政府要从财务、税务、融资、用地管理等政策方面加强向地方龙头企业倾斜的力度，鼓励企业通过合并、联盟等形式建立大型企业主体，带动更多港航服务企业集聚。另一方面，要立足城陵矶地区港口服务业蓬勃发展的现状和特色，通过港航服务中心的平台积极吸纳国际、国内著名港航公司建立分公司，并注重引入"商贸、物流服务、金融服务"三位一体的综合金融服务商。

4. 积极推进口岸信息化和通关便利化建设

随着业务量增长、技术手段更新和通关改革推进，各地口岸设施条件和服务水平都在不断提升。当前纯粹的物流运力供需信息发布得不到用户认可（如长江水运信息网），如果结合政府引导及行业管理信息化，则容易建设实现。信息服务是港航服务体系中服务功能拓展层的重要内容，是政府可以发挥公共服务职能的主要领域。具体可借鉴上海电子口岸、河南"八挂来网"经验，由新港园区管委会承担网络平台策划、建立和初期运作，待网络平台运作稳定之后转交公司承担后期运作。主要内容：一是要加强口岸信息化建设。积极利用条码技术、卫星定位、集装箱电子识别系统等先进技术，实现港区物流运作信息化、设备自动化、物流链虚拟化。探索运用物联网技术和云计算等前沿技术，实现进出口货物管控、口岸生产作业、口岸监管业务的智能运行。二是要不断创新服务业态，优先发展航运大数据分析行业，建设全国航运服务资源数据平台，建设全国航运行业大数据分析，逐步形成全国港航公司的船只、汽车、从业者的诚信数据库，并建设全国港航大数据中心。三是要提高通关便利化水平。可考虑引进上海自贸区"单一窗口"，进一步提高通关便利。推进口岸通关作业单证无纸化、执行信息数据规范化和管理平台单位化。严格执行口岸通关便利化的政策措施，实现繁忙口岸一周七天工作制，实现二十四小时网络预约通关，强化关检协同，做到对进出口商品"一次性申请、一次性查验、一次性放行"。

5. 优化港航发展环境

一是要优化行政管理公共服务环境条件。主动向湖南省发展和改革委员会争取，将港口与航运部门综合服务中心列入现代服务业集聚区范围，并以此获得湖南省关于现代服务业发展的专项资金或专项补助。通过建设"一站通关网络平台"，继续完善港口过关公共服务环境条件。精简入区中小企业行政管理申请事项，对适合工业园区发展的中小企业采取特事特办的程序，尽量缩减审核时限。依据企业的需求为企业提供"网上咨询＋上门服务"等灵活的个性化服务方式，增加企业最新出口管理政策法规咨询服务、海关企业产品预归类、进出口贸易税费筹划、进出口贸易商品清关、进出口贸易关务人员培训（包括企业 AEO 国际海关认定辅导咨询服务）等一系列业务。二是要优化投资环境。建立"航运发展基金"，专门引导和扶持外国公司上市、引进人才和技术。设立"大宗商品交易平台建设扶持资金"，引导更多类似于海吉星农产品物流园的发展。积极指导竞争能力强、资质等级高、企业规模大、运营业态新颖的航运公司增强资产运营意识，加速推动公司上市融资步伐。由政府主导下，遵循市场规律，联系一些规模较大的航运、商业融资企业组成融资租赁有限公司，为本地的航运企业提供融资服务。协调全市金融机构把水运企业作为贷款扶持重点，对符合条件的民营企业投资新建、购置船只的贷款额度和企业自有资本的比重也可相应扩大。

6. 着力发展临港物流与临港工业

临港物流与临港工业是港航服务业的支撑产业，也是体现港城一体的港航服务体系的关键要素，属于港航服务体系港口服务层的重要内容。城陵矶港要依托港口、口岸、临港产业园区发展大运量型、大进大出型产业和航运物流、保税经济。一是要加快推动冷冻链物流配送、粮油物流配送、钢材物流配送、车辆物流配送、纸品物流配送、原油化工产品物流配送、建材物流、保税物流、电商物流等重要的临港物流配送行业建设，构建现代航运集疏运体系。二是要加快基础设施建设。推进港口轨道支线建设，形成利用铁水联运的重大布局，建立方便经济的轨道物流网。进一步健全港高速公路集疏运通道体系，提高疏通港高速公路等级，实现深港与京港澳高速、杭瑞高速、107 国道、新港区、经济技术开发区间的高速通畅衔接。三是要建立现代专业物流服务体系。联合物流行业的龙头企业，共同构筑临港物流园区，着力将其建设为集货物堆存、分拨物流配送、包装加工、贸易展览、生产贸易、物流资讯服务等功能于一身的现代化、智能型、高水平专业物流服务体系。四是要进一步发展涉航高端服务业。在新港区内将建设上海港航经济产业园区，以培养蓬勃发展现代航运金融保险、国际诉讼、公证公估、信息技术咨询服务、船舶出租和贸易等现代航运物流服务业态，并带动航运信息流、资金流、科技流、人才流等服务要素的整合与辐射。五是要加强现代装备制造、新材料、电子信息等临港工业的后期投入与建设，发挥龙头项目引领支撑作用。

7. 构建专业人才高地，培育理论与实际紧密结合的高素质航运管理复合型人才

一是要开拓国际航运高级管理人才交流市场，积极推进国际航运紧缺管理人才培养工程的建设，大力吸引港口业务领域的高级复合型、专业化精英高级管理人才，并积极创造更完善的人才培养政策。二是要重视对航运人员的培训工作，与本地高校协商开设相关专业课程，积极培养基础性人才。通过政府导向政策和投入资源，为中国航运业务的发展壮大，提供源源不断的人才保证。三是要优化人才集聚发展环境。对港航服务企业的高层管理人员、船舶经营人员、航运专业教育人员等，予以减免个人所得税、住房补贴等优惠政策。针对在本地注册的国内知名保险、航运融资、航运信息服务等高端航运企业，为在中国招收的人员进行关键专业技能训练的，根据人数予以适当奖励。并优先为航运企业的中高层人员及子弟代办岳阳市常住户籍、孩子入学、社会保险等有关事项。

8. 推进港航服务标准化建设

早在 2014 年，交通运输部就发布了《有关推动口岸转型升级的引导若干意见》，明确提出要建立口岸国家标准管理体系，充分发挥国家标准的技术基础功能，提高口岸企业正规化水平。一是要全方位整合口岸生产经营行业，按照各种行业分类建立公共服务技术标准管理体系。例如，口岸运输行业（集装箱码头物流服务）按货类可包括集装箱、矿石、煤炭资源、油料、化工

品、件杂货等。二是要由湖南城陵矶国际港务集团统筹领导口岸生产经营行业技术标准管理体系建立与推行工作，统一编制国家标准管理体系计划，确定具体目标与任务，明晰职能。三是要确定服务标准体系建立后应按步实施，具体确定企业主导参与服务标准体系建立工作的组织机构、人员和职责分工，形成企业服务标准体系框架和服务标准体系表，征求企业建议并修订完整，按照规范发布执行，并组织企业规范推广落实。

6.5　本章小结

　　本章聚焦于长江中游地区的湖南省，将湖南省内河港口发展作为主要研究内容，分别从港口航运发展现状、港口航运的发展环境、港口资源优化配置三个维度入手，对湖南省内河港口航运发展进行现实考察，为湖南省重要港口城市发展做好铺垫。湖南省港口基础设施规模和港口生产经营呈现持续同步的发展态势，老旧港区的改造升级与规模化新港区的建设统一步调。港口经济高质量发展、航道重大整治工程系统化治理、集疏运体系建设、长江航运发展实现绿色转型等一系列港口发展的政策规划，省内区域经济发展战略和水运产业发展的迫切需要，对湖南省港口发展、水运产业发展、港口城市发展提出了更高的要求。

　　为贯彻习近平总书记关于水运和港口发展的重要讲话精神，更好对接交通强国等重大国家战略，服务湖南省的"三高四新"战略需要，充分发挥湖南省水运资源优势，针对湖南省港口资源配置中目前存在的"一城多港"竞争无序、港口重复化竞争、港航龙头虚位问题，从加强组织领导、加强规划修编、加大扶持力度、坚持市场导向四个方面给出对策建议，同时也为第7章有关长江中游地区——岳阳港产城融合的建设实践做好湖南省层面的现实发展环境和政策铺垫。

第7章 长江中游地区——岳阳综合性航运物流中心的建设实践

岳阳坐拥长江黄金水道 163 公里、洞庭湖水域面积 60%，京广高铁南北纵贯，高速公路纵横交错，三荷机场已通航，形成了"水路、公路、铁路、航空"多式联运的大交通格局。打造长江中游综合航运物流中心，为岳阳港口经济凝聚发展共识、深化交流合作提供一个平台，深化港口功能、发展枢纽经济，共建促进沿江城市开放发展"命运共同体"。岳阳将进一步深化交流合作，发展港口经济，着力打造长江中游综合性航运物流中心，尽快建设湖南通江达海开放先导区，全力使审批流程最便捷、运输通道最畅通和营商环境最优越。与全国各地港口航运物流企业开展全方位、多领域、深层次的合作，进一步提升岳阳港口型国家物流枢纽承载城市功能地位。

7.1 岳阳港口与航运发展现状

7.1.1 岳阳港口发展现状与问题分析

1. 发展现状

近年来，岳阳港区贯彻"以港兴业、以业强区、以区兴市"的发展战略，在培育大产业、建设大港口、发展大物流的建设中成绩显著。新港一期工程的"湘远5399"号集装箱船完成256标箱装船作业，正满载货物驶向上海港。岳阳新港规模逐步扩大，投资额达11.8亿元的新港二期工程位于岳阳港新港一期码头上游，四个集装箱泊位正在抓紧施工中。据了解，二期工程顺利建成后，港口集装箱装卸堆放能力将达到 100 万标准箱。下游的一个汽车滚装码头、三个件杂货泊位已经建设完成，四台崭新的岸边吊机在新港河畔高高耸立。

2. 存在问题

当前港口水域被侵占，外来船舶、过驳吊机乱停乱泊，违规打砂过驳作业等问题突出。目前城陵矶港离成为湖南省的龙头企业有一定距离，因其辐射带动作用还有限，各口岸分散，港口内部竞争激烈。从湖南省目前的港口企业的发展情况来看，城陵矶国际港务集团有限公司虽然将长沙和岳阳两个主要集装箱码头整顿合并，但是它对湖南主要水路货源码头影响力还不够显著，货源不够稳定。与此同时，现阶段航运市场低迷，各港口、航运企业之间相互降价、恶性竞争等现象增多，导致航运企业造血功能差、利润水平低。

7.1.2　岳阳港航运发展的机遇与挑战

1. 岳阳港航运发展的机遇

第一，"一江一湖""一带一路"开放提议迎来新机遇。

2014 年 4 月，国务院正式批复《洞庭湖生态经济区规划》，指出"推动洞庭湖生态经济区建设，是进一步推动中部崛起的重大战略举措，对于探索大湖流域，推动经济社会协调发展，促进长江中游城市群一体化发展以及长江全流域开发开放都具有重要意义"。2014 年 9 月，国务院《关于依托黄金水道推动长江经济带发展的指导意见》指出，要"依托长江黄金水道，建设'双高'综合交通运输体系，推动上中下游地区协调发展、沿海沿江沿边全面开放，构建横贯东西、辐射南北、通江达海、经济高效、生态良好的长江经济带"。2015 年 4 月，国家发展和改革委员会发布《关于印发长江中游城市群发展规划的通知》，提出要推动长江中游城市群发展，努力将长江中游城市群打造成长江经济带的重要支撑、全国经济新增长极和具有一定国际影响的城市群。2015 年 8 月 14 日，湖南省人民政府关于印发《湖南省对接"一带一路"战略行动方案（2015—2017 年)》，进一步明确城陵矶新港片区的区位和政策优势。2016 年 3 月 25 日，中共中央政治局审议通过了《长江经济带发展规划纲要》，以促进长江上、中、下游协调发展，促进东、中、西部地区互动合作。"一江一湖""一带一路"的建设将改变新港区的战略坐标，拓展新港区的发展空间，在国家、省、市各级推进开放型经济深入发展的大战略中起到重要作用。2019 年 11 月，交通运输部印发了《关于建设世界一流港口的指导意见》，以习近平总书记作出的"要志在万里，努力打造世界一流的智慧港口、绿色港口"等重要指示为理论依据，深化供给侧结构性改革，加快推进港口提质增效升级；大力推进区域港口一体化改革，促进区域港口合理分工，促进以港口为枢纽的多式联运发展。2021 年 8 月，湖南省交通厅印发《湖南省"一江一湖四水"水运发展规划》，提出深入实施《交通强国建设纲要》《全国综合立体交通网络规划纲要》和《内河航运发展纲要》，发挥湖南"一带一路"区域优势，支持实施国家重大战略，实施"三高四新"战略，服务构建"一核、两子、三带、四带"区域经济发展新格局，充分发挥水运在综合交通运输体系中的比较优势，推进交通运输结构调整，促进碳峰值生态平衡发展。

第二，我国内河港口发展进入新阶段。

"十二五"期间，国务院发布的《国务院关于加快长江等内河水运发展的意见》《加快推进长江等内河水运发展行动方案（2013—2020 年)》等文件，加快了内陆港口建设，使其成为我国经济发展的新引擎。《湖南省内河交通发展规划（2011—2030 年)》明确提出，要动员全省力量，把城陵矶港区建设成全省交通运输体系的重要枢纽、开放经济的重要门户、一个重要的现代物流新兴工业区。它的优势将进一步扩大，岳阳城陵矶港口连接长江入海，进一步提高岳阳城陵矶港口的功能，有助于促进产业集群新港区，并促进产生新工业布局、新产业结构的新港区。

"十三五"期间，交通运输部印发的《深入推进长江经济带多式联运发展三年行动计划》中提到，要以习近平新时代中国特色社会主义思想为指导，树立"创新、协调、绿色、开放、共享"新发展理念，坚持生态优先、绿色发展，宜陆则陆、宜水则水，需要进一步深化交通运输供给侧结构性改革，着力发挥水运的比较优势和多式联运的组合效率，还需要着力加快运输结构调整，以此提升和完善长江黄金水道功能，为长江经济带发展提供更加绿色、顺畅高效的交通运输保障。到 2020 年，构建有机衔接、具备竞争力的铁水联运系统，基本形成长江干线、长三角地区至宁波—舟山港、上海洋山江海直达运输系统，进一步完善干支直达、区域成网、通江达海的水运基础设施体系，初步形成结构优化、功能完善、布局合理、互联互通的长江经济带多式联运服务体系。长江经济带主要港口铁路进港率以及重点集装箱港口铁水联运量年均增长量分别达到 80% 和 15% 以上，而且，上海洋山集装箱江海直达比例以及大宗散货铁路、水运集疏港比例分别达到 20% 和 90% 以上。

"十四五"期间，《"十四五"规划和 2035 年远景目标纲要（全文）》中提出，加快建设世界级港口群，推动内河高级航道扩能升级。2021 年 8 月，湖南省人民政府印发《湖南省"十四五"现代化综合交通运输体系发展规划》，该规划指出：其一，构建江海直达水运网，以国家高等级航道和全国内河主要港口为重点，建设以"一江一湖四水"[73]为骨干的航道网，以及"一枢纽、多重点、广延伸"[74]的全省港口体系，加强水运及其他交通运输方式的衔接力度，充分发挥水运的比较优势。其二，构建"一江一湖四水"航道网。以洞庭湖为中心，加快畅通"四水"尾闾航段，建设松虎、澧资等湖区骨干航道，实现湖区高等级航道成网、通江达海，实现与长江黄金水道建设工程的有效对接，并推动长江地区水运发展。其三，建立"四水"骨干航道畅通与延伸工程，加大重要航段治理力度，畅通梯级枢纽等瓶颈节点，打造干支衔接的航道网络。同时依托自然旅游景观、城市沿河景观及人文旅游景观，因地制宜，打造一批高质量、精致化的特色旅游航道。其四，深入推进湘桂运河规划调研，打好前期论证基础构建"一枢纽、多重点、广延伸"港口体系。其五，建设形成以岳阳港为枢纽，长沙、株洲、湘潭、常德、衡阳、益阳等港口协同发展的港口格局。重点突出岳阳港中国（湖南）自由贸易示范区及通江达海的枢纽港地位，将岳阳打造为长江中游综合性航运物流中心及内陆临港经济示范区。积极推动重点港区规模化、标准化发展，形成以港口为依托的区域货物运输重要节点。延伸发展其他港区，扩大港口对产业的辐射范围，提高产业服务能力。加快完善内河主要港口、地区重要港口的集疏运系统，推动港口多式联运发展。

第三，新一轮科技革命推动产业转型。

生物技术、信息技术、新能源技术、新材料技术等交叉融合速度加快，引领着新一轮科技革命、产业变革。信息技术率先渗透到经济社会生活的各个领域，推动以物质服务和物质生产为主的经济发展模式，经济发展模式向着信息生产和信息服务发展，世界正逐渐进入以信息产业为主导的经济发展新时代。生物学相关技术将创造新的经济增长点，基因技术、空间利用、蛋白质工程、海洋开发以及新能源、新材料发展将产生一系列重大创新成果，进而扩大生产发展空间，提高人民生活水平及质量。目前，大数据、新能源、3D 打印、云计算、新材料等相关前沿技术正面临重大突破。城陵矶港区作为后发港区，现在与国际、国内领先港区一道站在起跑线上，要抓住这一战略机遇，实现跨越式追赶发展。

第四，国际国内产业转移掀起新高潮。

产业转移是提升生产力的空间布局、理顺产业的分工体系的有效途径。国际产业转移呈现出新的趋势，不仅是制造业，服务业和高新技术产业也开始以产业链的形式向中国转移。目前，随着全球经济一体化的日益深入，产业链进行了全球性重组，国际分工体系加速深化，国内、国际的产业分工发生了重大调整，中国东部沿海地区的产业开始不断向中西部进行转移。岳阳是全国加工贸易梯度转移重点承接地，城陵矶新港区应当充分发挥港口优势，抓住历史性重大机遇促进产业聚集，积极推进新型工业化进程及综合改革试验区建设。充分发挥"六大平台"优势，积极承接各类加工外贸业务，加速打造外贸物流枢纽和出口加工基地。

第五，湖南经济发展带来水运新需求。

湖南临港经济发展腹地广阔。2020 年，湖南省 GDP 达到 41781 亿元，进出口总额是 706.8 亿美元，开放型经济快速发展。港口物流货源充足，需求旺盛。随着湖南国际港务集团的组建和运营，长沙港、岳阳港的战略整合将引领全省物流方向，推动产业布局调整，引导信息流、资金流、人流及物流往港口城市方向加速集聚，力争成为湖南省经济发展一个新的增长点。

　　"十三五"时期，湖南省水运系统贯彻落实新发展理念，积极促进湖南省水运发展由量到质的转变提升。目前，湖南省 1000 吨级以上的航道达到 1208.8 公里，相比"十二五"期间提升 72.73%；完成港口吞吐量 12.9 亿吨，同比增长量为 7.2%；集装箱、煤炭、金属矿石吞吐量分别增长 114.7%、142.5%、99.1%，有力地推动了水运高质量发展，为经济社会发展起到了支撑和保障作用；码头整治方面，整治非法开采的砂石码头共 823 个、长江沿线码头共 42 个、"一湖四水"码头共 391 个、退出长江岸线共 7302 米、"一湖四水"岸线 101.97 公里。"智慧水运"综合监管平台的效果也逐渐显现，实现了水运数据"一张图"、水运监管"一张网"；水上交通安全事故方面，四项指标分别下降 75%、73%、72% 和 81%，为人民群众提供了出行保障①。

　　"十四五"期间，湖南省水运贯彻高质量发展蓝图："一江一湖四水"，大力推进新时代水运现代化，实现水运现代化建设平稳开局。共计投资 520 亿元，"一江一湖四水"航道网基本建成，其骨干航道超过 2200 公里，县级行政区覆盖率提升到 55%，"一枢纽、多重点、广延伸"的港口体系已形成；同时，为保障民生水路需要，建成公共锚地 60 处、便民码头 300 处，构建现代化船舶体系，实现船舶和港口污染有效防治、加强行业节能减排技术创新、充分体现水运绿色低碳环保优势，并构建安全监管智能、应急体系完善、信息交流及时的现代化保障系统。其中，到 2021 年，全面贯通长江黄金水道，推进永州衡阳水道建设，推进常德至鲇鱼口 2000 吨级航道、澧水石门至澧县、元水洪江至辰溪等水道建设开工；全面推进湖南自贸区的建设，打造"湖南非洲"集装箱国际物流通道，实现中非深入的经贸合作，推进"四好"水道建设，开展东江湖甚高频系统建设，加快 124 道渡口的标准化改造②。

2. 岳阳港航运发展优势

　　第一，区位及交通优势明显。

　　岳阳港是全省唯一的国家一级港口，是长江八大深水港之一，连接湖南

---

　　①② 2021 年 3 月湖南省水运工作会议的工作报告，湖南省水运事务中心，https：//jtt.hunan.gov.cn/jtt/hnsy/sydt/202103/t20210303_14689250.html。

省 74 个县（市）。2004 年，城陵矶新港区等项目新建成 17 个千吨级泊位，总投资 10 多亿元。城陵矶港集装箱吞吐量超过 220000 标准箱，连续 5 年保持长江内陆港口第一位。为提升城陵矶港口岸平台功能，岳阳市相继启动建设岳阳城陵矶综合保税区等"一区一港四口岸"的建设工作，倾力打造长江中游航运经济发展平台，一个千亿园区骨架已经基本成型。目前，岳阳港拥有规模以上泊位 116 个，辐射吸收能力远达中部和沿江多省（市）。2020 年，水路建设投资 17.8 亿元，水路建设投资 6.3 亿元；港口全年完成投资 11.6 亿元，外贸货物吞吐量 515 万吨，集装箱吞吐量 673000TEU（即 67.3 万标准集装箱）。

岳阳是我国交通枢纽城市，它地处湘、鄂、赣的中心交会点，有以京港澳、随岳高速等 6 条高速为骨架的公路网，还有京广铁路、蒙华铁路、武广高铁等穿境而过；它又是湖南省唯一的对外航运一类口岸，拥有 163 公里长江黄金水道；而在航空方面，岳阳三荷机场目前已经开工建设，岳阳已经基本形成了以港口为枢纽，铁、公、水相互衔接的水陆一体、江海联运的综合交通运输体系。并且，岳阳各项基础设施完善，充分利用通江达海的区位优势，对外开放一类口岸，水、公、铁、空、管无缝对接，物流业态完备，做到了在湖南的航运物流中独占鳌头。

2018 年，岳阳港吞吐量达散货 3.5 亿吨、集装箱近 60 万标箱，2020 年现代物流产值突破千亿。

第二，产业覆盖面广。

岳阳经济近年来发展迅速。2019 年，岳阳的 GDP 为 3780.41 亿元，位居湖南省第二，中国第 60 位。岳阳积极打造升级版"135 工程"，全力推动全湖南省"5 个 100"、全岳阳市"2+10"工程等重大项目建设，势头强劲。培育大产业、引进大项目、建设大园区，致力建设七大千亿产业集群。

石油化工产业作为岳阳首个千亿产业，以己内酰胺、催化剂、环氧树脂等为拳头产品，以长岭炼、巴陵石化为龙头，拥有完整的产业体系，并结合己内酰胺产业链搬迁与转型、中石化催化剂二期、东方雨虹岳阳基地等重大项目成功落户、顺利投产，石化产业总产值将再翻一番，将建设中南地区最大的石化产业基地。

　　食品产业作为岳阳市内第二个千亿产业，如今已有道道全、华文、九鼎、长康食品等食品工业企业多达 260 多家，初步形成了城陵矶新港区粮油加工、平江豆干、湘阴洋沙湖调味品、休闲食品等食品产业集聚区，成功引进中储粮岳阳油脂基地等重大项目。

　　电子信息产业，如华为、新金宝等大型企业集团于 2019 年落户城临矶新港区，以华为、新金宝在岳阳布局的一系列项目为中心，其产业链上下游多家配套企业即将进驻岳阳，目前有 80 家电子信息企业签订了入园协议。

　　岳阳作为全球最大的电磁设备生产基地，现已形成较为完备的电磁、石化、特种电机、采矿、变压器等装备产业体系，现有科美达、中科、雷勃、等 200 多家企业，并于 2019 年成功引进恒大新能源汽车、东龙房车等项目，全市装备制造业有望突破 1000 亿元[75]；以华能岳阳电厂为代表的电力能源行业总装机容量 400 万千瓦，近年来华电平江电厂、国华华容电厂、岳阳 LNG 接收站（储备中心）等 12 个电力能源项目相继铺开，"湖南综合能源基地"即将建成。岳阳拥有国家园林城市、中国优秀旅游城市等称号。文化旅游业利用岳阳丰富的旅游资源和集名山、名水、名楼于一体的独特地理优势，于 1994 年被国务院评为国家历史文化名城、国家园林城市和中国优秀旅游城市。

　　第三，港航泊位充足。

　　城陵矶老港拥有客货泊位 33 个，其中 3000 吨级泊位 5 个，5000 吨级外贸专用泊位 2 个，外贸作业泊位 11 个；新港现有 3000 吨级兼顾 5000 吨级集装箱泊位 3 个，年吞吐能力达 30 万标箱[76]。海关监管区、保税仓库以及进口肉类指定口岸查验平台、H986 集装箱机检中心等监管设施配套建设。2011 ~ 2017 年，集装箱吞吐量由 166800 个标准箱增加至 423600 个标准箱，集装箱吞吐量增长率连续多年居长江内河港口之首。预计到 2025 年三期工程竣工后，年吞吐量将达到 1200 万吨，长江沿岸港口排名第 8 升至第 5。

3. 岳阳港航运发展劣势

　　第一，市场范围较小、人才储备不足。

　　长江沿岸大型企业布局造成长江岸线利用率低，部分河段岸线利用分散，功能空间布局不合理，煤水泥、集装箱、普通货物码头等散货码头功能区相互交叉布局，相互干扰，整个港口码头设施普遍落后，机械化程度较低，规模小，现有的岳阳楼、城陵矶、七里山等老码头逐渐被主要城市功能区所包围。港口疏浚航道的发展空间和相关港口的陆地深度非常有限。根据城市总体规划的要求，合理调整码头功能，撤出部分滨江线路，促进港口城市功能衔接与协调发展，已刻不容缓。

岳阳周边区域竞争激烈，岳阳经开区和湖南省绿色化工产业园与新港区存在明显的竞争关系，三荷空港产业区对临空经济更具吸引力。并且新港区土地存量指标约 9000 亩，土地供给有限，无法支撑过多产业做大做强。同时，岳阳市大学相对较少，科研机构水平较为薄弱，缺乏高级人才，技术和人才资源受限。

第二，产业带动能力不强。

目前，岳阳经济能力不强、规模有限，无法承载庞大产业规划，应该收缩战线，集中资源和力量，石化产业和物流产业发展态势良好，但作为岳阳的支柱产业还有待发展。先进装备制造、现代航运物流、新材料等产业的主导和支撑作用不够。低层低效项目较多，缺乏产业链核心环节，产业带动能力较弱，"临港型"特色产业集群体系尚未形成，对省内腹地产业带动作用仍然不强。

第三，口岸平台优势有待提升。

城陵矶新、老港尚未整合，各自为政、同质竞争，口岸优势尚未得到充分发挥。港区集疏运体系不健全，公路、铁路、水路多式联运尚未形成；城陵矶港与其他"一湖四水"水运航道不畅，洞庭湖水系千吨级以上的高等级航道仅 700 公里，只占通航总里程的 5.8%，严重制约城陵矶口岸对腹地产业的带动发展。"一区一港四口岸"六大优势平台整体仍处于建设阶段，港口物流园区建设滞后；高端港航服务要素仍比较缺乏，国际船代货代企业进驻较少、本地船队发展不够。货物吞吐量与芜湖、九江等类似区位港口相比仍存在较大差距，特别是在《全国流通节点城市布局规划》中，芜湖、九江和岳阳均是区域级流通节点城市，均属于第二层级。所以，岳阳建设长江中游区域航运物流中心仍然面临巨大的挑战。

第四，口岸线管理体制不够顺畅。

受体制机制、历史沿革等方面的影响，港口岸线经营主体和权属关系复杂，涉及多个不同的央企、省企，统一管理、统一规划、统一开发的港口岸线管理机制尚未形成，163 公里长江岸线码头开发无序，海岸资源闲置浪费严重。城陵矶港区与"一湖四水"的其他港口分工协作关系不畅，水水中转联运程度不高，对加速打造枢纽港、龙头港形成制约。

第五，战略性投资项目较少。

世界 500 强和国内 500 强等重大项目的储备很少，签署的战略项目和行业领袖也很少，在实现开放型经济"破零倍增"、发展特色产业集群、打造主导产业上缺乏战略性项目支撑。

7.1.3　岳阳港多式联运建设现状与存在的问题

1. 建设现状

其一，铁水联运。岳阳港凭借区位优势，已成为湖南省铁水多式联运的龙头。岳阳现有地方铁路 28 条，总长 28194 米。铁水多式联运的主要通道是京广线，主要多式联运通道集中在城陵矶附近的铁路专用线。上下游共有三条支渠，分别为华菱钢铁码头、城陵矶老港码头、洞庭化工码头，长度分别为 7.3 公里和 3.6 公里。目前，两个码头的运输能力基本处于饱和运营状态，铁水多式联运的规模受到港区位置的限制和铁路支线重载的制约。而岳阳冷水铺铁路货运站已经完成了综合改造，并得到广州铁路集团的支持，将其定为中欧快运站。受进出口企业的迫切需求影响，岳阳北站的中欧快速国际货运列车即将开通。

其二，水水联运。2016 年，在完成岳阳港与长沙港集装箱码头一体化建设的基础上，湖南成陵集国际港务集团有限公司与湖南远洋集装箱有限公司展开了深度合作，开通了省内各集装箱港口至岳阳城陵矶港的集装箱水上运输"穿梭巴士"。当前，"长沙港—岳阳港"每天出港，共有 7 艘船舶，总舱位 836 标准舱；"常德港—岳阳港"每周两班，总舱位 229 标准舱；"衡阳港—长沙港"每周一班，总舱位 93 标准舱。进出长沙港、衡阳港、常德港的集装箱全部转运至岳阳港中转，初步形成了"岳阳城陵矶港为枢纽港，长沙霞凝港、衡阳松木港、常德盐关港为补给港"的集装箱运输模式。岳阳港整合集装箱航运资源和固定班轮调度,提高了集装箱运输的中转效率,降低了运输成本,促进了水路集装箱运输的快速发展。

其三,公水联运。城陵矶港拥有良好的公路交通条件,杭瑞高速公路、京港澳高速公路、随岳高速公路(京港澳双线)、国道 107 号、S201、S301等主要公路纵横交错,荆岳长江大桥、洞庭湖大桥贯通南北,杭瑞高速、随岳高速在境内均有出入口,最近的一个高速出口仅 20 公里。2017 年江岭西路、芭蕉湖大桥、芭蕉湖路、云港西路(长江大道—污水处理厂)开始启动建设。实行联港路质量改造工程,开启洛家山路、许家垄路、洪源路、雷公嘴路、芭蕉湖东路、云欣西路北延线等道路的前期准备工作,协调推进城陵矶高速公路的建设。2020 年,岳阳市完成交通固定资产投资 106 亿元,城陵矶高速控制性工程芭蕉湖特大桥桩基施工完成。2020 年 4 月,城陵矶港环保提质改造项目竣工投运,已建成全国最大的散货"胶囊仓库"①。

2. 存在问题

首先,水运多式联运发展总体水平较低。基础设施、智慧程度、组织运作、参与主体和服务的广度、深度仍有待加强。综合运输能力有限,开放高效的现代物流联合运输市场仍未建成。"经营货物申报"仍然是基本现状。铁水联运有一定的准入门槛,多式联运通道的保障率仍待提高,因此制约了水运多式联运发挥其优势。

其次,集疏运通道不畅。由于历史原因,一些码头作业区靠近人口稠密地区,码头用地面积狭小,无法进一步扩大;城市交通与出入港交通交叉,港口铁路编组站超载,港口集散渠道不畅,限制了港口的向上发展。岳阳港铁路的整体装卸线能力有 1011 万吨,其中公共服务码头都坐落于老城区,装卸能力为 825 万吨,几乎没有发展空间,同时,松阳湖作业区没有专用铁路线,集散能力小,多式联运功能不强。

---

① 江涌. 孙伟生,岳阳城陵矶港集装箱吞吐量 50.8 万标箱 [A] //湖南省年鉴(水运篇)[M]. 湖南省地方志编纂院,2021:290. DOI:10.39840/y. cnki. yhncs.2022.001252.

7.1.4　岳阳水运口岸现状及存在的问题

1. 口岸现状

其一，口岸平台申报成效显著。目前城陵矶综合保税区、进口粮食指定口岸、启运港退税政策试点港、进口肉类指定口岸、固废进口指定口岸、汽车整车进口口岸已成功申报，初步形成了"一区一港四口岸"的发展平台，成为中部地区独具六大平台优势，功能齐全、通关便利的对外开放口岸。

其二，口岸航线日益拓展。开通了城陵矶到宁波、上海、太仓、南通的四条"五定"出港班轮外贸航线，实现了城陵矶至港澳的外贸集装箱直航。与上海、香港合作，开辟了 21 世纪海上丝绸之路岳阳—东盟和岳阳—澳大利亚的接力航线。开通了岳阳到日本、韩国等国家的航线。中部地区航运物流枢纽港和对外开放龙头港的地位日益凸显。

其三，产业平台建设进展顺利。城陵矶综合保税区通过国家正式验收，加快了"一港四口岸"的配套建设，湖南城陵矶国际港务集团成立并运营；现已被批准为湖南省省级新型工业化示范基地、岳阳军民融合卫星应用产业园、湖南军民融合产业示范基地，并力争成为国家军民融合产业示范基地；是湖南省首批示范物流园区，国家物流园区和国家高新技术产业开发区申请工作顺利推进。

2. 存在问题

受体制机制、历史沿革等方面的影响，港口岸线经营主体和权属关系复杂，涉及多个不同的央企、省企，统一管理、统一规划、统一开发的港口岸线管理机制尚未形成，163 公里长江岸线码头开发无序，导致岸线资源闲置浪费现象严重。同时，城陵矶港区与"一湖四水"其他港口分工协作关系不畅，水水中转联运程度不高，对加速打造枢纽港、龙头港形成制约。

城陵矶新、老港尚未整合，各自为政、同质竞争，口岸优势尚未得到充分发挥。"一区一港四口岸"六大优势平台整体仍处于建设阶段，港口物流园区建设滞后，高端港航服务要素仍比较缺乏，国际船代货代企业进驻较少，本地船队发展不够，建设长江中游区域性航运物流中心面临较大挑战。

7.1.5 航运服务系统建设现状与存在问题

1. 建设现状

其一，航运整体素质良好。近年来，城陵矶港不断加快集装箱物流信息平台的升级和空集装箱资源的建设，不断构建完善的集装箱物流链。重点发展航运服务业，整体布局好航运服务业集聚区，促进航运经纪、航运保险、航运仲裁、航运交易等航运资源的集聚。通过港口物流信息平台的建设，推动港口企业拓展向运输、代理、旅游、服务业、商贸等领域发展，形成比较系统的港口产业链。

其二，通关报检服务便捷。近年来，岳阳市委及市政府引进集聚航运要素，如船公司和船代公司等，成立了湖南城陵矶港务集团有限公司，同时推进大通关、跨区域等合作，在湖南省内首先试点监管互认、关检信息互换、执法互助的"三互"通关模式。关检合作一次申报、一次查验、一次放行"三个一"，实现一站式联检，并通过内部流程改造、智能化设备等手段提升装卸作业效率，降低进出口物流成本，切实提升货物通关速度，着力打造城陵矶口岸，不断激发企业通过城陵矶港进出口货物积极性。

2. 存在问题

虽然岳阳航运服务业有所发展，但尚未形成多元化的航运服务业态集聚区，缺乏与区域航运中心和物流中心定位相匹配的航运交易和服务平台，缺乏具有自主创新力的孵化企业、航运研究基地。另外，随着城陵矶航运物流事业的蓬勃发展，港口船舶油污水和垃圾偷排污染水域的环境问题也愈加突出。目前岳阳共有六家船舶污染物接收服务企业，但都处于亏本经营状态。面对更加严格的国际水运条例，城陵矶需要具备高标准处理船舶污染问题的服务能力。

7.1.6　泊位与锚地建设现状与问题分析

1. 泊位建设现状

城陵矶港坐拥天然深水海岸线、独特的深水泊位，机械化作业程度居湖南首位。从南方的七里山开始，一直延伸到北部的陆域，港口区的自然海岸线一共有 22 公里，陆地面积共 269 万平方米，水域面积共 405 万平方米。港口现总资产 5.58 亿元、在岗职工 973 人。码头后面有面积 28000 平方米的仓库和 7 万平方米的堆场；共有码头 34 座、泊位 50 个，其中两个 5000 吨级的外贸码头，可以同时停靠两艘 5000 吨级船舶作业，5 个 3000 吨级泊位、5 个 1500 吨级泊位、5 个简易泊位、24 个油罐和 1 座油库，总容量 72400 吨，详见表 7-1。

表 7-1　　　　　　　　　　　城陵矶泊位情况

泊位名称	长度（米）	深度（米）	允许船舶吃水 及全长（米）	装卸货种	岸吊
3 号泊位	24	1.5	2.5/55		
4 号泊位	65	4.0	4.5/80	客运、滚装船	
5 号泊位	31	4.0	4.5/75	件杂货	
6 号泊位	35	4.5	5.5/75	件杂货	
7 号泊位	40	4.5	5.5/75	件杂货	2×15T
外贸码头	290	5.5	6.0/104.6	集装箱	2×40T
10 号泊位	40	6.0	5.5/75	集装箱	5T、10T
11 号泊位	60	6.5	7.0/80	散货	2×10T
12 号泊位	75	7.0	8.0/90	油	
13 号泊位	60	7.0	8.0/90	散货	2×10T

资料来源：通运费用官网。

2. 泊位面临问题

岳阳市在其 163 公里的长江沿岸上共有 82 个泊位，这些泊位大部分是"粗放无序"发展的产物，港口码头散小乱、岸线资源割据分散、经营主体多、码头泊位利用率不高,给长江沿岸环境造成伤害的同时,也难以满足高质量发展的要求。在整治的过程中还会面对码头的设备设施复杂,导致拆除难度加大;企业职工担心失业,因而对码头的拆除有较大抵触情绪;拆除影响码头企业的正常经营,需解决其过渡性生产等问题。

3. 锚地建设现状

城陵矶目前有 5 个公用锚地,面积共 183.9 平方米。分别为城港 1 号锚地、城港 2 号锚地、城港 3 号锚地、新港锚地、杨林山锚地,1 号与 2 号主要用于轮驳锚地;3 号与杨林山锚地主要服务危险品船舶[77],详见表 7 - 2。

表 7 - 2　　　　　　　　　城陵矶锚地情况

锚地名称	锚地位置	锚地面积			枯水期水深(米)	使用期	用途	锚泊能力		备注
		长(米)	宽(米)	面积(平方米)				艘数	万吨	
城港一号锚地	桂花园、七里山	1500	450	67.5	3.5	常年	轮驳锚地	18	1.80	洞庭湖出口段
城港 2 号锚地	芦席州	1200	100	12	3.5	常年	轮驳锚地	5	0.50	
城港 3 号锚地	芦席州	800	180	14.4	3.5	常年	危险品锚地	6	0.60	
杨林山锚地	杨林山	1000	350	35	3.5	常年	危险品、空油驳	13	1.30	城螺河段
新港锚地	新港	1100	500	55	3.5	常年	重载原油驳	16	1.60	
合计				183.9				58	5.80	

资料来源:笔者据城陵矶港官网公布数据汇总而成。

4. 锚地面临问题

城陵矶港区锚地秩序混乱。一是审批手续落后港口法修改变更,使得许多行政管理、审批和许可制度及程序发生了变化,但城陵矶港的锚地审批手续并未随着更新;二是现在锚地里过驳的浮吊都是能耗高的落后吊机,以油发电、以电作业，能耗很大，油污很多，属于"去产能、调结构"的对象；三是船舶到锚地乱停乱靠，挤占了航道空间，严重影响了到港船舶的安全。

7.2　加速打造长江中游区域性综合航运物流中心的任务目标

7.2.1　建设岳阳港国际水运通道的任务目标

1. 加强港口资源整合，打造结构合理、功能齐全的港口集群

随着经济全球化趋势日益增长，国内外贸易发展势头强劲，第四代港口急需加速推进。第四代港口强调港口是供应链中的一个环节，倡导港口和航运联盟。湖南需要进一步整合全省港口航运资源，通过政府扶持，以产权为纽带，采用母子公司体制，凭借城陵矶国际港务集团这一重大平台，组建包括港口、码头、航运、物流企业的港航发展集团。湖南省对港口资源进行统一规划、统一建设、统一管理、统一营运，助力城陵矶港加速成为长江中游区域性综合航运物流中心，同时，重点关注长沙霞凝港区，将其建设成专业化的核心运输港区，将湘潭、株洲、益阳、常德、衡阳、永州等省内港口发展成城陵矶港的支线喂给港，吸引全省航运物流货源向城陵矶港归集，为实现将岳阳打造为长江中游区域性综合航运物流中心这一目标集中优势。推动全省重点港口与对应海关监管区、物流园区、工业园区有效对接、联动发展。科学编制港口规划，加快港口集群建设步伐，整合洞庭湖沿线的个体加快推进航道提升提质工程，构建干支结合、高效便捷、联动畅通的航运体系。全面散货码头，优化码头资源的配置。

2. 推进湘江干流高等级航道建设

支持充分利用航道自然条件对支线航道进行提质升级改造，加速建成湘江航道岳阳段全线达到二级航道通航标准，扁山至三江口实施分道航行，实施永州至衡阳三级航道改扩建工程。岳阳充分发挥作为湖南省唯一临江口岸

城市的地理优势，将长江水域的航道全面整合、优化，疏浚长江航道。将城陵矶纳入长江下游享受相关优惠政策的范围，尽全力配合国家整治长江中游 6 米深水航道，加快航道工程的建设，疏浚长江航道岳阳至武汉航道，提高维护水深。

加快实施华容河、藕池河、新墙河、汨罗江等河湖的河道建设，提升支线航道功能。加速推进"一纵五横"航道以及洞庭湖区域的航道建设，集中推进航道工程建设的步伐，如湘江至株洲枢纽—城陵矶 2000 吨级航道建设工程。提升城陵矶港口与其沿岸港口的多式联运，开拓如"旱港""无水港"等运输方式，将港口腹地的运输渠道进一步完善，拓展城陵矶港口的腹地。严格执行《中华人民共和国航道法》，加强水路安监执法，坚决打击非法采挖，保护航道通航环境，保护全省水运生态环境。

7.2.2 全力促成以港口为核心的大物流格局

1. 完善集疏运体系，打造综合立体交通体系

城陵矶港作为湖南省加快融入长江经济带、助力于中部崛起战略的一部分，具有不言而喻的重要性。加快港口和航运建设基础设施，完善综合立体交通体系的建设，为进一步完善城陵矶港周边铁路、公路以及与外部通道的联系打下了坚实的基础。打通港口码头、综合保税区以及工业园区之间链接的痛点、堵点，助力实现"水、铁、公、空"多式联运的"最后一公里"，搭建一体化的综合立体交通体系。建成城陵矶高速、实现杭瑞高速冷水铺互通互联、提质改造联港路、北环线，积极推进华能电厂至城陵矶新港区码头的公路建设，逐步推进南北向与东西向的疏港公路建设。加大蒙华铁路进港铁路支线项目实施力度，形成自蒙华铁路正线（坪田站）引出，顺沿随岳高速西侧向北，过卢家线后分为西北两条支线。北支线横越随岳高速至南洋州交通线，西支线沿长江大堤至松阳湖新港。发展长江中上游及湖南湘江、洞庭湖等港口到岳阳新港的集装箱供给航线。

进一步发展集装箱水水中转，重点发展湘江航线的集装箱小运转航班，城陵矶新港到长沙港的以 2000 吨船舶为主的中转航线。突出集装箱和大宗散

货江海直达运输，发展煤炭、集装箱的铁水联运，加大对西部地区货物南下的水铁联运通道开发。加快空港大道及配套设施建设和岳阳东站至三荷机场快速通道（一期）项目建设，打通公空快速连接通道。

2. 加快建设形成多式联运格局，扩大联运经济腹地

积极推进长沙港、岳阳港、常德港等主要港口的集装箱运输、大宗散货铁水联运以及多式联运的迅猛发展，努力实现"无缝衔接"。加快建成湘欧快线暨铁路口岸，加快岳阳北站铁路货场改造，增设岳阳北站铁路口岸，纳入"中欧快线"国际货运班列站点，并规划建设物流产业园，形成公铁联运大节点。加快蒙华铁路进港铁路支线建设，协调推进与岳阳北站进港铁路对接，实现京广与蒙华铁路在新港区贯通，扩大铁水联运经济腹地。

3. 加快城陵矶新港老港建设，发展汽车物流服务经开区汽车产业发展

一是启动城陵矶老汽车滚装码头项目，该项目预计总投资 5 亿元，占地面积 400 亩，顺利建设完成后，该码头可以一次性存放车辆 8800 量，码头吞吐量可以达到年均 40 万辆。二是加快城陵矶新港二期滚装码头建设步伐，滚装码头设计吞吐能力 40 万辆/年。城陵矶新老双港对接"汽车物流—汽车零部件—汽车整车"三步走战略，助推岳阳经开区等区域引进汽车制造企业，形成优势互补、合作共赢①。

7.2.3　加速打造沿江特色产业体系

1. 构建长岳经济带

借鉴国内新区建设经验，远期规划建设长岳新区，先行布局长岳经济带。通过沿海产业承接、省内优势产业转移，把长岳经济带建设成为全省优势产

---

① 李冀. 李爱武主持召开岳阳城陵矶汽车滚装码头建设领导小组会议［N］. 岳阳日报, 2017 - 11 - 16. http://www.yueyang.gov.cn/ztxx/30440/30531/content_1202007.html.

业集聚区，将湘阴、长沙县、汨罗市的部分乡镇纳入长岳发展的承接带，充分利用城陵矶港和道仁矶港的潜在优势，以制造业为经济发展重心，促进临港产业的发展。推动传统制造企业应用先进技术和管理模式，积极发展电子信息、智能装备制造、粮油深加工、军民融合、新材料等新兴产业，优化其临港产业的结构，推动先进制造业的发展。

依托城陵矶新港区船舶、汽车、机械制造业加工基地，依托北斗卫星应用产业园、运想重工、远大住工等大型制造企业，促进造纸印刷、石油化工、纺织、机械制造、建材等港口重要基础产业物流业务的分离外包，促进制造企业与港口物流企业联动互动交流，发展大宗能源、钢铁、造纸、原材料物流，推动物流业和制造业同步协调发展。

2. 做强航运物流产业

其一，充分发挥深水港码头的优势，壮大城陵矶综合物流园，努力打造千亿物流产业。航运物流业务要以集装箱物流为核心，加快搭建集装箱物流信息平台、整合空箱资源，整体提高集装箱的运输能力及水平，推进一条完整的集装箱物流链搭建。其二，完善港口航运市场体系，积极探索在城陵矶港建设湖南长江航运交易所的建设与运营，围绕洞庭湖建设区域航运信息和产权交易平台，定期发布权威研究报告和数据信息，提供船舶信息、仓储信息、货源信息、车辆信息等相关一系列信息发布服务。其三，扩大港口和航运企业。建立保证各类企业公平竞争的市场环境，拓展企业融资渠道，加快培育大型港航企业集团，鼓励支持湖南城陵矶国际港务集团与国内外港口企业联合，扩大港口跨区域合作，积极发展船舶标准化，并推进江海直达、集装箱等专用船舶发展。支持城陵矶港口企业开拓市场，引导集装箱进出城陵矶港，鼓励由企业来找市场，研究制定超额完成任务的集装箱标箱补贴标准和水水中转补贴标准。

3. 培育发展现代服务业

支持组团社引导游客到岳阳观光旅游，对所有停靠城陵矶港 24 小时的新型豪华游轮，免费提供停靠、用电、加水、引导等便利服务（相关费用由政府补贴）。加快征拆，确保白杨湖总部经济港、九鼎产业服务园和天欣总部项目能尽快开工。

引进港口战略合作伙伴，启动汽车城二期工程和平行车进口展览中心项目。积极引进重点商业流通企业，加大对企业的金融支持力度，建立物流业基金和其他多产业基金，在园区内搭建融资担保平台，支持园区内企业做大做强。

7.2.4　建设以口岸、综保区为核心的对外开放平台

1. 充分体现城陵矶港"一区一港四口岸"开放式平台的优越性

一是综合保税区。其作为海关特殊监管区，应充分实施与保税港区相关的税收和外汇政策，集综合保税区、保税物流区、出口加工区于一身，积极发展多种国际中转、采购、配送、出口加工等业务。二是出口退税启运港。货物从城陵矶港发出运往保税区，在保税区中转，最后运往境外，一旦确认货物离开，启运港方就视作货物已出口，可以办理退税业务。出口货物一经离港，即可享受退税的税收优惠政策，有效缩短退税时长，提高了出口企业方的资金周转率。作为海关特殊监管区域，可以实行借区的税收和外汇政策，发挥税收、出口加工区、物流和港口功能，开展国际接力、配送、运输等业务，开展采购、中转贸易和出口加工[77]。

2. 有效协调改革和发展，加快岳阳自贸区的建设

明确岳阳临港自贸区的战略定位，明确其成为"长江中游综合航运物流中心"和"内陆港口经济示范区"的具体要求。将长江经济带高质量发展战略、"三高四新"发展战略等进行有机结合，将政策细化，具体到发展思路、发展目标、发展路径以及实施举措上来，提出切实的具体措施并落实。要有条不紊地推进改革，列举出岳阳自贸区已提出的88项改革，查漏补缺，加快其一体化的进程，完善其发展和改革的具体措施。改革与发展的关系是一体两面。以改革促发展，同时也要用发展倒逼改革，城陵矶港和岳阳自贸片区产业为其接力发展奠定了良好的基础，近年来，引进较多的项目，接下来要在此基础上重点关注产业建设的"两个转变"，一是由"招商"转向"招建

并重"模式,将"纸上投资"转变为实物投资。二是由注重引"新"向以"新老并重"为主转变,既要注重招新项目,同时也要注重服务老项目。当前重点是要把握好三件大事:一是要推进企业上市;二是要推进劳动密集型企业进行自动化改造;三是要有效整合新港区、综合保税区、自贸区内之间的有机关系。加快设立专门机构、专业服务企业的发展,灵活迅速地应对新阶段城陵矶港所面临的新任务和新挑战。

3. 构建国际物流通道

发展包含保税仓储、进出口贸易、加工与增值服务、出口退税及物流信息处理等功能,自身具有发展优势的保税物流。加快湖南城陵矶新港区综合保税区物流中心、城陵矶综保区仓储、标准化厂房、综合服务配套中心现代物流项目、湖南城陵矶新港区国际汽车进出口物流园工程等项目的建设进程。加速水、公、铁、航空口岸建设,拓展新的国际物流航线,开通岳阳至香港、澳门的国际快件中心和集装箱汽车运输海关监管直通车,构建一个面向韩国、日本和东南亚的国际物流通道。

7.2.5 着力建设功能完备的港航服务体系

1. 助力湖南完善航运服务中心

大力发展现代交通运输体系,完善其航运服务业,构建集交易、船舶、口岸等服务于一体的航运服务综合区。加速创设长江航运研究和企业孵化基地,集聚省内省外的港口以及航运资源,汇集航运技术、资本、政策和研究等要素。整合湖北、湖南、江西以及长江沿线的航运资源,整合船舶交易市场供需,打造一个带动湖南、联动长江中游,最终加速航运产业发展的"一站式"航运交易、大宗商品贸易平台、船舶交易平台和航运金融服务中心。

2. 积极发展航运服务产业

规范传统航运服务企业的经营行为,培育和引进龙头企业,提高传统航运服务业的发展水平[78];拓展现代航运服务业,培育和引进法律、公证、航运金融保险、信息技术咨询、交易服务等相关的企事业单位，大力发展知识型、高附加值型的航运服务项目。

7.2.6 提升本土江海直航综合运输能力

1. 建设引领三湘、联通中部、面向全国的长江中游核心港口城市

其一，加强港口资源整合，打造结构合理、功能齐全的港口集群[79]。加快建设发展岳阳港口集群的同时，实现岳阳的喂给港功能，喂给湖南省其他重点港口。通过政府扶持，在省商务厅的带领下，以产权为纽带，采用母子公司体制，依托湖南城陵矶国际港务集团，进一步整合全省港口资源，组建包括港口、码头、航运、物流企业的港航发展集团。在湖南省发展和改革委员会、湖南省交通厅的指导下，探索港口物流多方合作机制，对港口行政管理体制进行跨区域整合，湖南省内港口实行统一规划、统一建设、统一管理、统一运营，助力城陵矶港成为长江中游的航运物流中心，另外，将长沙霞凝港区作为专业化核心运输港区，丰富湘潭、常德、衡阳、株洲、益阳、永州等重点港口的功能。科学制定港口规划，加快港口集群资源整合，推进城陵矶港的统一规划、建设以及管理，以合理分工、优劣互补、良性竞争的方式共同发展。

其二，切实推进航道提升工程，构建干支联动结合、高效畅通的航运体系。发挥岳阳是湖南省唯一临江口岸城市的优势，全面整合优化长江水域的航道，进行长江航道疏浚。将城陵矶纳入长江下游享受相关优惠政策的范围，积极配合国家对长江中游深水航道整治，开展航道提升建设工程，疏浚长江航道中岳阳至武汉部分231公里航道，维护水深由开始的3.7米争取能提升至4.2米，力争达到4.5米。争取在以后规划中期调整中将安庆到武汉6米维护水深整治工程延伸至城陵矶。加快湘江航道的提升工程建设，加速建成湘江航道岳阳段全线达到二级航道通航标准，扁山至三江口实施分道航行。加快实施华容河、藕池河、新墙河、汨罗江等河湖的河道建设，提升支线航道功能。

其三，创建综合性的航运服务业态集聚区，打造湖南航运总部基地。大力发展现代交通运输体系，完善其航运服务业，构建集交易、船舶、口岸等

多种服务于一体的航运服务综合区。高效地整合港口资源凸显其服务功能与影响力等优势领域,是助力于将岳阳建设成为长江中游区域性综合航运服务体系的重要组成部分之一。尽快建设长江航运研究和企业孵化基地,快速集聚省内省外航运资源,汇集航运技术、资本、政策以及研究等要素。整合长江中游地区乃至长江沿线的航运资源,明确船舶交易市场供需,打造一个辐射湖南并且能够带动长江中游航运产业迅速崛起的"一站式"大宗商品贸易、航运交易、船舶交易平台及航运金融服务中心。

2. 进一步推动建设形成"双港驱动,三区联动"的大物流格局

其一,整治港口的基础设施建设,完善其多式联运的建设,打通其发展环节的痛点与堵点,其中包括城陵矶港周边铁路、公路以及与外部通道的快捷联系,港口码头、综合保税区以及工业园区之间的有效链接。最终实现"水路、铁路、公路、航空"多方式联运的"最后一公里",形成无缝一体化立体交通体系。

加快建设发展沿长江线公路,连接省内内河。建成城陵矶高速、杭瑞高速冷水铺互联互通连接线、提质改造联港路、北环线,加快建成北环线大桥等疏港公路建设。加快建成蒙华铁路进港铁路支线项目,形成水铁联运格局,实现新港一期交通转换功能。顺沿着随岳高速公路西侧向北,经过卢家线后分为了西北两个支线。北支线穿过随岳高速公路至南洋州的交通线,西支线沿长江大堤至松阳湖新港。继续发展长江中上游和湘江、洞庭湖等港口到岳阳新港的集装箱航线通道,进一步实现水水中转。

稳固发展集装箱以及大宗货物的江海直达运输,发展煤炭、集装箱的铁水联运,加大对西部地区货物南下的水铁联运通道开发。加快空港大道及配套设施建设和岳阳东站至三荷机场快速通道(一期)项目建设。

其二,加快城陵矶新港老港建设,发展汽车物流服务经开区汽车产业发展。启动城陵矶老港汽车滚装码头项目,项目预计投资总计 5 亿元,占地面积为 400 亩,预计全部建成后,可存 8800 辆车,吞吐量高达 40 万辆/年①。

---

① 2017 年 9 月,岳阳经济开发区与城陵矶新港区召开的联席会议上的报告。

推进建设城陵矶新港二期滚装码头的进程，其码头设计的吞吐能力为年均 40 万辆车。城陵矶新老双港对接，实施"汽车物流—汽车零部件—汽车整车"三步走战略，助推岳阳经开区等优势区域引进汽车制造企业①。

其三，加快建设形成多式联运格局。加快建成湘欧快线暨铁路口岸，加快岳阳北站铁路货场改造，增设岳阳北站铁路口岸，并将其纳入"中欧快线"国际货运班列站点，并规划建设物流产业园，形成公铁联运大节点。加快蒙华铁路进港铁路支线建设，协调推进与岳阳北站进港铁路对接，实现京广与蒙华铁路在新港区贯通，扩大铁水联运经济腹地。实现便捷通关，提质、增效、降费，打造通关一体化服务。加快三荷机场空港大道及配套设施建设和岳阳东站至三荷机场快速通道项目建设，打通公空快速连接通道。

3. 加速创新引领，打造沿江特色产业体系

其一，突出临港优势，大力发展临港产业。凭借"以港兴城、以港兴市"的战略，充分利用城陵矶港、道仁矶港的潜在优势，以制造业为重点，加快岳阳的临港产业发展[80]。推动传统制造企业应用先进技术和管理模式，重点发展电子信息技术、新材料等新兴产业，优化临港产业结构，促进先进制造业发展。依托城陵矶新港区船舶、汽车、机械制造业加工基地，依托军民融合、运想重工、远大住工等大型制造企业，支持石油化工、机械制造、造纸印刷、纺织、建材等港口依存产业的物流业务分离外包，促进制造企业与港口物流企业联动互动交流，大力发展大宗能源、造纸、钢铁、原材料物流，促进物流业和制造业的协调共同发展。

其二，做强航运物流产业。一是完善航运市场体系。积极探索湖南航运交易所的建设与运营，建设环洞庭湖区域航运信息与产权交易平台，定期发布相关研究报告与数据信息，积极提供水运货物交易、船舶交易、运价信息等港口与航运信息发布服务。二是壮大港口航运企业。建立保证各类企业公平竞争市场环境，拓展企业融资渠道，加快培育大型港航企业集团，鼓励和支持国内外港口企业与城陵矶国际港务集团开展合作，推进港口跨区域合作，

---

① 李冀. 李爱武主持召开岳阳城陵矶汽车滚装码头建设领导小组会议 [N]. 岳阳日报，2017 - 11 - 16. http：//www. yueyang. gov. cn/ztxx/30440/30531/content_1202007. html.

积极推进江海直达、船舶标准化、加快专用船舶的发展。三是发展航运服务产业。提高航运服务业的发展水平，规范传统航运服务企业的经营行为，培育和引进龙头企业，提高传统航运服务业的发展水平[81]；拓展现代航运服务业，培育和引进法律、公证、航运金融保险、信息技术咨询、交易服务等相关的企事业单位，大力发展知识型、高附加值型的航运服务项目。

其三，培育发展现代服务业。加快征地拆迁，确保九鼎产业服务园、白杨湖总部经济港、天欣总部项目能尽早开工。引进战略合作伙伴，启动汽车城二期工程，加快汽车物流产业园建设。打造集平行车进口展示中心、汽配市场及摩托车市场于一体的现代汽配交易市场。积极引进重点商业流通企业，加大对企业的金融支持力度，建立物流业基金和其他多产业基金，在园区内搭建融资担保平台，支持园区内企业做大做强。

4. 建设以开放口岸、综合保税区为核心的对外开放平台

其一，加快中国（湖南）自贸试验区申报。以城陵矶新港区以及城陵矶综保区为申报主体，将新港码头及腹地产业区的 23.68 平方公里、岳阳空港产业园、坪田货运站整体打包纳入中国（湖南）自贸区申报范畴。

其二，提升口岸保税功能，拓展国际物流货源。发挥其"一区一港四口岸"的突出优势，强调开放创新，加大综合保税区的建设力度，突出发展进口农产品物流、冷链物流、跨境贸易以及跨境电子商务等国际物流服务。落实"三互"政策，加快大通关建设进程，形成国际贸易"单一窗口"公平平台，资源全市共享，提高口岸通关效率。吸引更多的大型制造业、出口加工企业入驻临港新区，拓展国际物流货源。

其三，发展保税物流，构建国际物流通道。发展具有保税仓储、加工及增值服务、进出口贸易和加工物流信息等功能齐全的保税物流，加快发展湖南省城陵矶口岸工业新区综合保税区物流中心。城陵矶综保区仓储、标准化厂房、综合服务配套中心现代物流项目、湖南城陵矶临港新区国际汽车进出口物流园工程等项目的建设进程。加强公、铁、水、空的口岸建设，积极开拓新的国际物流航线，开通岳阳至港、澳等地区的快递业务以及集装箱汽车运输海关监管直通车，搭建面向韩、日和东南亚的国际物流运输通道。

阶段目标如下：

（1）近期目标。到 2022 年，初步形成岳阳航运物流中心体系结构和基本功能：一是建设符合岳阳经济社会发展的总体要求，构建布局合理、设施完备、功能齐全、服务一流的口岸开放格局；二是完善其口岸综合管理、联络协调机制和大通关运行机制；三是航运中心港口群建设初具规模，港口货运量和集装箱运量稳步增长；四是港航基础建设及集疏运网络条件相对完善，初步形成[82]。

其主要发展指标：关于口岸进出口货物总量，目标 3400 万吨；关于集装箱吞吐量，目标大于等于 50 万标准箱；关于对外贸易总额，目标 100 亿美元。

（2）中期目标。到 2025 年，建设形成"双港驱动，三区联动"的大物流格局，基本建成岳阳物流中心：一是形成功能区划明显，规模化，专业化和现代化的港口群，港航基础设施及集疏运网络条件完备，港口货运量及集装箱吞吐量实现有效增长；二是形成多式联运格局和航运市场体系；三是完成疏浚长江航道岳阳至武汉，维护水深进一步提高至 4.5 米，安庆到武汉 6 米维护水深整治工程已延伸至城陵矶；湘江航道岳阳段争取达到二级航道通航标准；四是完善水上搜救、安全应急、综合信息系统和现代航运服务体系，明显提升其水运综合支持保障能力；五是全面建成多元化的航运服务业态集聚区和湖南航运总部基地；六是打造全市共享的国际贸易"单一窗口"公共平台。

其主要发展指标：关于口岸进出口货物总量，目标 5000 万吨；关于集装箱吞吐量，目标大于等于 80 万标准箱；关于对外贸易总额，目标 200 亿美元①。

（3）远期目标。到 2030 年，建设长江中游区域性综合航运物流中心和国家能源、石化、食品产业基地：一是加快港航资源高度集聚、完善其服务功能、优化其营商环境，使其成为具备高效现代物流服务的长江中游综合性航运物流中心；二是依托洞庭湖优势，构建以洞庭湖为核心的现代内河航道体

---

① 岳阳市交通运输局．岳阳市综合交通体系发展"十四五"规划［R］．2022 – 8 – 10. http：// www. yueyang. gov. cn/jtj/6534/6554/6555/content_1975623. html.

系，力争在湖南省内河运输资源丰富的地区之间实现 300 吨以上船舶或船队的直达运输；三是大型制造业、出口加工企业入驻临港新区，国际物流货源和国际航线数量显著增加。

其主要发展指标：关于口岸进出口货物总量，目标 1 亿吨；关于集装箱吞吐量，目标大于等于 100 万标准箱；关于对外贸易总额，目标 300 亿美元。

7.3 打造岳阳港航运中心政策建议

1. 土地配套政策

对于符合岳阳航运中心相关规划并纳入岳阳航运中心重点建设的项目，建设用地给予优先保证；积极探索以土地开发，带动港口建设的发展模式，在符合土地利用总体规划、体现集约用地的前提下，将港口建设与周边土地开发结合起来，主动吸引社会投资，已期形成港口建设与区域经济相互支撑、协调发展的新格局。

2. 地方资金扶持

加大财政性资金投入，重点支持岳阳航运中心相关港航基础建设、配套设施、产业园区重大建设项目；对航运、港口、物流和航运服务企业及其地区总部，依法给予办公场所补贴、税收减免、资金奖励等支持；设立专项资金支持岳阳航运中心建设发展，重点支持重大企业和基础设施项目的建设。

3. 拓宽投融资渠道

建立以多元化投资为基础的港航建设融资模式和以政策引导资金为导向的交通物流投融资模式，积极探索、制定和用好政府引导资金[83]。发布激活社会资本，吸引外来资本的相关政策，推进金融政策创新；大力培育岳阳航运中心建设运营主体，支持条件成熟的重大项目采取 BT、BOT 等形式筹集建设资金；推动实力强的金融机构、港航企业等出资设立专业的航运保险和融资担保机构；积极鼓励港航企业参与设立或参股金融类租赁公司；积极鼓励港口、航运及相关联产业间的相互参股、投资、合资；硬件设施建设与业务经营往来以资本为纽带，形成以合作互补、互利共赢为原则的现代企业发展模式。

4. 扶持集装箱运输业发展

出台政策措施，优先发展集疏运体系，实现集装箱铁路水路联运与公共水路联运"一票到底"的完美衔接；制定优惠政策，促进集装箱市场的培育和扩大。

采用降低集装箱中转运输车辆通行费、水陆中转集装箱的中转装卸船包干费用、给予物流公司揽货奖励等措施来吸引箱源集聚，扩大集装箱中转量；通过给予航运公司航次补贴、载运箱量奖励等优惠政策，巩固发展江海直达、江海联运集装箱班轮航线，促进集装箱进出口贸易大通道的形成。

5. 培育现代航运服务聚集区

加大对建设岳阳航运服务区的政策扶持力度；制定特定优惠政策，吸引全球保险、金融机构来入驻岳阳航运服务集聚区；创建岳阳长江航运金融中心，采取船舶按揭、经营性贷款、融资租赁等方式支持航运事业发展；争取在岳阳设立租赁税收特区，带动海运租赁事业发展和完善。

6. 支持航运企业做大做强

支持航运企业更新淘汰老旧的船舶，提高船舶运能占地、降低船舶能耗和排放。设立客运企业技术改造创新基金，鼓励企业进行船舶技术改造，推进运输船舶标准化、规模化，促进内河航运企业经营和技术改造升级，引导中小航运企业向规模化、集约化发展。研究制定未来直达集装箱液化危险品、车辆滚装卸等高端运力的税收扶持政策，打造长江中游规模最大的现代化船队。

7. 加快发展综合性物流及贸易

研究制定入驻城陵矶新港区的土地、税收等优惠政策，吸引仓储物流、出口加工、航运代理、货运代理、贸易展览、港口清关、航运金融保险等航运服务业集聚；简化船舶进出港和货物进出海关手续，降低物流费用，建立高效便捷的综合保税物流体系；依托临港产业集群配套发展商贸物流等园区经济，形成产业结构布局合理、港口经济特色明显、现代制造业和服务业高度集中的综合性物流贸易基地。

8. 强化现代综合信息服务功能

加大对航运信息建设支持力度，采取政府引导、企业为主、市场运作的模式，有效整合航运电子政务、港航企业及市场体系信息资源，提高信息服务水平，支持航运信息中心建设，快速推进岳阳新港物流信息发布平台和电子数据交换平台（EDI）等项目建设，有效整合运输、贸易、引航、保险、海关、企业等部门信息，实现报关、订舱交易等服务活动的电子化和网络化；对平台运营商实行高新企业经营的优惠政策和配套政策，鼓励行业龙头企业参股投资信息平台建设，推动航运信息化应用水平整体提升。

9. 政策法制保障

研究制定《岳阳新港管理条例》，培育岳阳航运中心核心功能建设区；保护内河航运资源，研究制定岸线资源利用与管理规划，探索港口岸线资源评估、等级评定和有偿使用办法，促进形成岸线资源有偿使用和退出机制；大力支持海事司法机构及海事仲裁机构的建设，完善水上交通安全监管及救助措施。

10. 争取国家支持

争取得到国家相关产业政策和技术改造专项资金的支持，将岳阳航运中心相关建设项目和产业项目纳入中央投资计划；全力推动城陵矶保税港区申报建设，力争在岳阳实施中国内河自由港政策试点。

7.4　本章小结

本章主要探讨的是关于长江中游地区——岳阳综合性航运物流中心的建设实践。

从岳阳港口发展现状找到发展过程中的问题、找到突破口，针对岳阳港航运发展、多式联运建设、水运口岸建设、航运服务系统建设以及泊位与锚地建设五个方面的发展现状和问题做深入探究。对打造长江中游综合性航运物流中心任务目标作出系列规划和预判，加速港口经济和航运中心建设的发展进程。

第8章 结论与展望

8.1 研究结论与观点

鉴于国家绿色发展理念和多方位的国家政策，就临港产业的发展前景和面临的环境污染问题和产业碳排放问题作出分析，并有针对性地提出调整方案。在对国内长江中游地区湖北省、江西省和湖南省港口发展现状分析的基础上，根据国家和各省政府的港口发展政策，对湖南省内河航运发展、岳阳市港产城融合以及长江中游地区——岳阳综合性航运物流中心的建设进行定性和定量的分析，针对性地提出有建设性的意见，主要研究结论如下。

第一，有关新时代港口经济绿色发展的研究结论和观点。

绿色发展是可持续发展的一个重要环节，港口经济的发展是国民经济发展的重要环节，港口经济绿色发展更多依靠临港产业结构的调整，港口污染排放的管控。港口要建立健全港口污染物监测体系，积极研发新技术、新材料和新设备，保护港口安全可持续发展的同时节约资源。临港产业结构的非最优化加速环境和港口经营的条件的恶化，要积极助推多式联运物流运输方式，减少能源消耗。

第二，有关长江中游地区——湖南内河港口航运发展的研究结论和观点。

国内外典型的港口航运发展均利用自己地理位置的优势、资源的优势打造了一条独特的航运，以此来促进经济的发展。湖南省作为长江中游地区主要的省份，新老旧港口整治要坚持快、狠、准，极力推进航道重大整治工程系统化。湖南省的航道众多，但经营管理零散，要通关航运中心内部机制，对某些航运要素和航运资源优化配置，使湖南省航运中心内各要素具备自主生长和自我造血的功能，加强湖南省航运在长江中游地区的区域影响力。

第三，有关湖南省港口资源优化配置的研究结论和观点。

为贯彻习近平总书记关于水运和港口发展的重要讲话精神，更好地对接交通强国等重大国家战略，服务湖南省的"三高四新"战略需要，充分发挥湖南省水运资源优势，针对湖南省港口资源配置中目前存在的"一城多港"竞争无序、港口重复化竞争、港航龙头虚位问题，从加强组织领导、加强规划修编、加大扶持力度、坚持市场导向四个方面给出对策建议。

第四，有关岳阳长江中游航运物流中心建设实践的研究结论和观点。

岳阳综合性航运物流中心的建设面临着机遇和挑战，航运中心的建成需要在多式联运建设、水运口岸建设、航运服务系统建设和锚地建设发展现状中发现问题，精准突破，为综合性提供基础硬件。打造岳阳港航运中心政策措施重点在于土地配置、地方资金扶持、拓宽投融资渠道，扶持集装箱运输业发展、培育现代航运服务聚焦区、强化现代综合信息服务功能。

8.2 创新点

本书主要有以下三个创新点。

其一，中国特色社会主义进入新时代以来，针对港口经济发展过程中面临的新老问题，结合过去港口发展的思想理念和实践基础，建设性地提出许多深入推进港口发展的新理念新部署，形成了新时代港口经济发展理念。研究认为，坚持"创新引领、生态和谐、内外开放、系统统筹、区域协调、集约优化"发展港口经济构成了新时代港口经济发展理念的主要内容，这也是我国建设智慧港口、绿色港口、平台港口、一流港口、物流港口、特色港口的重要指导。该理念是我国港口经济发展理论的重要创新，具有重大的时代意义。

其二，深度解读了国家就港口经济发展和航运中心建设问题出台的相关政策，从"双循环"新发展格局到新时代推动中部地区高质量发展，各主要港口都作出了积极响应，试行了一系列可推广借鉴的政策，有利于小中型港口效仿发展。针对绿色发展这个热点问题，探寻了其在港口问题上应该解决和正在解决的问题。

其三，分析国内外重点航运中心的发展模式，以及各典型航运发展城市港口的建设，提炼其优缺点，为长江中游航运中心建设提供借鉴。分析长江中游地区各省份主要港口经济发展现状和各省政府的关注度，就港口发展环境、竞争优势作出对比分析，在长江中游港口体系中寻找特点和优势，并重点研究了岳阳长江中游航运物流中心建设问题。

8.3　研究展望

第一，长江中游地段港口正在快速成长，遵循国家发展战略正寻找新的突破口。

港口经济发展能够带动产业发展，进而带动城市发展。港口业是国民经济中最重要的基础产业，各港口的航运建设受社会环境、政治环境、经济环境以及地理环境的影响。对于长江中游地区港口经济发展和航运中心建设这样错综复杂的问题，本书做了一种探索性研究，虽未能将长江中游涉及的所有港口一一列举，仅对湖南省岳阳市的港口做了深入探讨，但为笔者指明了今后发展的方向。

第二，继续推进湖南省内河航运发展研究。

本书对湖南省的航道现状、资源整合做了系统性的研究，发现了湖南省内港口规模小数量多、"一城多港"竞争无序等不利于长远发展的经营模式。如何有效调整资源打破这种"怪圈"，让省内资源带动全省港口经济发展，甚至经济发展仍值得深入研究。

第三，开展岳阳市"港产城"融合机制研究。

"一带一路"发展建设下，岳阳市"港产城"融合机制有更大的发展空间。近十年来港口、城市和产业间的发展趋于平稳还是以港口为中心，相比较于其他沿江发达港口城市，如何更好地衔接三次产业还有很多值得探究的空间。

第四，努力实现更贴近岳阳长江中游港口经济发展与航运中心建设的仿真模拟。

本书只是在现有的资源基础上对港口体系航运中心建设进行了一般性的阐述，没有将长江中游地区港口间的实际航线网络和港口间的竞争关系结合起来论证。因此，在现实的航运中心建设过程中还有很多事情要去求证，突破现实建设中可能遇到的各类问题。

参考文献

［1］葛立方，朱睿. 推进宁夏服务业高质量发展的路径探析［J］. 中国经贸导刊（中），2021（5）：77－79.

［2］周雅琨. 基于"一带一路"战略的环渤海区域港口竞争力分析［D］. 大连：大连海事大学，2017.

［3］打造三条蓝色经济通道《"一带一路"建设海上合作设想》发布［J］. 中国报道，2017（7）：11.

［4］韩保江. 深刻认识和把握新发展格局与现代化经济体系的关系［J］. 全球商业经典，2020（12）：40－45.

［5］夏永祥，成涛林. 长江三角洲构建世界第六大城市群问题研究［J］. 中国经济问题，2003（06）：66－77.

［6］隆国强. 我国港口发展的新形势与新方向［J］. 中国发展观察. 2016（13）.

［7］罗诗刚. 对长江港口脱困的对策思考［J］. 综合运输. 2000（7）：35－37.

［8］韩增林，李彬，张坤领，等. 基于CiteSpace中国海洋经济研究的知识图谱分析［J］. 地理科学，2016，36（05）.

［9］肖明，陈嘉勇，李国俊. 基于CiteSpace研究科学知识图谱的可视化分析［J］. 图书情报工作. 2011，55（6）.

［10］国务院. 关于依托黄金水道推动长江经济带发展的指导意见［OL］. 综合运用，2014（11）：4－13.

［11］周家海. 加强绿色港口建设研究［J］. 交通运输部管理干部学院学报，2015（4）：5.

［12］钟远海. 做好"四个一流"服务"一带一路"［N］. 中国远洋海运报, 2017 – 07 – 07（A01）.

［13］武晓娟. 中国共产党新时代交通强国思想研究［D］. 重庆: 重庆交通大学, 2019.

［14］李羽. 习近平关于海洋强国的重要论述研究［D］. 广州: 广东海洋大学, 2020.

［15］ÁLVAREZ-SANJAIME Ó, CANTOS-SÁNCHEZ P, MONER-COLONQUES R, et al. The Impact on Port Competition of the Integration of Port and Inland Transport Services［J］. Transportation Research Part B: Methodological, 2015, 80: 291 – 302.

［16］DE PALMA A, LERUTH L. Congestion and Game in Capacity: A Duopoly Analysis in the Presence of Network Externalities［J］. Annales d'Economie et de Statistique, 1989: 389 – 407.

［17］TALLEY W K, NG M W. Port Multi-service Congestion［J］. Transportation Research Part E: Logistics and Transportation Review, 2016, 94: 66 – 70.

［18］TALLEY W K. An Economic Theory of the Port［J］. Research in Transportation Economics, 2006, 16: 43 – 65.

［19］DE BORGER B, VAN DENDER K. Prices, Capacities and Service Levels in a Congestible Bertrand Duopoly［J］. Journal of Urban Economics, 2006, 60（2）: 264 – 283.

［20］FAN L, WILSON W W, DAHL B. Congestion, Port Expansion and Spatial Competition for US Container Imports［J］. Transportation Research Part E: Logistics and Transportation Review, 2012, 48（6）: 1121 – 1136.

［21］SUYKENS F, VAN de Voorde E. A Quarter a Century of Port Management in Europe: Objectives and Tools［J］. Maritime policy and management, 1998, 25（3）: 251 – 261.

［22］FAN L, WILSON W W, DAHL B. Congestion, Port Expansion and Spatial Competition for US Container Imports［J］. Transportation Research Part E: Logistics and Transportation Review, 2012, 48（6）: 1121 – 1136.

［23］ ASHARA. Strategic Pricing in Newly Privatised Ports ［J］. International Journal of Maritime Economics, 2001, 3（1）: 52 – 78.

［24］ HARALAMBIDES H E. Competition, Excess Capacity, and the Pricing of Port Infrastructure ［J］. International Journal of Maritime Economics, 2002, 4（4）: 323 – 347.

［25］ VANDEN Bossche M, GUJAR G. Competition, Excess Capacity and Pricing of Dry Ports in India: Some Policy Implications ［J］. International Journal of Shipping and Transport Logistics, 2010, 2（2）: 151 – 167.

［26］ SAENZ M J, UBAGHS E, CUEVAS A I. Enabling Horizontal Collaboration through Continuous Relational Learning ［M］. Springer, 2015.

［27］ TAN Z, MENG Q, WANG F, et al. Strategic Integration of the Inland Port and Shipping Service for the Ocean Carrier ［J］. Transportation Research Part E: Logistics and Transportation Review, 2018, 110: 90 – 109.

［28］ TAKEBAYASHI M, HANAOKA S. Efficient Inter-port Cooperation Considering Port Congestion and Port Charge ［J］. Maritime Transport Research, 2021, 2: 100011.

［29］ ZHANG A. The Impact of Hinterland Access Conditions on Rivalry between Ports, JTRC OECD ［R］. ITF Discussion Paper 2008 – 8, 2008.

［30］ LUO M, YIP T L. Road Congestion, Capacity and Port Rivalry: Theory ［M］ //Ports and the Environment. Routledge, 2017: 29 – 30.

［31］ DE Borger B, PROOST S, VAN Dender K. Private Port Pricing and Public Investment in Port and Hinterland Capacity ［J］. Journal of Transport Economics and Policy, 2008, 42（3）: 527 – 561.

［32］ WAN Y, ZHANG A. Urban Road Congestion and Seaport Competition ［J］. Journal of Transport Economics and Policy, 2013, 47（1）: 55 – 70.

［33］ YUEN A, BASSO L J, ZHANG A. Effects of Gateway Congestion Pricing on Optimal Road Pricing and Hinterland ［J］. Journal of Transport Economics and Policy, 2008, 42（3）: 495 – 526.

［34］ 周鑫,季建华,沙梅.双垄断港口企业差别定价动因研究［J］.管

理工程学报, 2011, 25 (1): 148 – 153.

[35] WANG X, MENG Q. Optimal Price Decisions for Joint Ventures between Port Operators and Shipping Lines under the Congestion Effect [J]. European Journal of Operational Research, 2019, 273 (2): 695 – 707.

[36] LUO M, LIU L, GAO F. Port Competition Using Capacity Expansion and Pricing [C] //International Forum on Shipping, Ports and Airports (IFSPA). Hong Kong: May, 2009: 24 – 27.

[37] DE Borger B, DE Bruyne D. Port Activities, Hinterland Congestion, and Optimal Government Policies the role of Vertical Integration in Logistic Operations [J]. Journal of Transport Economics and Policy , 2011, 45 (2): 247 – 275.

[38] CHEN H C, LEE P T W, LIU S M, et al. Governments' Sequential Facility Investments and Ports' Pricing Under Service Differentiation and Uncertainty [J]. International Journal of Shipping and Transport Logistics, 2017, 9 (4): 417 – 448.

[39] FENG H , GRIFOLL M , YANG Z Z , et al. Latest Challenges to Ports in Public-private Partnership: Case of Dandong Port (China)'s Bankruptcy [J]. Transport Policy, 2021, on line.

[40] KURODA K , TAKEBAYASHI M , TSUJI T . International Container Transportation Network Analysis Considering Post – Panamax Class Container Ships [J]. Research in Transportation Economics, 2005, 13: 369 – 391.

[41] NIR A S, LIN K, LIANG G S. Port Choice Behaviour from the Perspective of the Shipper [J]. Maritime Policy & Management, 2003, 30 (2): 165 – 173.

[42] 计梦婷, 董岗. 综合考虑竞争程度与拥挤效应的港口定价策略研究 [J]. 上海管理科学, 2019, 41 (3): 71 – 75.

[43] 崔姝, 徐庆, 马骋. 基于 Hotelling 模型拥挤港口的定价研究 [J]. 物流工程与管理, 2015 (9): 180 – 182.

[44] 张艳. 新时代中国特色绿色发展的经济机理、效率评价与路径选择研究 [D]. 西安: 西北大学, 2018.

[45] 于占福, 许季刚, 周凯. 港口行业碳达峰与碳中和行动策略与路径初探 [J]. 中国远洋海运, 2021 (7): 62 – 64.

　　[46] 常乃磊．李帅. FDI、对外贸易与环境污染的实证研究 [J]. 统计与决策，2011 (10)：130 – 133.

　　[47] 苏方林，黎文勇. 产业结构合理化、高级化对碳排放影响的实证研究——基于西南地区面板数据 [J]. 西南民族大学学报（人文社科版），2015，36 (11)：114 – 119.

　　[48] 马微. 金融结构对产业结构升级的影响效应研究 [D]. 西安：西北大学，2019.

　　[49] EHRLICH P R, HOLDREN J P. Impact of Population Growth [J]. Science (New York, N. Y.)，1971，171 (3977)：1212 – 1217.

　　[50] 宋帮英，苏方林. 我国东中西部碳排放量影响因素面板数据研究 [J]. 地域研究与开发，2011，30 (1)：19 – 24.

　　[51] 易艳春. 外商直接投资、经济增长与我国碳排放关系的实证研究 [D]. 武汉：华中科技大学，2011.

　　[52] 王权. 城镇化及其空间溢出效应对碳排放的影响 [D]. 南京：南京财经大学，2017.

　　[53] 张漫. 城镇化发展对碳排放的影响研究 [D]. 长沙：湖南师范大学，2019.

　　[54] 高仔逸. 长江中游内河港口资源整合策略研究 [D]. 大连：大连海事大学，2020.

　　[55] 严晓冬．何远远. 宜昌港将建成现代化综合性枢纽港 [N]. 三峡日报，2020 – 04 – 29.

　　[56] 胡朝晖，陈旭，陈运珍，等. 宜昌港总体规划思路研究 [J]. 中国水运（下半月），2017，17 (3)：47 – 49.

　　[57] 陈旭，张鹏飞，张利华，等. 荆州港总体规划 [J]. 中国港湾建设，2016.

　　[58] 殷黎. 长航局与黄石市正式建立战略合作伙伴关系 [J]. 中国水运报，2020 – 11 – 16.

　　[59] 交通运输部、湖北省政府联合批复! 黄石市迎来重大发展机遇 [N]. 黄石日报，2020.

[60] 交通运输部办公厅印发《深入推进长江经济带多式联运发展三年行动计划》[R]．中华人民共和国交通运输部，2018－08－31．

[61] 阮值华．九江港口岸物流的发展现状与对策分析 [J]．现代经济信息，2015－07－23．

[62] 赵丹，邬靓．《南昌港总体规划（修订）》部省联合审查会召开 [N]．南昌日报，2020－06－06．

[63] 江港轩．江西港口资源整合实现"一省一港一主体" [N]．江西日报，2020－08－25．

[64] 朱敏．为开放的长沙"补水" [N]．长沙晚报，2019－02－22．

[65] 汤维．《岳阳港总体规划（2035）》正式获批 [N]．岳阳日报，2020－12－01．

[66] 王美玲．湖南：交通路网助推经济外向发展——专访湖南省交通运输厅厅长贺仁雨 [J]．中国投资，2013（3）：62－64．

[67] 湖南省人民政府办公厅关于推进外贸高质量发展的实施意见 [R]．湖南省人民政府公报，2020（1）：2．

[68] 王文华．珠江—西江经济带产业空间布局优化探讨 [J]．时代金融，2018（8）：62－64．

[69] 胡国良，卿前沅．湖南国际物流发展现状与对策思考 [J]．市场研究，2019（12）：4．

[70] 沈莹，周海燕．湖南省绿色航运发展对策研究 [J]．经济师，2018（2）：3．

[71] 沈威，杜巧艳，李永贺，等．长江经济带新型城镇化时空格局演变及影响因素研究 [J]．华中师范大学学报：自然科学版，2017，51（4）：8．

[72] 戴晶晶．港口建设项目档案管理制度建设研究 [D]．南京：南京大学，2011．

[73] 万翠兰．RG港口现代物流园发展战略研究 [D]．南京：南京航空航天大学，2020．

[74] 朱宗尧．上海现代信息服务业发展研究 [D]．上海：东华大学，2012．

[75] 宋长利. 中国沿海港口群经济发展研究 [D]. 沈阳：辽宁大学，2019.

[76] 万浩然. 长江沿线临港新城产业与空间布局研究 [D]. 苏州：苏州科技学院，2008.

[77] 潘栋辉. 海洋经济背景下宁波航运服务业转型发展研究 [D]. 杭州：浙江工业大学，2014.

[78] 张国华. 民国时期太原城市管理研究（1912－1937）[D]. 太原：山西大学，2020.

[79] 上海市国民经济和社会发展第十四个五年规划和二〇三五年远景目标纲要 [N]. 解放日报，2021－01－30（005）.

[80] 王健夫. 武汉市 CO_2 排放峰值目标下工业部门减排路径研究 [D]. 武汉：华中科技大学，2019.

[81] 李洪. 长江上游典型码头集装箱装卸工艺比较研究 [D]. 重庆：重庆交通大学，2012.

[82] 张雅婷. 岳阳港与腹地经济协同发展关系研究 [D]. 武汉：武汉理工大学，2013.

[83] 汪闻勇. "一带一路" 背景下宁波保税区和自贸区发展研究 [D]. 北京：中国社会科学院研究生院，2017.

附件 1：2017 年 2 月 ～ 2021 年 6 月
上海市主要航运政策汇总

日期	政策文件名	主要内容
2017 年 2 月	《交通运输部办公厅关于明确拖轮费适用范围的函》	（一）依据《中华人民共和国港口法》《港口经营管理规定》等规定，港口拖轮经营是指在港口区域内，为船舶进出港、靠离码头、移泊提供顶推、拖带等服务的经营活动。 （二）使用拖轮从事抢险救助作业、海上拖航运输、新造或维修船舶进出港服务，不属于《中华人民共和国港口法》规定的港口拖轮经营活动，其有关费用不适用《港口收费计费办法》。其收费标准可由委托方与港口拖轮经营人或其他经营人协商确定。港口拖轮经营人在提供上述服务时，要严格落实明码标价规定，在其经营场所公示收费项目、对应服务内容和收费标准；要坚持用户自愿原则，自觉规范经营和价格行为，保护用户合法权益。 （三）使用拖轮从事与船舶进出港直接相关的监护、护航等服务，属于港口拖轮费对应服务范围，港口拖轮经营人提供上述服务时不得在拖轮费外另立收费项目
2017 年 4 月	《上海市交通委员会关于进一步加强码头堆场扬尘在线监测管理的通知》	一、严格设备供应商管理要求 （一）备案条件 （二）管理要求 二、完善市级监控平台服务功能 三、加快推进扬尘在线监测设备安装
2017 年 6 月	《关于进一步明确上海港游艇码头港口经营许可的通知》	一、办证事宜 二、申请材料 三、受理方式 四、受理时间 五、审批期限
	《关于调整〈港口岸线使用审批办事指南〉相关内容的通知》	调整主要围绕三个方面： 一是统一岸线与土地权属，加强属地化管理。 二是明确岸线使用功能划分、现场核查内容和流程。 三是规范危险品装卸港口岸线审批，临时岸线使用不得涉及危险品装卸

续表

日期	政策文件名	主要内容
2017年7月	《规范港口生产经营行为降低进出口物流成本》	整改港口生产经营中涉嫌违反《中华人民共和国反垄断法》的行为的措施： 一是全面开放拖轮、理货和船代市场。 二是合理调降外贸进出口集装箱装卸费。 三是立即废止和清理有关不合理交易条件。
2017年11月	上海市交通运输和港口管理局关于开展交通港航行业危险货物存储罐和油气装卸码头安全专项检查的通知	一、检查范围：交通港航行业所涉及的所有危险货物存储罐及油气装卸码头 二、重点检查内容 (一)《国家安全监管总局关于印发金属非金属矿山等重点行业领域安全生产大检查工作方案的通知》中要求的危险化学品领域专项检查内容。 (二)《危险化学品重大危险源监督管理暂行规定》《危险化学品输送管道安全管理规定》有关要求的落实情况，按照《危险化学品企业事故隐患排查治理实施导则》开展隐患排查治理工作情况。 (三)企业和单位领导班子安全生产责任制建立和落实情况，领导干部值班带班制度建立和落实情况。 (四)安全教育培训情况。 (五)夏季"四防"措施以及应急物资储备落实情况。 (六)吸取同行业事故教训及整改措施落实情况。 三、危险货物存储罐企业还要重点检查以下内容 (一)符合现行设计规范要求情况；吸取事故教训，对设计进行复核并对存在的问题进行整改情况。 (二)防泄漏和防腐蚀措施落实情况；防火堤和防火隔堤设置情况；储罐根部阀和紧急切断阀设置和运行情况。 (三)仪表监控系统运行管理情况，包括液位、温度、压力监测仪表设置和运行情况，储罐液位超高报警和自动连锁装置设置和运行情况，储罐超低液位自动停泵措施设置和运行情况，可燃、有毒、有害气体泄漏和火灾自动检测及报警系统的配置和运行情况。 (四)电气系统的管理情况，现场电气设备的防爆、防静电措施落实情况，应急电源配备情况。 (五)消防设施的配备情况以及定期检验和维修情况，紧急状况下防止环境污染措施落实情况。 (六)避雷设施的配置及定期检修、检测情况。 (七)储罐浮顶密封完好情况，一、二次密封之间可燃气体是否超标。 (八)相邻储罐防止事故相互影响的措施落实情况。 (九)2012年储罐安全专项检查查出的问题和隐患整改情况。

续表

日期	政策文件名	主要内容
2017年11月	上海市交通运输和港口管理局关于开展交通港航行业危险货物存储罐和油气装卸码头安全专项检查的通知	四、危险货物装卸码头还要重点检查以下内容 （一）设计是否符合相关设计规范要求，码头安全管理是否符合《港口危险货物安全管理规定》以及油气码头装卸作业有关安全管理规定要求。 （二）检查方式和时间安排： 1. 企业全面自查； 2. 行业主管部门督导检查； 3. 国务院和市安委会办公室重点督查。 （三）相关要求
2019年7月	《关于加强港口危险货物储罐安全管理的若干意见（征求意见稿）》	一、加强安全风险源头管控 （一）科学合理布局选址。 （二）加强区域风险管控。 （三）严格安全准入。 二、强化设施设备管理 （一）加强储罐设备设施维护。 （二）完善储罐安全监测监控系统。 （三）强化安全检查检测。 三、规范作业管理 （一）规范装卸作业行为。 （二）加强特殊作业管理。 四、加强安全监管 （一）健全安全监管制度。 （二）强化经营资质年度核查。 （三）加强现场检查和行政执法。 （四）加快推进安全诚信体系建设。 五、加强应急救援工作 （一）提高企业应急处置能力。 （二）加强公共应急能力建设。 六、开展在役储罐安全专项整治 （一）深入开展自查。 （二）集中开展安全检测和整治。 （三）开展危险货物集中区域安全风险评估
2020年2月	《关于本市申报交通运输部智慧港口示范工程有关事项的通知》	工作任务： 一、推进港口智慧物流建设 （一）创新港口物流运作模式。 （二）完善港口物流信息系统。 （三）促进信息开放共享和互联互通。 二、实现港口危险货物管理智能化 （一）建立健全港口危险货物安全管理信息系统。 （二）创新港口危险货物安全管理模式。

日期	政策文件名	主要内容
2020 年 2 月	《关于本市申报交通运输部智慧港口示范工程有关事项的通知》	三、实现港口危险货物监管智能化 （一）建成省级港口危险货物安全监管信息平台。 （二）创新港口危险货物安全监管模式
	《交通运输部关于推进特定航线江海直达运输发展的意见》	一、主要任务 （一）制定完善江海直达船舶法规规范。 （二）加强江海直达船型系列研发应用。 （三）加强港口航道等基础设施建设。 （四）积极培育江海直达运输市场。 （五）促进江海直达运输安全绿色发展。 （六）优化江海直达运输管理。 （七）提升江海直达运输应急能力。 二、保障措施 （一）加强组织领导。 （二）加大政策扶持。 （三）强化科技信息服务
2020 年 4 月	《关于调整本市所辖港口和通航水域新冠肺炎疫情防控工作的通告》	（一）港口货运企业应提前 24 小时向港口管理部门和海事管理部门报送作业船舶信息、拟换班中国籍船员健康信息等。 （二）拟进入上海港作业的国际航行船舶，进港前或在港期间应将船员健康异常情况及时向海事管理机构报告。 （三）靠港作业的境外来沪船舶，应认真落实国家和本市关于境外来沪船舶疫情防控相关要求，暂停外国籍船舶在我国港口更换外国籍船员，原则上不允许外国籍船员在上海港下船登陆和上船换班。拟安排中国籍船员换班的船舶，应严格执行本市船员换班管理有关规定。 （四）国内航行船舶靠港作业期间，要减少船员不必要的上下船，如需船员换班的，船方应提前将相关换班船员信息告知码头作业单位，所有人员在进出港区及上下船时须出示健康码并接受体温测试。 （五）继续做好本市水路旅客运输站点（售票间、检票口、候船室等）和船舶等公共区域及相关设备设施的通风、消毒等防疫工作。 （六）从事船舶修造、打捞救助、顶推拖带以及船舶供应等港航辅助业务的港口企业和船舶应参照港口货运企业、船舶防疫工作要求执行。 （七）加强本市所辖港口和通航水域卫生防疫工作宣传，及时更新公共卫生要求和疫情防控信息。 （八）新冠肺炎疫情防控期间，港口行政管理、海事、公安部门应加强联防联控，依托"上海市口岸信息共享联络机制"，及时共享入境客货运船舶及人员等信息，做好一线执法人员自身防护，强化日常监管，严厉打击各类港口和船舶无证运营、随意靠泊、货运船舶违规载客以及各类虚报、瞒报、漏报相关信息等违法违规行为

续表

日期	政策文件名	主要内容
2020 年 6 月	《交通运输部办公厅关于公布智慧港口示范工程名单及有关事项的通知》	示范工程省：辽宁省；河北省；天津市；山东省；江苏省；上海市；浙江省；福建省；广东省；安徽省。 一、进一步完善实施方案 二、建立督导机制 三、落实保障措施 四、加强宣传引导
	《上海港船舶和港口污染突出问题整治方案》	一、总体要求 （一）指导思想。 （二）工作目标。 二、组织机构 三、工作安排 （一）部署和自查自纠阶段（1 月至 4 月）。 （二）集中整治阶段（5 月至 10 月）。 （三）总结提升阶段（11 月至 12 月）。 四、工作任务 （一）严格落实政府管理责任。 1. 切实落实属地责任； 2. 提升并优化全港设施布局。 （二）严格落实企业主体责任。 1. 落实水路运输企业责任； 2. 落实港口企业责任； 3. 落实接收、转运、处置单位主体责任。 （三）严格履行行业监管责任。 1. 加强船检管理； 2. 加强海事监管； 3. 加强环保监管； 4. 加强港口执法； 5. 加强联合监管。 （四）开展突出问题整改。 1. 完善船舶生活污水环保设施； 2. 完善全港接收处置能力； 3. 改造完善港口自身环保设施； 4. 着力提高港口岸电使用率； 5. 加快推动船舶 LNG 加注站建设和运营； 6. 加强长三角船舶排放控制区联防联控。 五、保障措施 （一）加强组织领导。 （二）加强监督考核。 （三）营造良好氛围。

日期	政策文件名	主要内容
2020 年 6~7 月	《关于 2017 年度上海港岸基供电拟补贴项目的公示》	一、补贴内容 （一）岸电建设费。 （二）增容业扩工程费。 （三）船舶使用岸电服务费。 （四）岸电设施供电基本电价费。 （五）岸电设施运行维护成本。 （六）岸电建设费。 （七）增容业扩工程费。 （八）船舶使用岸电服务费。 （九）岸电设施供电基本电价费。 （十）岸电设施运行维护成本
2020 年 7 月	《港口岸电布局方案》	一、布局范围 二、布局目标 三、布局方案 四、贯彻实施要求 （一）科学组织实施，加大政策扶持。 （二）加强监督检查，督促顺利实施
2020 年 11 月	《港口岸线使用审批管理办法》	一、在港口总体规划区内建设码头等港口设施使用港口岸线，应当按照本办法开展岸线使用审批 二、港口岸线的开发利用应当符合港口规划，坚持深水深用、节约高效、合理利用、有序开发的原则 三、交通运输主管全国的港口岸线工作，会同国家发展改革委具体实施对港口深水岸线的使用审批工作 四、本办法所称港口岸线含维持港口设施正常运营所需的相关水域和陆域 五、需要使用港口岸线的建设项目应当在报送项目申请报告或者可行性研究报告前，向港口所在地港口行政管理部门提出港口岸线使用申请 申请材料包括： （一）港口岸线使用申请表。 （二）申请人情况及相关证明材料。 （三）建设项目工程可行性研究报告或者项目申请报告。 （四）海事、航道部门关于建设项目的意见。 （五）法律、法规规定的其他材料。 六、港口所在地港口行政管理部门收到申请材料后，对申请材料符合法定形式的，应当当场受理；对申请材料不齐全或者不符合法定形式的，应当当场或者在五个工作日内一次告知申请人需要补正的全部内容 七、使用港口深水岸线的，港口所在地港口行政管理部门收到申请后，应当对申请使用的岸线进行现场核查，核实申请材料，转报至省级港口行政管理部门

日期	政策文件名	主要内容
2020 年 11 月	《港口岸线使用审批管理办法》	八、申请使用港口深水岸线的，港口所在地港口行政管理部门和省级人民政府港口行政管理部门应当在收到港口岸线使用申请材料后二十个工作日内完成现场核查、初审和转报工作 九、港口岸线使用申请审查、专家评审的主要内容 （一）建设项目是否符合产业政策和港口规划。 （二）建设项目的必要性分析。 （三）工程可行性研究报告或者项目申请报告提出的岸线使用方案是否符合国家技术标准和规范。 （四）岸线使用方案的合理性分析。 （五）岸线使用方案是否满足航道、通航安全的相关要求。 （六）法律、法规和国家规定的其他要求。 十、由国务院或者国家发展改革委审批、核准的港口建设项目，向国家发展和改革委员会报送可行性研究报告或者项目申请报告时，应当同时抄报交通运输部。交通运输部对港口建设项目提出行业意见时，一并提出岸线使用意见 十一、港口岸线使用审批机关审查决定批准港口岸线使用申请的，应当出具港口岸线使用批准文件 十二、使用港口岸线的港口设施项目未取得港口岸线使用批准文件或者交通运输部关于使用港口岸线的意见，不予批准港口设施项目初步设计和水上水下活动许可 十三、港口行政管理部门应当及时在相关政府网站发布港口岸线使用批准情况的信息 十四、批准使用港口岸线的建设项目，应当在取得岸线批准文件之日起两年内开工建设 十五、港口岸线使用有效期不超过五十年 十六、批准使用港口岸线后，因企业更名或者控股权转移而导致岸线实际使用人发生改变，或者改变批准的岸线用途，应当按照本办法规定的程序报原批准机关审批 十七、港口行政管理部门应当加强港口岸线使用情况的事中事后监管，并按照规定将有关信用信息纳入相关信用信息共享平台 十八、港口岸线使用审批机关及其工作人员滥用职权、玩忽职守、徇私舞弊的，由有关行政主管部门予以行政处分；构成犯罪的，由司法机关依法追究刑事责任 十九、港口岸线使用申请人隐瞒有关情况或者提供虚假材料申请岸线使用许可的，不予受理或者不予许可 二十、未按本办法规定取得使用港口岸线的批准，擅自使用岸线的，由县级以上地方人民政府或者港口行政管理部门依照《中华人民共和国港口法》第四十五条的规定予以处罚

日期	政策文件名	主要内容
2020 年 11 月	《上海港港口及其一线作业人员新冠肺炎疫情防控工作指南（第一版）》	一、总体要求 港口企业要结合码头作业实际，制定防疫作业流程图，合理划分并固定作业区域和转运路线，尽量减少作业交叉和人员接触。 二、加强信息管理和报告 （一）及时掌握到港船舶、载货和船员信息。 1. 船舶挂靠港口、靠离动态等信息； 2. 船员基本情况、身体健康等信息，船舶靠泊期间船员换班、人员上下船、物料交付和人员接触情况等信息； 3. 船舶检疫、船舶防疫措施等信息； 4. 船舶靠泊期间相关密切接触者信息； 5. 生活污水、压载水处理装置运行信息； 6. 冷藏集装箱、散装冷藏货物等信息。 （二）加强人员和车辆信息管理。 （三）加强信息报送。 三、规范和严格作业程序 （一）引航机构、港口企业等相关单位应在船舶进港作业前，组织召开船前会，研判船舶新冠肺炎疫情防控风险，按照尽量精简的原则安排作业人员，明确相关作业人员具体防护措施及注意事项，落实责任人。 （二）港口企业要通过船公司、船舶代理等督促船舶做好消毒、通风等相关工作，在港期间安排保安人员加强值守，禁止非经批准人员和防护措施不到位人员上下国际航行船舶，准确记录上下船人员的身份信息、上下船事由、联系方式等，确保信息可追溯。 （三）国际航行船舶经海关卫生检疫合格，并取得检验检疫证明材料后，方可安全稳妥地开展装卸作业。 （四）外贸港口要认真执行对外开放码头港口设施保安计划，加强进出港人员、车辆管理和船港界面管理，加强上下船通道管理，严格控制国际航行船舶船岸交流活动，严格控制船岸人员直接接触的情形，除经批准的换班下船船员、紧急救治船员和其他必须情况外，所有在船船员不得上岸。 （五）符合疫情防控要求，经口岸监管单位同意，外贸港口开展国际航行船舶船员换班、船舶供应、船舶检验以及伤病船员紧急救助处置等活动时，港口企业要配合相关监管单位做好相关人员进出港口、上下船的管理。进出港口的人员和车辆应由船舶代理等相关单位提前通报，严格执行相关人员进港前的体温检测。禁止体温超过 37.3℃ 的人员进入港口，并按照程序上报当地卫生健康管理部门。 四、作业人员防护要求 （一）码头作业人员防护要求。 （二）引航员防护要求。

续表

日期	政策文件名	主要内容
2020 年 11 月	《上海港港口及其一线作业人员新冠肺炎疫情防控工作指南（第一版）》	（三）国际船舶代理外勤等其他国际航行船舶登船人员防护要求。 五、加强环境卫生防护工作 （一）通风和环境卫生要求。 （二）清洁消毒管控。 （三）卫生防护要求。 六、做好应急处置 （一）引航机构、港口企业等单位应制定完善应急预案，加强与海关、边检、海事等口岸查验单位部门和卫生健康、交通港航部门的信息共享和联动。 （二）港口企业采取严格的船岸隔离措施，配合相关单位进行处置，并做好本单位密切接触人员的排查、隔离等相关工作 （三）当出现疑似新冠肺炎症状的人员呕吐时，应当立即用一次性吸水材料加足量消毒剂（含氯消毒剂）或有效的消毒干巾对呕吐物进行覆盖消毒。清除呕吐物后，再使用含氯消毒剂进行物体表面消毒处理。 （四）疑似感染人员隔离后，立即安排消毒人员对其可能污染的临时留观室等区域进行全面消毒。用于疑似感染人员转运的船艇、车辆，应在转运完成后进行全面消毒。 （五）发现有异常情况，应立即向管理部门报告，严禁通过公共交通转运异常人员，应安排专车或指导其自行前往发热门诊就诊，并妥善做好其他相关人员的处置工作。一旦确诊，严格按照所在地疫情防控部门做好相关应急处置工作。 七、加强督导问责
2020 年 12 月	《关于本市危险货物港口经营企业、客运企业进一步落实安全生产责任保险工作的通知》	（一）鼓励保险机构参与建立安全生产责任保险共保体，鼓励企业通过共保体投保安全生产责任保险。 （二）企业已投保其他相关险种的，应积极与投保保险公司协商调整项目，以满足安全生产责任保险的要求。 （三）同一企业同时属于多个行业领域的，在同时满足各行业领域安全生产责任保险要求的前提下，无需重复购买安全生产责任保险。 （四）各危险货物港口经营企业、客运企业要进一步根据通知要求，积极落实投保安全生产责任险。市交通委将适时对投保情况进行督导
2021 年 1 月	《上海市关于进一步加强所辖港口和通航水域新型冠状病毒疫情防控工作的通告》	一、货运码头防疫工作要求 （一）严格执行船舶进出港报告制度。 （二）船港之间通过电子化方式交互相关单证、计划和信息，尽量避免船岸人员直接接触。 （三）港口企业应实行 24 小时值守制度，对所有进入港区人员必须测量体温，如发现体温 37.3℃ 以上者，应拒绝进入并及时联系卫健部门处置。

续表

日期	政策文件名	主要内容
2021 年 1 月	《上海市关于进一步加强所辖港口和通航水域新型冠状病毒疫情防控工作的通告》	二、客运码头船舶防疫工作要求 （一）严格实施客运站售票间、检票口、候船室、船舶等公共区域及相关设备设施的消毒防控。 （二）采取广播、滚动显示屏、宣传版面等形式，加大卫生防疫工作宣传，有效告知公共卫生要求和疫情防控信息。 （三）来自或途经重点地区的来沪、返城职工，应按照相关规定，自抵沪之日起，严格执行居家或者集中隔离观察 14 天的要求，期间不得上岗。 三、进入本市所辖通航水域船舶防疫工作要求 四、加强行业监督和管理
2021 年 6 月	《关于进一步加强所辖港口和通航水域新型冠状病毒疫情防控工作通告》	一、货运码头防疫工作要求 二、客运码头船舶防疫工作要求 三、进入本市所辖通航水域船舶防疫工作要求 四、加强行业监督和管理
2021 年 6 月	《关于进一步规范本市港口和船舶岸电设施建设使用工作的通知》	一、加快推进船舶受电设施建造 （一）推进新建船舶配建受电设施。 （二）加快在用船舶受电设施改造。 二、完善岸电设施布局 （一）落实新建码头同步建设岸电设施。 （二）进一步提高码头岸电覆盖率。 （三）全面开展低压小容量岸电标准化建设。 三、提高岸电使用率 （一）制订岸电使用计划。 （二）严格靠港船舶岸电使用要求。 四、强化平台服务功能 （一）健全岸电数据报送制度。 （二）强化市级平台服务功能。 五、落实保障措施 （一）继续执行电价优惠。 （二）完善收费制度。 （三）加大财政扶持力度。

附件 2：2017 年 2 月 ~ 2020 年 2 月
重庆市主要航运政策汇总

日期	政策文件名	主要内容
2017 年 2 月	《重庆市发展和改革委员会重庆市交通委员会关于进一步规范港口建设管理的通知》	一、强化港口规划引导约束作用 二、引导港口规模化集约化发展 三、加强港口项目前期工作管理 四、加强港口建设期管理 五、积极推进港口结构调整 六、规范港口改扩建管理 七、强化码头建设监督管理
2017 年 9 月	《重庆市巴南区人民政府办公室关于印发巴南区船舶与港口污染防治实施方案的通知》	一、持续推进船舶结构调整 二、积极开展港口作业污染专项治理 三、协同推进船舶污染物接收处置设施建设 四、大力推动靠港船舶使用岸电 五、加强污染物排放监管 六、提升污染事故应急处置能力 七、加强组织领导、强化规划引领、加强协调联动
2018 年 5 月	《重庆市合川区人民政府办公室关于进一步加强货运码头污染防控工作的通知》	一、高度重视，提高政治站位 二、对标对表，严格落实整改措施 三、继续巩固非法码头整治成果 四、规范经营行为，严禁超范围经营 五、合理规范设置砂石堆场 六、严格控制扬尘、噪声、油污等各类污染 七、严格港口码头台账管理 八、齐抓共管，建立长效机制
2020 年 2 月	《重庆市涪陵区港航管理局关于做好涪陵区港口码头装卸作业船舶疫情防控工作的通知》	一、辖区所有码头不得擅自停靠管控类船舶 二、需进港停泊、作业的港口和管控类船舶，应及时向管辖的海事部门申报 三、申报后经检测，采取相应安全措施后，同意是否作业 四、港口、船舶若发现疑似病例人员应及时报告并采取就地隔离防控措施 五、港口企业要加强疫情防控，严控无关人员进入港区，港口作业人员要佩戴口罩等防护用品上岗

附件 3：2017 年 3 月～2020 年 4 月
武汉市主要航运政策汇总

日期	政策文件名	主要内容
2017 年 3 月	《武汉"中三角省际集装箱公共班轮"航线运营管理办法（试行)》	武汉新港管委会宣布，正式开通中三角省际集装箱公共班轮航线，初期每月 8 班，穿梭于武汉阳逻港、湖南岳阳城陵矶港、江西九江港之间。新航线实行定港停靠、定线运行、定班发航、定时靠港、定价发布的"五定"班轮模式，在三大港口之间穿梭运行，还可根据港口条件及货源情况适时调整，停靠沿途的嘉鱼、纱帽、金口、花山、葛店、黄石、黄州、武穴等港口。开通初期，航线每周开行 2 班，每月开行 8 班；远期，待航线运行稳定后逐步加大航班密度。并设立武汉"中三角省际集装箱公共班轮"专项补贴资金，主要用于扶持航线经营企业开拓对中三角航线的运营
2017 年 7 月	《武汉荆州—武汉城际集装箱航线航运管理办法》	（一）设立荆州—武汉城际集装箱航线专项补贴资金，与荆州市财政同额度对航班进行补贴。补贴资金在武汉新港发展专项资金中安排解决，实行专款专用。 （二）专项补贴资金用于按规定运营标准开行荆汉航线的航运企业。专项补贴资金的补贴标准则按照荆州市政府补贴标准，对每班次予以 6000 元补贴
2017 年 10 月	《武汉市集装箱航运航线发展政策性补贴办法》	《补贴办法》实施六类补贴： 一是聚焦做优做强长江干线集装箱直达航线，分别对武汉至上海洋山港的"江海直达"航线班轮和武汉至上海外高桥港的点对点直达班轮进行补贴。 二是支持开辟武汉至近洋国家（地区）直航航线，新增直航航线补贴。 三是支持发展集装箱多式联运，对集装箱铁水联运、水水中转等继续实施补贴。 四是鼓励港口企业为中转外贸箱提供更优服务，对港口企业中转外贸集装箱装卸作业费进行补贴。 五是对"武汉—岳阳—九江"中三角省际集装箱公共班轮及省内城际航线给予补贴，进一步吸附集聚中转箱源。 六是当前暂无法确定补贴内容和标准的，采取一事一议方式，报市航运中心建设工作领导小组研究确定，留有一定政策空间

续表

日期	政策文件名	主要内容
2018 年 10 月	《市人民政府关于印发武汉市综合交通体系三年攻坚实施方案（2018—2020年）的通知》	（一）建成长江中游航运中心。重点突破"江海直达"、近洋运输、铁水联运、水水联运、水路疏通等建设难点，实施长江干线武汉至安庆 6 米水深航道整治工程和汉江航道三期改造工程，启动阳逻港快速通道策划研究。发挥港口的资源聚合效应，强力推动"一城一港一主体"的整合。到 2020 年，全市港口货物吞吐量达到 1.3 亿吨，集装箱吞吐量达到 200 万标准箱。将武汉建设成为我国中西部地区的出海口，跻身全球内河航运第一方阵。 （二）建成"轴辐式"多式联运物流中心。加快推进阳逻水港、机场空港、铁路陆港多式联运体系建设，以武汉为锚固点，形成辐射国际、国内的轴辐式多式联运网络。大力推进铁路进港区等港站一体化铁水联运设施建设，完善铁水联运协调机制，统一技术标准，完善港口货运集疏运系统，水水中转比例提升至 45%，铁水中转比例提升至 10%以上。整合大交通要素资源，推动信息互通共享，实现客货运输服务联程联运、一票通达。大力发展"互联网＋"高效物流、供应链管理，统筹管道运输与其他交通方式协调发展，建成全国重要的物流供应链管理中心
2020 年 11 月	《武汉市推进物流降本增效三年行动计划》	巩固发展"双轮驱动"水路航运网。协调推进长江航道整治"645"工程和汉江航道三期改造工程，推动阳逻港区三作业区一期后续工程，完善汉南港区集装箱作业区建设。推进港口型国家物流枢纽建设。加快扩大千箱级江海直达、500 标箱级直航船队规模。坚持直达与转运"双轮驱动"，巩固提升江海联运服务水平，拓展武汉至东亚、东南亚近洋直达航线，提升武汉港集装箱吞吐量达到 300 万标箱，将武汉港打造成为我国中部地区枢纽港
2020 年 4 月	《进一步深化全市长江、汉江干线港口码头整治工作实施方案》	一、整治范围 二、组织领导 三、责任分工 四、整治措施 （一）全面再清查，坚决取缔非法码头。 （二）加快 2004 年以前建成码头的规范提升。 （三）加快办理 2004 年以后建成应规范提升码头的有关手续。 五、工作步骤 （一）全面清查阶段（2020 年 5 月 10 日前）。 （二）精准治理阶段（2022 年 12 月 31 日前）。 六、有关要求 （一）高度重视，立行立改。 （二）明确责任，加快推进。 （三）依法依规，强力整改。 （四）加强督查，严明纪律

附件 4：2017 年 5 月～2019 年 4 月
九江市主要航运政策汇总

日期	政策文件名	主要内容
2017 年 5 月	《九江市人民政府关于把九江建设成为长江经济带区域航运中心的实施意见》	一、加强岸线资源规划和保护 二、进一步拓展发展平台 三、全力培育龙头港口企业 四、推进临港服务业发展 五、不断完善基础设施 六、加大财政扶持力度 七、设立航运业发展基金 八、加强组织领导
2017 年 6 月	《江西省人民政府关于加快建设九江江海直达区域性航运中心的实施意见》	一、总体要求 （一）指导思想。 （二）总体定位。 （三）主要目标。 二、重点任务 （一）建设以长江和赣江为主轴、九江港为核心的综合交通运输中心。 （二）建设以铁水联运、江海直达为核心的多式联运中心。 （三）建设以航运交易、信息服务为核心的现代航运服务中心。 （四）建设以开放口岸、综合保税区为核心的对外开放平台。 （五）建设以沿江产业、港口物流为核心的产业集聚平台。 三、保障措施 （一）加强组织保障。 （二）加大财税和金融支持力度。 （三）加快项目审批和做好用地保障。 （四）充分发挥市场作用。 （五）强化人才政策支持。 （六）加强港口管理。 （七）提高安全应急保障能力
2017 年 11 月	《江西省水运工程建设管理办法》	一、适用本办法的建设活动范围 二、水运工程建设实行统一领导、分级管理 三、建设程序管理 （一）政府投资的水运工程建设项目，执行的建设程序。 （二）企业投资的水运工程建设项目执行的建设程序。 （三）编制水运工程建设项目初步设计文件，应当遵循的基本要求

续表

日期	政策文件名	主要内容
2017 年 11 月	《江西省水运工程建设管理办法》	（四）编制水运工程建设项目施工图设计文件应当符合的基本要求。 （五）水运工程建设项目施工图设计文件申请审批应当提供的材料。 （六）水运工程建设项目开工应当具备的条件。 四、建设市场管理 五、工程质量和安全管理 六、政府投资项目建设资金管理 七、工程信息及档案管理 八、试运行期维护工程管理 九、附则 相关名词的含义；本规定实施前公布的有关规定与本办法有抵触的，以本办法规定执行；违反管理办法，依法处理
2018 年 4 月	《九江市人民政府关于印发九江长江经济带区域航运中心建设规划的通知》	一、指导思想及发展目标 （一）指导思想。 （二）总体定位。 （三）基本原则。 （四）发展目标。 二、建设基础及发展潜力 （一）建设基础。 1. 经济发展势头良好； 2. 沿江产业布局合理； 3. 港口布局初具规模； 4. 腹地货源变化显著； 5. 航运服务初现雏形； 6. 集疏运体系较完善； 7. 口岸开放逐步扩大； 8. 物流服务功能逐步增强； 9. 信息平台建设进一步完善； 10. 航运发展环境进一步优化。 （二）主要问题。 1. 整体经济基础有待夯实； 2. 基础设施开发有待提高； 3. 航运服务能力有待加强； 4. 航运科技文化有待发展； 5. 智慧物流体系有待完善； 6. 生态环境保护有待改善。 （三）形势展望。 1. 机遇； 2. 挑战

日期	政策文件名	主要内容
2018 年 4 月	《九江市人民政府关于印发九江长江经济带区域航运中心建设规划的通知》	三、主要任务 （一）完善航运基础设施。 （二）健全航运服务功能。 （三）集聚航运产业要素。 （四）提升物流服务水平。 （五）发展航运科技文化。 （六）强化智慧航运体系。 （七）保护航运生态环境
2018 年 9 月	《九江市人民政府办公厅关于进一步加强我市长江港口岸线管理的实施意见》	一、严格执行港口总体规划 二、有效保护科学利用港口岸线 三、加强岸线使用监督 四、规范临时使用岸线行为 五、重点推进规模化公用码头建设 六、大力推进绿色港口建设 七、完善港口岸线使用奖惩机制 八、加强联合执法监管，创新长效监管机制
2018 年 9 月	《九江市人民政府办公厅关于九江市沿江港口码头长效管控机制的实施意见》	一、指导思想 二、工作目标 三、长效管控机制措施 （一）加强巡查通报。 （二）加强技术防控。 （三）强化部门联控。 （四）加强机构人员保障。 （五）签订工作责任书。 （六）经费保障。 （七）建立问责制度
2019 年 4 月	《九江市人民政府办公室关于印发推进九江市建设长江经济带区域航运中心工作实施方案的通知》	一、工作目标 二、工作任务 （一）在港口码头提升上取得实质性突破。 （二）在疏港通道建设上取得实质性突破。 （三）在服务中心打造上取得实质性突破。 （四）在口岸平台建设上取得实质性突破。 （五）在物流企业培育上取得实质性突破。 （六）在港口联动协作上取得实质性突破。 （七）在货源市场开发上取得实质性突破。 （八）在航运业态拓展上取得实质性突破。 （九）在临港工业升级上取得实质性突破。 （十）在制度探索创新上取得实质性突破。 三、组织保障

附件5：2017年8月～2019年7月
南京市主要航运政策汇总

日期	政策文件名	主要内容
2017年8月	《市政府办公厅关于印发南京市"十三五"枢纽经济发展规划的通知》	一、基本原则 (一)港产城融合，联动发展原则。依托空港、海港、高铁港三大枢纽，推进港产城互动融合，促进资本、技术、管理、人才等各类资源和生产要素在经济区集聚，形成与城市经济密切关联、对区域发展具有较强辐射力的经济功能区，打造南京经济发展新高地。 二、发展定位 (一)海港枢纽经济区的发展定位为：长江区域性航运物流中心、长江流域重要的江海转运综合枢纽、长江经济带上重要的新兴产业集聚区、南京发展枢纽经济的核心载体。 三、发展目标 (一)枢纽能级显著提升。到2020年，空港枢纽经济区航空货邮吞吐量达到60万吨，机场旅客吞吐量达到3500万人次；海港枢纽经济区港口吞吐量达到2.4亿吨，集装箱吞吐量达到340万标箱
2019年7月	《市政府办公厅关于印发南京市推进运输结构调整工作实施方案的通知》	一、总体要求 (一)指导思想。 (二)工作目标。 二、货运铁路扩能行动 (一)货运铁路扩能行动。 (二)加快推进集疏港铁路建设。 (三)提升大宗货物铁路运输比例。 三、水路运输升级行动 (一)完善内河水运网络。 (二)加快港口升级改造。 (三)进一步提升港口大宗货物"公转铁""公转水"比例。 (四)推进江海联运和江海直达运输发展。 四、多式联运提速行动 (一)推动联运枢纽建设和装备升级。 (二)推进集装箱铁水联运发展。 (三)加快推动空陆联运模式发展。 (四)推进多式联运示范工程建设。 五、信息资源整合行动 (一)推动多式联运信息交互共享

213

日期	政策文件名	主要内容
2019 年 7 月	《市政府办公厅关于印发南京市推进运输结构调整工作实施方案的通知》	（二）提升物流信息服务水平。 （三）加强运输结构调整信息报送和监测分析。 六、加强政策支持保障 （一）完善财政等支持政策。 （二）落实用地等支持政策。 七、加强督导考核力度 （一）加强组织领导。 （二）严格督导考评。 八、营造良好发展环境 （一）保障行业健康稳定发展。 （二）做好政策宣传和舆论引导
	《市政府办公厅关于印发南京市推进运输结构调整工作实施方案的通知》	一、总要求 （一）指导思想。 （二）工作目标。 二、水路运输升级行动 （一）完善内河水运网络。 （二）加快港口升级改造。 （三）进一步提升港口大宗货物"公转铁""公转水"比例。 （四）推进江海联运和江海直达运输发展。 三、多式联运提速行动 （一）推动联运枢纽建设和装备升级。 （二）推进集装箱铁水联运发展。 （三）加快推动空陆联运模式发展。 （四）推进多式联运示范工程建设